陇上学人文存

LONGSHANG XUEREN WENCUN

陇上学人文存

李并成　卷

李并成 著　巨　虹 编选

甘肃人民出版社

图书在版编目（ＣＩＰ）数据

陇上学人文存. 李并成卷 ／ 范鹏，马廷旭总主编 ；李并成著 ；巨虹编选. -- 兰州 ：甘肃人民出版社，2021.12 (2024.1 重印)
ISBN 978-7-226-05775-9

Ⅰ. ①陇… Ⅱ. ①范… ②马… ③李… ④巨… Ⅲ. ①社会科学－文集 Ⅳ. ①C53

中国版本图书馆CIP数据核字(2021)第268552号

责任编辑：高茂林
助理编辑：李舒琴
封面设计：王林强

陇上学人文存·李并成卷

范鹏　马廷旭　总主编

李并成　著　巨虹　编选

甘肃人民出版社出版发行

（730030　兰州市读者大道 568 号）

德富泰（唐山）印务有限公司印刷

开本 890 毫米 × 1240 毫米　1/32　印张 11.625　插页 7　字数 293 千

2022 年 3 月第 1 版　　2024 年 1 月第 2 次印刷

印数：1001~3000

ISBN 978-7-226-05775-9　定价：60.00 元

《陇上学人文存》第六辑

编辑委员会

总　序

陇者甘肃，历史悠久，文化醇厚。陇上学人，或生于斯长于斯的本地学者，或外来而其学术成就多产于甘肃者。学人是学术活动的主体，就《陇上学人文存》（以下简称《文存》）的选编范围而言，我们这里所说的学术主要指人文社会科学研究。《文存》精选中华人民共和国成立以来，甘肃人文社会科学领域成就卓著的专家学者的代表性著作，每人辑为一卷，或标时代之识，或为学问之精，或开风气之先，或补学科之白，均编者以为足以存当代而传后世之作。《文存》力求以此丛集荟萃的方式，全面立体地展示新中国为甘肃学术文化发展提供的良好环境和陇上学人不负新时代期望而为我国人文社会科学事业做出的新贡献，也力求呈现陇上学人所接续的先秦以来颇具地域特色的学根文脉。

陇原乃中华文明发祥地之一，人文学脉悠远隆盛，纯朴百姓崇文达理，文化氛围日渐浓厚，学术土壤积久而沃，在科学文化特别是人文学术领域的探索可远溯至伏羲时代，大地湾文化遗存、举世无双的甘肃彩陶、陇东早期周文化对农耕文明的贡献、秦先祖扫六合以统一中国，奠定了甘肃在中国文化史上始源性和奠基性的重要地位；汉唐盛世，甘肃作为中西交通的要道，内承中华主体文化熏陶，外接经中亚而来的异域文明，风云际会，相摩相荡，得天独厚而人才辈出，学术思想繁荣发达，为中华文明做出了重要贡献。

近代以来，甘肃相对于逐渐开放的东南沿海而言成为偏远之地，反而少受战乱影响，学术得以继续繁荣。抗日战争期间作为大后方，接纳了不少内地著名学府和学者，使陇上学术空前活跃。新中国成立之后，人文社会科学领域的专家学者更是为国家民族的新生而欢欣鼓舞，全力投入到祖国新的学术事业之中，取得了一大批重要的研究成果，涌现出众多知名专家，在历史、文献、文学、民族、考古、美学、宗教等领域的研究均居全国前列，影响广泛而深远。新中国成立之后，人文社会科学几次对当代学术具有重大影响的争鸣，不仅都有甘肃学者的声音，而且在美学三大学派（客观派、主观派、关系派）、史学"五朵金花"（史学在新中国成立之后重点研究的历史分期、土地制度史、农民战争史等五个方面的重点问题）等领域，陇上学人成为十分引人注目的代表性人物。改革开放以来，甘肃学者更是如鱼得水，继承并发扬了关陇学人既注重学理求索又崇尚经世致用的优良传统，形成了甘肃学者新的风范。宋代西北学者张载有言："为天地立心，为生民立命，为往圣继绝学，为万世开太平"，此乃中华学人贯通古今、一脉相承的文化使命，其本质正是发源于陇原的《易》之生生不已的刚健精神，《文存》乃此一精神在现代陇上得到了大力弘扬与传承的最佳证明。

《文存》启动于中华人民共和国成立六十周年之际，在选择入编对象时，我们首先注重了两个代表性：一是代表性的学者，二是代表性的成果，欲以此构成一部个案式的甘肃当代学术史，亦以此传先贤学术命脉，为后进立治学标杆。此议为我甘肃省社会科学院首倡，随之得到政界主要领导、学界精英与社会各界广泛认同与政府大力支持，此宏愿因此而得以付诸实施。

为保证选编的权威性，编委会专门成立了由十几位省内人文社会科学领域著名学者组成的专家指导委员会，并通过召开专题会议研讨、发放推荐表格和学术机构、个人举荐等多种方式确定入选者。为使读者对作者的学术成就、治学特色和重要贡献有比较准确和全面的了解，在出版社选配业务精良的责任编辑的同时，编委会为每一卷配备了一位学术编辑，负责选编并撰写前言。由于我院已经完成《甘肃省志·社会科学志》（古代至 1990 年卷，1990 至

2000 年卷）的编辑出版工作，为《文存》的选编提供了坚实的基础和基本依据，加之同行专家对这一时期甘肃人文社会科学发展的研究，使《文存》能够比较充分地反映同期内甘肃人文社会科学的基本状况。

我们的愿望是坚持十年，《文存》年出十卷，到 2019 年中华人民共和国成立七十周年之际达至百卷规模。若经努力此百卷终能完整问世，则从 1949 至 2009 年六十年间陇上学人以"人一之、我十之，人十之、我百之"的甘肃精神献身学术、追求真理的轨迹和脉络或可大体清晰。如此长卷宏图实为新中国六十年间甘肃人文社会科学全部成果的一个缩影，亦为此期间甘肃人文社会科学学术业绩的一次全面检阅，堪作后辈学者学习先贤的范本，是陇上学人献给祖国母亲的一份厚礼。此一理想若能实现，百卷巨著蔚为大观，《文存》和它所承载的学术精神必可存于当代，传之后世，陇上学人和学术亦可因此而无愧于我们所处的伟大时代，并有所报于生养我们的淳厚故土。

因我们眼界和学术水平的局限，选编过程中必定会出现未曾意料的问题，我们衷心期望读者能够及时教正，以使《文存》的后续选编工作日臻完善。

是为序。

2009 年 12 月 26 日

目 录

编选前言

　　李并成先生以学术为志业，教书育人、笔耕不辍，做学问既是李先生的毕生追求，又是他矢志不渝的人生目标。"高山仰止，景行行止"，李并成先生的德业文章、学术人生，是我们这些后辈学子的榜样，也是我们"虽不能至，然心向往之"的奋斗目标。得以有机会编选《陇上学人文存·李并成卷》，深入学习先生的论著，我深感荣幸，但又唯恐自己才疏学浅，不能将先生的学术成就与治学精神梳理清楚、得以发扬。从"论著目录"的搜集整理、入选文章篇目的几次筛选到最终确定，再到文稿的核对与校对，一次次反复阅读的过程，让我得以一次次走近、重温李并成先生的治学之路，回顾李先生的治学经历与主要学术成就，深深感动于李先生的治学精神，在反复的学习和感动过程中，逐渐形成这篇对李并成先生宝贵治学精神、学术成就与学术人生的梳理与总结。

　　李并成，男，汉族，祖籍山西省浑源县，1953 年 6 月 11 日出生于山西省太原市。现为西北师范大学历史文化学院研究员、博士生导师。1958 年 5 月，李先生随父母支边，由北京市西城区迁居甘肃省敦煌县。1972 年 1 月参加工作，在敦煌县肃州中学执教。1976 年任该校革委会委员，主管全校教务工作。1977 年考入西北师范大学地理系，1982 年 1 月毕业，获理学学士学位。毕业后留在西北师范大学敦煌学研究所从事科研工作至今（后因校内机构调整，敦煌学研究所挂靠历史文化学院）。其间，于 1985 年 8 月至 1988 年 7 月考入北京大学历史地理专业，跟随著名历史地理学家侯仁之院士攻读研究生,获理学硕士学位。1992年晋升副研究员,1993年聘为硕士研究生导师,1996年晋升研究员,2002年聘为博士研究生导师。1991年4月担任西北师范大学敦煌学研究所副所长(主持工作),1997年9月任该所所长至今。

1993年1月至2013年1月,李并成先生担任政协甘肃省第七、八、九、十届委员;2003年1月至2013年1月,担任政协甘肃省第九、十届常委;2006年3月至2018年6月,任甘肃省政府参事;1995年10月担任甘肃省人民政府文史研究馆研究员,2020年9月被聘为该馆馆员。李先生的主要学术兼职有中国长城学会常务理事、中华伏羲文化研究会常务理事、中国敦煌吐鲁番学会理事、中国地理学会历史地理专业委员会委员、甘肃省敦煌学学会副会长、甘肃省历史学会副会长、甘肃省皇甫谧文化研究会副会长、甘肃省四库全书研究会副会长、西北师范大学党外知识分子联谊会会长(现为名誉会长)等。

在长期治学过程中,李并成先生在勤于查考历史文献等资料的基础上,善于思考,勇于探索,重视野外考察,将"博学"与"专精"结合起来,逐渐形成了自己实事求是、开拓创新、关心社会、融通古今的治学风格。

一、敦煌文献研究

李并成先生在敦煌学方面的研究,以敦煌历史地理为主体,兼及敦煌文献,对历史材料的搜集、梳理力求一网打尽,考证、分析透辟准确。略举几例。《唐代敦煌绿洲水系考——对〈沙州都督府图经〉等写卷的研究》①主要利用敦煌石室所出《沙州都督府图经》(P.2005)、

---

①李并成:《唐代敦煌绿洲水系考——对〈沙州都督府图经〉等写卷的研究》,《中国史研究》1986年第1期。

《沙州地志》(P.5034)等写卷以及唐代敦煌受田户籍、地亩文书、典租契约等材料,对唐代敦煌绿洲的水系状况进行探讨,统计出大小干支渠道 90 余条,指出它们有机地构成完整的灌溉网系,滋育绿洲土地,与近 20 处泉湖陂泽一起组成统一的绿洲水系。进而,李先生以《沙州都督府图经》为例,对唐代图经的历史演变、编纂体例、内容特点、历史功用等进行了剖析。在该文基础上,《敦煌本唐代图经再考》①一文则通过有关题记、格式、内容判断出敦煌文书中的所有 8 件图经作品,一一解读,进而深入探讨图经的兴起及演变历程,最终提炼出敦煌本唐代图经的几大特色:内容翔实,体例严整;地方特色突出;注重实用价值;宗教、风俗等方面的资料丰富。

李并成先生在治学中尤为注重对相关文献的搜集、整理与研读。敦煌地理书卷体大精深,是我国古代地理学一笔极为珍贵的遗产。李先生在《敦煌遗书中地理书卷的学术价值》②一文中梳理了当时已公布的敦煌地理书卷,根据内容将其划分为古地志写卷、古行记写卷、地理杂文书等三大类七小类,并分十个方面揭示了其学术价值:历史政治、军事地理研究方面,历史经济地理研究方面,历史民俗地理研究方面,历史交通地理研究方面,古地考证及城市历史地理研究方面,古代灌溉制度及农田水利研究方面,历史自然地理及环境变迁研究方面,历史地名研究方面,历史宗教地理研究方面,古方志学研究方面。文章高屋建瓴,取经用弘,具有开创价值。

《西凉敦煌户籍残卷(S.0113)若干问题新探》③一文是李先生研

①李并成:《敦煌本唐代图经再考》,《中国地方志》2016 年第 12 期。
②李并成:《敦煌遗书中地理书卷的学术价值》,《地理研究》1992 年第 3 期。
③李并成:《西凉敦煌户籍残卷(S.0113)若干问题新探》,《敦煌学》(台)第 25 辑,2004 年。

读敦煌文书中的户籍原件所得出的新论。文章总结出该文书在登录格式上的特点及其意义,通过该文书了解到西凉政权在行政建制上采用的也是郡县乡里制,与中原地区相同,进而深度解读西宕乡高昌里的得名及其所蕴含的历史信息,认为"高昌里"的得名应与高昌(今新疆吐鲁番一带)有关。此外,通过细研"赵羽坞"兼及魏晋时期河西的坞壁,力求进一步观照、深入研究我国古代的户籍制度和东晋十六国时期的政治经济状况。

《敦煌文献中蕴涵的生态哲学思想探析》①一文是李先生在敦煌学方面的一次大胆尝试和创新,分析提出敦煌文书中蕴含的生态哲学思想主要包括:"敬畏自然""天人合一"的自然观;遵循自然节律保护环境的生态哲学思想;保持生态平衡,维系林草植被永续利用的生态哲学理念和实践;"合敬同爱",保护水源,讲求公共卫生。

《汉晋简牍所见西北水利官员》②,通过敦煌、居延、金关、楼兰等地出土简牍中的相关材料分析两汉魏晋时期西北水利官员的设置及运作状况,指出"唯灌溉是赖""加强水资源管理"和"注重渠道日常维护"是有效管护、使用河湖水资源的良好传统和宝贵经验。

在敦煌历史文化方面,李先生关注历史现实,热情地探讨当时当地民众的社会生活与精神风貌,并从既往史料、史事中寻找有益于当下的启示。比如,《敦煌资料中所见讲究卫生爱护环境的习俗》③一文就以敦煌文书及壁画资料中的有关历史记载为依托,系统考证、分析

---

①李并成:《敦煌文献中蕴涵的生态哲学思想探析》,《甘肃社会科学》2014年第4期。

②李并成、高彦:《汉晋简牍所见西北水利官员》,《中国社会科学报》2017年8月14日第5版。

③李并成:《敦煌资料中所见讲究卫生爱护环境的习俗》,《中国历史地理论丛》2020年第2期。

材料,梳理出了其中所反映的当时人们讲究卫生、爱护环境的习俗。主要有:爱护水源、注重水质,营造良好的居住环境,勤洗衣着、梳头刷牙,沐浴健身,修建厕所、禁止随地便溺,禁止随意食用野味和生肉等六大方面。

二、丝绸路上古城遗址调查研究

李并成先生自 20 世纪 80 年代初步入历史地理学领域,40 年来主要在我国干旱地区的河西走廊、内蒙古西部、新疆南部部分地区做了相关野外考查和研究工作,涉足 100 多万平方千米,并在 20 多年来指导了百余名历史地理学、敦煌学的硕士、博士研究生,由此对于如何考察和研究古代城址总结出了一些宝贵经验和做法:第一,对于古代城址的考察考证,当然首先需要"考博"所有相关文献史料,不敢有所遗漏。然后对这些史料作一番仔细的分辨,还需要对这一片区域范围内所有的古城址、遗址进行深入细致的反复考察和比较研究。第二,仔细考察古城遗址的基本状况,包括查其筑城形制(例如城垣平面形状、墙体长宽高度、夯层厚薄,有无瓮城、角墩、马面、马道、弩台、羊马墙、护城壕等设置),破损、后代补修及现存状况以及该城与周边一带其他城址、遗址、烽燧等的关系。尤其是城址规模的大小、遗物的种类数量和时代特征,更是不容忽视的要素。这些要素是判释城址等第、级别、性质、始建和废弃年代,复原城址历史面貌不可或缺的重要标志。第三,仔细考察城址周围一带的地理环境(如地形地貌、河流水源、植被等状况),如果是州县一级城址,其周围一般应有可供从事农业生产的自然条件,应有较充足的水源,应位于重要的交通线路上;如果是军事性质一类城址,其地形特点、是否便于防守等条件就显得尤为重要;如果是驿站一类遗址,就需要首先考察其交通条件,是否位处交通线路上。此外,还应特别注意古今地理环境的变化。第四,还应考察城址、特别是较大的州县一级城址周边一带是否有与城址同时代的墓葬、墓群分布，是否有其他较小城堡的拱卫。李先生曾调研得出，城邑作为人口的聚集地，其周围必然会分布有同时代的墓葬，一般情况下墓葬不会距死者生前居址太远。李先生总结、提炼出的古城遗址考察的经验，为后人提供了弥足珍贵的可资借鉴之处。

李并成先生的《河西走廊历史地理》①一书考证了河西走廊的地理位置和自然资源、匈奴统治河西的诸王及其辖地、汉代河西四郡及其所辖 30 余县城址、两汉河西军防建置及其遗址等问题，并总结得出城址的选定不是偶然的，而是在一定历史条件下由特定的空间关系（自然的、经济的、政治军事的等）所规定的；两汉河西走廊各类城址的分布格局，不但反映了自然条件对于置郡设县和绿洲开发的制约作用，是汉代河西绿洲土地开发范围的标志，亦是汉室将本区作为"以通西域，隔绝南羌、匈奴"之基地来从事经营的政治战略在地理布局上的体现。

李并成先生于 1987 年 9 月、1991 年 3 月等多次在黑河下游内蒙古额济纳旗一带作过实地考察，结合《史记》《汉书》《元和郡县图志》等相关史籍和一批汉简资料，在《汉居延县城新考》②一文中，李先生分析提出居延古绿洲的腹地，西夏至元代黑城遗址的东略偏南 14 公里处的一座俗称绿城的古代城址当为汉代的居延县城。K710、K688二城是军事用途城堡，二城规模较小，远非县城可比。

对地理文书进行考校，对古城关塞进行实地调查，这是从事历史地理学研究不可或缺的两个坚实基础。李先生为之用力颇多，每一个结论都来自实实在在的史籍考证和实地考察调研。例如，学术界公认

---

① 李并成：《河西走廊历史地理》，甘肃人民出版社 1995 年版。

② 李并成：《汉居延县城新考》，《考古》1998 年第 5 期。

的古阳关遗址，位于今甘肃省敦煌市西南 70 千米处的南湖乡西部，俗称"古董滩"。从 1983 年到 1999 年，李先生先后六次赴敦煌市南湖乡进行实地考察，他发现除了之前的古董滩之外，在南湖一地还存在着另一片面积更大、遗物更多的"古董滩"，也就是南湖破城与山水沟之间的古绿洲。在《瓜沙二州间一块消失了的绿洲》①一文中，李并成先生指出在今天瓜沙二州绿洲间还有一块早已消失了的汉唐古绿洲，就是唐代苦水（今芦草沟）下游绿洲。在《归义军新城镇考》②一文中，李先生指出在今安西县（瓜州县）东布隆吉乡政府 8 千米处，另有一座古城遗址，即旱湖脑古城，应该为归义军时期的新城镇城。在《汉敦煌郡宜禾都尉府与曹魏敦煌郡宜禾县城考辨》③一文中，李并成先生则提出汉宜禾都尉城与曹魏宜禾县城虽名称相同，但二者并不在一地，而是各有治所。在《汉敦煌郡冥安县城再考》④一文中，李先生认为遗存于锁阳城东北 4.5 千米、古冥泽中部南岸、古冥水干流所经的南岔大坑中的一座残破的古城址应是汉敦煌郡冥安县城。在《汉唐冥水（籍端水）冥泽及其变迁考》⑤一文中，李并成先生则详尽考察了汉唐时期的籍端水、冥水的流路，探讨古冥泽的起源、流路、流域范围以及冥泽消失的原因等问题。

在《唐玉门关究竟在哪里》⑥一文中，李先生考出唐玉门关应位于

---

①李并成：《瓜沙二州间一块消失了的绿洲》，《敦煌研究》1994 年第 3 期。

②李并成：《归义军新城镇考》，《北京图书馆馆刊》1997 年第 4 期。

③李并成：《汉敦煌郡宜禾都尉府与曹魏敦煌郡宜禾县城考辨》，《敦煌学辑刊》1996 年第 2 期。

④李并成：《汉敦煌郡冥安县城再考》，《敦煌研究》1997 年第 2 期。

⑤李并成：《汉唐冥水（籍端水）冥泽及其变迁考》，《敦煌研究》2001 年第 2 期。

⑥李并成：《唐玉门关究竟在哪里》，《西北师大学报》（社会科学版）2001 年第 4 期，第 20—25 页。

今甘肃省安西县(瓜州县)双塔堡一带。在《东汉中期至宋初新旧玉门关并用考》①一文中,李先生提出自东汉明帝永平十七年至五代宋初,玉门关从敦煌西北故址东迁后,新旧关址并用不替。李先生就此问题又撰成《新玉门关位置再考》②一文,考得这一玉门关位于瓠芦河(疏勒河)岸边,关址设在汉长城昆仑塞上,为伊吾路的起点,其位置恰在双塔堡附近。这里正处于当时东西、南北交通的枢纽之地,东通酒泉,西抵敦煌,南连瓜州(锁阳城),西北与伊州(今哈密)相邻。《玉门关历史变迁考》③一文,则系统梳理、考证得出:汉代最早的玉门关址石关峡,在五代宋初又重新设关,玉门关从隋唐时的关址——今瓜州双塔堡东迁 400 里许,又返回到最早的关址石关峡。

李先生的论文《唐代瓜沙二州间驿站考》④,以敦煌遗书 P.2005《沙州都督府图经》为材料依托,结合实地考察所见,并参照该地区航空影像等资料,深入、细致、逐一探讨唐代瓜沙二州间诸驿的位址及其驿路变迁状况。认为唐代位处丝绸之路交通大动脉的瓜沙地区的驿站建设备受重视且甚有成效,每条驿道乃至每所驿站的开置废弃,均须经由州刺史奏请皇廷,然后奉敕施行。驿路的选线、开辟、变迁既受地理条件(主要是水资源)的制约,又受当时政治军事形势的影响。

在《唐代会州故址及其相关问题考——兼谈对于古代城址考察

---

① 李并成:《东汉中期至宋初新旧玉门关并用考》,《西北师大学报》2003 年第 4 期。

② 李并成:《新玉门关位置再考》,《敦煌研究》2008 年第 4 期。

③ 李并成:《玉门关历史变迁考》,《石河子大学学报》(哲学社会科学版)2015 年第 3 期。

④ 李并成:《唐代瓜沙二州间驿站考》,《历史地理》第 13 辑,上海人民出版社1996 年版。

研究的些许体会》①一文中,李先生进一步探讨唐代会州治所及其相关的一些城址,提出唐代会州治所为今甘肃省白银市平川区柳州古城,陡城堡应为明代一处军事驻所,缠州古城为西汉鹑阴县、东汉鹯阴县故址。尤为可贵的是,结合唐会州城址等考证的实例,总结出了前文已经介绍的如何考察和研究古代城址的一些宝贵经验和做法。

李并成先生的论文《魏晋时期寄理敦煌郡北界之伊吾县城考》②,提出安西(今瓜州)敦煌交界处的芦草沟古绿洲北部残存的一座古城址,就是魏晋时期于敦煌郡北界寄理的伊吾县城。对一地行政建置沿革进行研究是历史地理研究的重要组成部分。李先生的《北朝时期瓜州建置及其所属郡县考》③一文就对北魏、西魏、后周时期瓜州的建置进行了考述。

《〈魏书·食货志〉"河西"地望考辨》④,通过《魏书·食货志》等材料考证"河西"地望,认为其中的"河西"指今黄河"几"字形湾内北部的鄂尔多斯高原及其周边一带,而非河西走廊。《历史上祁连山区森林的破坏与变迁考》⑤一文考索有关文献资料,对历史时期祁连山区林草资源的破坏状况予以探讨,为今天本区林草植被的保护和河西绿

---

①李并成:《唐代会州故址及其相关问题考——兼谈对于古代城址考察研究的些许体会》,《中国历史地理论丛》2016 年第 3 期。

②李并成:《魏晋时期寄理敦煌郡北界之伊吾县城考》,《敦煌研究》2003 年第 3 期。

③李并成:《北朝时期瓜州建置及其所属郡县考》,《敦煌学辑刊》1995 年第 2 期。

④李并成:《〈魏书·食货志〉"河西"地望考辨》,《西北师大学报》(社会科学版)1993 年第 4 期。

⑤李并成:《历史上祁连山区森林的破坏与变迁考》,《中国历史地理论丛》2000 年第 1 期。

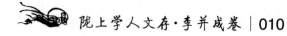

洲的可持续发展提供了切实的历史借鉴。

三、丝绸之路与河西历史上农业开发研究

河西走廊位处东亚与中亚的结合部，自古以来就是我国东中部腹地通往西北边地乃至西方各国的天然走廊和必经孔道。李先生认为，从世界历史上来看，河西为古老的华夏文明与两河流域文明、古印度文明、地中海文明等的汇流之区；从中国历史上看，河西走廊又是我国率先对外开放的地区，堪称我国走向世界的第一条通道。李先生心系祖国、热爱家乡，把对丝绸之路与河西走廊历史上农牧业的开发研究作为自己学术研究生涯中的一大重要方向。

李先生通过实地考察，结合相关文献进行考证，在《古丝绸路上一批丰厚的历史遗珍——河西走廊遗存的古城遗址及其历史价值论略》[①]一文中，考得河西地区仅汉唐时期的城址就有 120 余座，宋元以迄明清的城寨堡邑、关铺驿递等不下 200 余座。在充满深情地盘点、梳理了这批种类多样、规模不等、形态各异、功能有别的丰厚历史遗珍之后，李先生提出这批古城遗址是古丝绸之路上留存的一笔丰厚的历史遗珍，是我国古代文明具有权威性的、真实可见的历史标本，是古今沧桑变迁的历史见证。

《"山结""水结""路结"——对于兰州在丝绸路上重要地位的新认识》[②]，重点关注兰州黄河上游炳灵寺石窟题记等资料，结合多年实

---

①李并成：《古丝绸路上一批丰厚的历史遗珍——河西走廊遗存的古城遗址及其历史价值论略》，《丝绸之路·图像与历史》论文集，东华大学出版社 2011 年版。

②李并成：《"山结""水结""路结"——对于兰州在丝绸路上重要地位的新认识》，《历史地理》第 24 辑，上海人民出版社 2010 年版。

地考察所得,观照横贯欧亚大陆丝绸之路的整个走向和路网布局,论证提出丝绸之路上有最重要的两大枢纽,深度剖析、透视了兰州作为中国内陆几何中心,在丝绸之路上作为"山结""水结""路结"的重要地位,这是迄今为止对兰州在地理、历史、文化方面的重要地位总结得最为透彻、精准的评价。

关于丝绸之路的贡献和作用,李先生一直深度关注。《丝绸之路:东西方文明交流融汇的创新之路——以敦煌文化的创新为中心》①,观照敦煌文化所呈现出的东西方文化融合创新的亮丽底色与崭新格局,探究敦煌文化中突出体现的佛教"中国化"的创新成就,具体分析极富创新性的敦煌壁画中的"飞天"艺术形象和融汇中西菁华的全新艺术形象——敦煌歌舞艺术,提出丝绸之路的重要作用和贡献在于这条道路不仅仅是"通道",还是东西方文化交流、整合、融汇及其创生衍化和发展嬗变的加工场、孵化器和大舞台,是文化创新的高地。李先生不只是关注丝绸之路的辉煌过往,在《重视"敦煌外交"服务"一带一路"》②中还论证了敦煌文化的国际性和"敦煌外交"的重大意义,为今后如何释放"敦煌外交"潜能,服务共建"一带一路"积极建言献策。

关于历史上河西走廊的开发及农业、手工业等产业的发展,李先生不断思考,持续研究。《唐代前期河西走廊的农业开发》③关注河西走廊当时的水利建设,梳理军屯、民屯、非屯田性质的民田垦辟以及

---

①李并成:《丝绸之路:东西方文明交流融汇的创新之路——以敦煌文化的创新为中心》,《石河子大学学报》(哲学社会科学版)2020年第4期。

②李并成:《重视"敦煌外交" 服务"一带一路"》,《丝绸之路》2017年第4期。

③李并成:《唐代前期河西走廊的农业开发》,《中国农史》1990年第1期。

寺院的土地开拓等唐前期河西大规模农业开发的主要经营方式,通过材料中的有关数字展示出河西粮食生产及对国家的粮食贡献,认为唐代前期河西走廊的农业开发经一个多世纪的迅速发展,至盛唐开元、天宝之世达到极盛,以至成了国家倚重的富庶的农业基地之一,其发展的规模和水平前所未有。《西夏时期河西走廊的开发》①通过分析行政军事建置的设立、移徙人口以增加人力资源、兴修水利、垦辟耕地和使用先进生产工具等举措,总结出西夏农业开发的成效,系统探讨西夏王朝对河西的开发经营状况。认为在西夏近两个世纪的统治下,河西地区结束了中唐以来战乱纷争的局面,获得了较为安定的社会发展环境,河西农牧业开发因而取得诸多成效,生产结构大体上为牧农并重,使其成为西夏政权与宋、辽、金相抗衡的后方基地。

《河西地区历史上粮食亩产量的研究》②通过对历史时期相关材料的仔细梳理,考出河西走廊在不同历史时期粮食亩产量的具体数据,分析指出河西自西汉中期开发以来迄至清代,粮食作物亩产量呈缓慢增长趋势。《古代河西走廊桑蚕丝织业考》③考察河西所出考古资料和以敦煌文书为主的文献记载,提出自两汉迄宋初,河西走廊的桑蚕丝织业一直"沿而无衰"。汉代河西走廊的蚕丝业已经发轫并获初步发展,魏晋北朝时期堪称河西走廊蚕丝生产长足进步的时期,晚唐五代宋初河西走廊动乱频仍,政局不稳,其蚕丝业的兴盛,主要集中于汉族归义军政权统治下的瓜沙二州之地(今敦煌、瓜州一带),宋仁宗以后,河西走廊各地渐次被西夏占领,自此再未见到有关河西蚕丝业的记载,该业当趋衰落以至绝迹。

①李并成:《西夏时期河西走廊的开发》,《中国经济史研究》2001年第4期。

②李并成:《河西地区历史上粮食亩产量的研究》,《西北师大学报》(社会科学版)1992年第2期。

③李并成:《古代河西走廊桑蚕丝织业考》,《敦煌学辑刊》1997年第2期。

四、沙漠历史地理研究

李并成先生师从沙漠历史地理研究这一全新科学领域的开拓者——中国科学院资深院士、北京大学教授侯仁之先生学习历史地理学。侯仁之先生在历史地理学理论、城市历史地理学和沙漠历史地理学三个领域做出杰出贡献，是中国现代历史地理学的主要奠基人之一。侯仁之先生的研究不仅揭示了历史时期人类活动对沙漠地区自然环境的影响过程及其演变规律，而且也为今天西北等地的防沙治沙以及生产发展和经济建设提供了重要的科学依据和历史借鉴。

沙漠历史地理的研究是李并成先生学术研究的重心之一，尤其是河西走廊历史时期的沙漠化研究是李先生一直关注并持续调研、思考、论证的问题，相关研究拓宽了沙漠历史地理学研究的视域。

在《河西走廊汉唐古绿洲沙漠化的调查研究》①一文中，李并成先生提出河西汉唐古绿洲沙漠化过程的主要原因在于人为方面，与当时的政治军事形势、农牧业开始状况、水源利用情形以及人们对自然环境的认识程度等密切相关。其中，汉代后期沙漠化的主要原因在于：汉代为河西走廊历史上第一次大规模农业开发时期，武帝时开拓河西，置设郡县，大规模移徙兵民屯田实边，使河西社会经济获得迅速发展，一跃崛为我国西北的富庶之地。由于绿洲腹地大量开垦，河流水源被大量纳入人工农田垦区之中，遂导致河流下游尾闾的一些地段水源短缺，加之这里正处于风沙侵蚀的最前沿，人工开发破坏固沙植被，流沙活动加剧，遂使尾闾的这些地段首先出现沙漠化过程，以致逐渐向荒漠演替。唐代安史之乱以后古绿洲沙漠化，则主要与当

①李并成：《河西走廊汉唐古绿洲沙漠化的调查研究》，《地理学报》53卷2期，科学出版社1998年版。

时政治军事形势的剧烈动荡及由此而造成的社会生产的巨大破坏、农业的急剧衰退相关联。在人为因素之外，李先生认为导致河西古绿洲沙漠化的原因还不能忽视自然因素（主要是气候变迁）的作用："河西古绿洲发生在汉代后期和唐代后期的两次沙漠化过程，恰好与我国气候上的温暖期，也即西北内陆地区的干旱期相对应，则冰川退缩、河流来水减少的相对干旱的环境无疑会对沙漠化的发生具有一定推动作用。"

李并成先生《河西走廊历史时期沙漠化研究》①一书，从人类活动与自然环境的关系出发，对于我国河西走廊（含阿拉善高原）历史时期形成的沙漠化区域做了全面细致的考察，发现并深入研究了河西地区历史时期古绿洲形成的沙漠化区域。这些区域主要有：民勤西沙窝、张掖"黑水国"、古居延绿洲、马营河摆浪河下游、金塔东沙窝、玉门比家滩、昌马河洪积冲积扇西缘、芦草沟下游、古阳关绿洲等，其沙漠化总面积达 4600 多平方千米。复原了古绿洲自然生态景观和人文景观概貌；探讨了该地区数千年来在人类开发活动的作用和影响下绿洲生态环境的演变，剖析了其植被的破坏与演变、河湖水系的变迁等，着重研究了河西沙漠化发生发展的历史过程，揭示了沙漠化过程的形成机制和原因（含自然原因）；同时针对现实问题，追溯了今日绿洲生态环境问题的历史根源，从而为今天西部大开发中河西绿洲的经济建设、生态环境建设和可持续发展，提供了重要的历史借鉴，对于其他干旱、半干旱地区的开发建设亦有有益的参考价值。书中还对于相关的学科理论问题亦作了一系列新的探讨。

《人口因素在沙漠化历史过程中作用的考察——以甘肃省民勤

---

① 李并成：《河西走廊历史时期沙漠化研究》，科学出版社 2003 年版。

县为例》①,专就人口因素在历史上沙漠化中的作用予以考察,论证提出绿洲生态系统的人口容量有一定限度,干旱内陆流域生态条件脆弱,所容纳人口的数量,必须为其生态环境的容量(主要是水资源)所容许,必须与绿洲水资源的数量、质量及其开发利用的程度相协调。人口压力乃是导致绿洲沙漠化最基本的人为因素,人口增长往往是造成干旱内陆流域绿洲地区土地沙漠化和其他环境退化问题的直接驱动力和第一性压力。

《今天的绿洲较古代绿洲大大缩小了吗? ——对于历史时期绿洲沙漠化过程的一些新认识》②,论证指出沙漠化过程并不一定意味着流域绿洲总面积的缩小,而在很大程度上则表现为一种绿洲的转移,其实质是一种因人类不合理的开发经营活动引发的,由于绿洲水资源的移动和重新分布而导致的绿洲的转移过程,转移的基本方向之一是由下游向中上游的迁移,并非绿洲的不断缩小或消失。伴随着这种迁移,造成原有绿洲的荒废和新的绿洲的出现。

《猪野泽及其历史变迁考》③对于《尚书·禹贡》所记"原隰底绩,至于猪野"、发源于河西走廊东端祁连山北麓的石羊河的古终端湖泊猪野泽的具体位置、湖泊面积以及历史变迁,运用卫星图像解译、水量均衡匡算、沉积物分析和历史文献考证相结合的方法作了探讨,不仅科学地得出了不同历史时期猪野泽的范围大小及其变迁状况,而且所采用的研究方法具有首创性。

李并成先生对沙漠地理的研究持之以恒,不断以实践和深入思

①李并成:《人口因素在沙漠化历史过程中作用的考察——以甘肃省民勤县为例》,《人文地理》2005 年第 5 期。

②李并成:《今天的绿洲较古代绿洲大大缩小了吗? ——对于历史时期绿洲沙漠化过程的一些新认识》,《资源科学》23 卷 2 期,科学出版社 2001 年版。

③李并成:《猪野泽及其历史变迁考》,《地理学报》1993 年第 1 期。

考推动理论的创新和发展。《沙漠历史地理学的几个理论问题——以我国河西走廊历史上的沙漠化研究为例》①总结出干旱地区的沙漠化主要发生在内陆河下游，沙漠化过程的途径主要有就地起沙、风蚀绿洲、流沙入侵、洪积物掩埋绿洲四种，以前两者最为重要；只要大的气候环流形势和流域的总水量无大变化，则其绿洲总面积就不至于发生大的改观；沙漠化土地在一定条件下是可以逆转的。但逆转的难易程度却因干旱地区与半干旱地区的不同而有着显著差异，有些地区的逆转殆无可能。《沙漠历史地理研究中若干理论问题再议》②总结出经过多年的深入调查与思考之后得出的关于历史时期沙漠化土地的重要地表特征等问题：第一，由于历史上的沙漠化过程距今时间较长，其沙漠化土地形成和古绿洲废弃以后，沙漠化作用仍在继续，因而其沙漠化发展的程度较深。第二，在地理分布上，历史时期的沙漠化土地大多位处河流下游，特别是范围较大的成片沙漠化区域更是如此。第三，历史时期的沙漠化土地，往往散落许多过去人类活动遗留下来的陶器碎片、砖瓦碎块、铜器铁器残片、石磨残片等古物，并可见到古钱币、料珠、装饰件、建筑物残件和器形较完整的一些物品、某些艺术品等。

　　李先生主要从事敦煌学、历史地理学以及西北历史文化的研究和教学。授业问难，教学相长，在教学与研究实践中不断提升自己的理论水平和教学能力。李先生先后独立承担完成国家教委第二批青年专项科研基金资助项目"河西走廊历史地理"（1990）、国家教委"九五"规划重点项目"古代河西绿洲的土地开发及其沙漠化研究"（1996）、国家社

　　①李并成：《沙漠历史地理学的几个理论问题——以我国河西走廊历史上的沙漠化研究为例》，《地理科学》1999 年第 3 期。
　　②李并成、侯文昌：《沙漠历史地理研究中若干理论问题再议》，《天津师范大学学报》（社会科学版）2013 年第 1 期。

科基金项目"河西绿洲历史时期的开发与沙漠化研究"(2000)、教育部人文社科项目"历史上塔里木盆地南缘绿洲的土地开发与沙漠化研究"(2005)、全省宣传文化系统高层次人才资助项目"有关丝绸之路研究中若干学理问题的研究"(2019)等;主持完成甘肃省哲学社科规划项目"古代西北干旱地区的开发及其经验教训的反思"(2005)、国家自然科学基金项目"西北地区古代民众生态环境意识研究——以敦煌吐鲁番资料等为中心的探讨"(2014)、西北师范大学科技创新工程项目"西北开发与可持续发展研究"(2000)、西北师大重大教学项目"敦煌学"视频精品开放课程建设与共享(2013)、西北师范大学研究生精品课程建设项目"敦煌学概论"(2018)等。作为主要研究人员参与完成国家自然科学基金重点项目"河西地区环境变迁与人地关系研究"、国家重点基础研究发展规划项目"中国北方沙漠化过程及其防治研究"、国家重点项目"国家历史地图集·沙漠图组"编撰、国家重点项目"中国历史自然地理"等。同时与日本综合地球环境学研究所等合作从事黑河流域生态环境的变迁研究。

李并成先生先后承担本科生"敦煌学导论""敦煌学概论""敦煌文学""科技概论""历史地理"等课程,硕士研究生"敦煌学专题研究""历史地理专题研究""归义军史研究""敦煌文书精读""自然历史地理""历史时期环境变迁""丝绸之路考古"等课程,博士研究生"历史地理学的理论与实践""敦煌历史文献研究""西北史地专题""历史文献概论"等课程。培养出历史文献学(敦煌学)、历史地理学、专门史(西北史)、文物与博物馆学硕士100名,博士21名。2006年,李先生主持的"敦煌学"课程被评为国家级精品课程。

李并成先生为西北师范大学历史文献学(敦煌学)硕士学位点、历史地理学硕士学位点、专门史(西北史)博士学位点、历史文献学(敦煌学)博士学位点、历史学博士后科研流动站、人文地理学博士学位点的主要创建者和学术带头人之一。李先生曾荣获甘肃省社会科学优秀成果奖 6 次，甘肃省优秀教学成果一等奖 1 次，甘肃省高校社科优秀成果奖 8 次、科技进步奖 1 次；1996 年，享受国务院颁发的政府特殊津贴；1998 年，入选"国家百千万人才工程"一、二层次人选；同年入选"甘肃省跨世纪学术技术带头人 333 科技人才工程第一、二层次人选"，2005 年 11 月，被评为"甘肃省宣传文化系统拔尖创新人才"；2008 年，获得"甘肃省教学名师"称号；2010 年 4 月，被国务院授予"全国先进工作者"荣誉称号；2010 年 2 月，入选"甘肃省领军人才第一层次人选"；2011 年 11 月，被中共中央统一战线工作部、国家人力资源和社会保障部、八个民主党派中央委员会、中华全国工商业联合会评为"十一五"期间各民主党派工商联无党派人士为全面建设小康社会做贡献先进个人；2013 年 11 月，被评为甘肃省宣传文化系统"四个一批"人才。

李并成先生不是一个坐守书斋的学究，而是一位具有关心社会、参与现实的强烈意识，把学术探索与现实观照紧密结合，具有高度社会责任感的、充满活力的历史学家。在担任省政协委员、常委、省政府参事、省文史馆馆员期间，李并成先生倾情履职，努力作为，听民意，察民情，通过视察、调研、撰写提案和社情民意等方式，提出了高质量的有前瞻性、时效性和可操作性的意见、建议，认真履行了政协委员参政议政和监督的职能。李先生紧紧围绕党和政府的中心工作，深入社会调研，积极建言献策，为促进全省经济社会发展，加快建设幸福美好新甘肃，开创富民兴陇新局面做出贡献。曾在省政协大会上提出提案 200 件，其中个人单独提案 160 多件，被《甘肃日报》等媒体誉为"提案大户"。同时在全委会和常委会上提交大会发言 37 次。提出参事调研报告、参事建议和馆员建议 47 件，其中本人单独提出 36 件，省上领导亲自批办 22 件。荣获甘肃省政协优秀提案奖 3 次、反映社

情民意好信息奖 1 次；省政府参事优秀调研成果奖 9 次（其中一等奖
2 次、二等奖 4 次）。

李并成先生对母校怀有深厚的感情。1998 年，他提出西北师范
大学是 1902 年建立的我国第一所高师院校，西北师范大学与北京师
范大学同枝连根，建校时间应是 1902 年。学校采纳了他的建议，改变
了以前以 1939 年学校迁至兰州为建校之日的作法。西北师范大学原
来采用的校训是"勤学、求实、敬业、创新"，李并成先生觉得这虽然是
一则较好的校训，然而尚有不尽如人意之处。一是校训中所言的四个
方面似乎偏重于对于学习和工作态度的强调，未能很好地反映出学
校培养目标和办学理念上的特色，且"勤学"和"敬业"二词对于一所
学校来说，其含义基本相同，二者有重复之嫌。二是难以体现出西北
师范大学作为一所百年老校应有的深厚底蕴和文化传承。三是用词
流于一般化，缺少特色。因而建议采用我国著名语言文字学家、教育
家、西北师范大学老校长黎锦熙先生于 20 世纪 40 年代为西北师范
学院毕业生题词"知术欲圆，行旨须直；大漠孤烟，长河落日"中的前
两句作为校训。前两句应源于《文子·徵明》："凡人之道，心欲小，志欲
大，智欲圆，行欲方。""知术欲圆"，意思是作学问应孜孜不倦，灵动圆
润，没有尽头；"行旨须直"，是说作为一个知识分子要行事方正，不可
邪曲。这两句话突显了"知"与"行"、"术"与"旨"的辩证关系，体现了
西北师范大学的育人目标，具有历史厚度和传统底蕴，富有大西北的
地域特点，用词儒雅考究，特色鲜明，对仗工稳，意韵隽永，富有美感。
随后经西北师范大学"两代会"的讨论和表决，高票通过了这则新的
校训。由此可见李并成先生的眼界、胸怀之一斑。近年李先生又提出
西北师范大学的初心和使命是"延续民族文化根脉，传承师范教育薪
火"，提出我们应秉承和弘扬"西进精神"，这些提法均得到广大师生
认同，亦可见李并成先生对于母校的殷殷之情。

听李并成先生做学术报告，对广大师生来说是很好的学习机会，也是一种享受。李先生近年来开设了"丝路文化探秘"系列专题报告，广受欢迎。例如题为《敦煌文化：丝绸之路文化最杰出的代表》的学术报告，提出每一个民族都需要学习和汲取其他民族文化的优点和营养来推动自身的发展。悠久的中华文化在其漫长的发展过程中，从来就没有脱离过与其他民族文化的交流。从三个方面分析敦煌文化是丝绸之路文化最杰出的代表：一是敦煌不仅是丝绸之路上中西文化传播交流枢纽重镇，而且还是中西方文化交融整合、孵化衍生的创新高地。对于中原王朝来说，敦煌是具有重要战略意义的前进基地和西域门户；对于东西方经济文化交流来说，敦煌又是"华戎所交"的国际都会。二是敦煌文化呈现出"你中有我、我中有你、各美其美、美美与共"的融合发展底色与格局。无论是敦煌歌舞艺术、饮食文化、服饰文化、体育文化，还是敦煌赛祓习俗、婚丧习俗、科技及医疗养生文化等等，皆是丝绸之路上留存的一笔笔丰厚的历史遗珍和具有权威性的历史标本。三是敦煌文化最突出的特征——开放性、多元性、浑融性、创新性。

又如，李先生题为《关于西北历史地理研究中若干重大问题的讨论》的学术报告，从西北开发史的定位问题、历史时期人类活动与自然灾害的关系问题、西北地区河流水量变化问题、西北地区沙漠化及绿洲变迁等问题入手，对学术界在西北历史地理研究中存在的若干误区和不足进行深入探讨。毫无疑问，只有经历多年的"深耕细作"，才能做到这样的深入浅出，举重若轻。

我自 2016 年考取博士研究生，跟随李并成先生读书，时间虽然不长，深受感动，感慨良多！李并成先生是一位有情怀、善坚持的学者！李并成先生的学问功底扎实，坚守老一辈学者"文史不分家"的优良传统，为人虚怀若谷，对学生态度温和且要求严格，是我们的学习榜样，引领、鞭策我们在学术研究的道路上奋力前行。

李先生勤于治学,笔耕不辍,独著、合著专著 20 余部,主要有《河西走廊历史地理》《丝绸之路文化大辞典》《瓜沙史地研究》《敦煌学大辞典》《大漠中的历史丰碑》《敦煌学百年文库·地理卷》《河西走廊历史时期沙漠化研究》《敦煌学教程》《中国历史自然地理》《西北出土文献中的民众生态环境意识研究》等。李先生在《求是》《中国史研究》《地理学报》《地理研究》《地理科学》《资源科学》《人文地理》《敦煌研究》《敦煌学辑刊》《敦煌学》《敦煌吐鲁番研究》《历史地理》《中国历史地理论丛》《中国经济史研究》《中国社会经济史研究》《中国农史》《中国边疆史地研究》《中国科技史料》《中国地方志》《考古》《文物与考古》《旅游学刊》《古籍整理研究学刊》《北京图书馆馆刊》《甘肃社会科学》《西域研究》《地理学与国土研究》《丝绸之路研究集刊》《地理教学》《历史教学》《光明日报》《人民政协报》等以及日本 *Project Report on an Oasis-region* 等刊物上发表学术论文 370 余篇。其中一些论文被《新华文摘》"中国人民大学复印报刊资料"《中国社会科学文摘》等重要文摘报刊全文转载或论点摘编。

李并成先生学术功底深厚,学术思维敏捷,学术成果丰富,限于篇幅,本书只选用其中的 21 篇论文,基本能反映出李先生各个时期学术研究的旨趣所在和代表性研究成果。《陇上学人文存·李并成卷》出版在即,而李先生的学术研究还在继续,高质量成果不断呈现,李先生的治学精神,是鼓励后辈学人披荆斩棘、砥砺前行的动力!

巨　虹

2021 年 10 月 1 日

敦煌文献研究

唐代敦煌绿洲水系考
——对《沙州都督府图经》等写卷的研究

绿洲是干旱荒漠地区人类活动的精华之域。绿洲上,水源为最可宝贵的自然资源,是哺育绿洲文明,维系绿洲发展繁荣的命脉。恢复历史时期绿洲的水系状况,对比其古今的发展变化,揭示其变化的规律,不仅可以为研究绿洲地区开发经营的历史过程提供地理依据,更可对于今天绿洲水资源的开发利用、沙漠化的防治等有所裨益。本文试图利用敦煌石室所出《沙州都督府图经》(P.2005)、《沙州地志》(P.5034)等写卷以及唐代敦煌受田户籍、地亩文书、典租契约等材料,对唐代敦煌绿洲的水系状况进行初步探讨,作一大略复原。

一

敦煌位于河西走廊的最西端,地质构造上处于走廊北山和祁连山间的山前拗陷槽地。槽地中第四纪沉积物厚达四百余米,在党河、疏勒河等河流的作用下,发育了面积广阔的洪积、冲积、湖积平原,是为敦煌绿洲。绿洲地势开阔平坦,土层深厚,素有"沃腴水草田"之称。气候为暖温带干旱气候,光照资源十分丰富,全年日照时数为3250小时,太阳年辐射总量达153.3千卡/平方厘米,均属全国高值地区,且气温日较差大,农产品的光合同化率高;年降水量仅三十余毫米,年蒸发量却高达2500毫米,非常干旱,发展农业唯赖灌溉。祁连山的冰雪融水,神奇地养育了这块土地,带给绿洲以蓬勃的生机,哺育了著称于世的敦煌文化。

生活在这样绿洲自然环境中的人民，历来将水源视为自己的命脉。敦煌唐人写卷 S.5874 记载："本地，水是人血脉。"为了有效地分配用水、管理用水，唐代的敦煌订有一整套完备的法规，并严格执行。现藏法国国家图书馆的《沙州敦煌县地方用水灌田施行细则》（P.3560），就是西魏邓彦所立，迄至隋唐，一直遵守的配水法则。其中分干、支、子等各级渠道，细列其行水次序，并称其为"古老相传，用为法制"。可见这种细则，实为自古沿袭的法规，在敦煌地区，它与政府的其他政令具有同等效力。敦煌写本唐开元《水部式》（P.2507），更是备载各级渠道的溉田次第、造堰、斗门节水的分量、斗门的开闭时期、渠道和斗门的修缮以及相应各级官员的职责等法令。如："凡浇田皆仰预知顷亩，依次取用。水遍即令闭塞，务使均普，不得偏并"；"诸灌溉，大渠有水下地高者，不得当渠造堰，听于上流势高之处，为斗门引所。……其傍支渠有地高水下，须临时暂堰灌溉者，听之"①等等。

为了有效地行使这些法规，绿洲还特设专职官员和管理人员，各司其职。《水部式》明载："沙州用水浇田，令县官检校。仍置前官四人，三月以后，九月以前行水时，前官各借官马一匹。"②浇水溉田，乃一县之头等要政，县官自必躬亲，甚至连一般分水斗门，也"皆须州县官司，检行安置，不得私造"。在敦煌唐户籍残卷上还可以见到，每乡均特设"渠头"一名或数名，负责各乡水利事宜；各主要渠道或分水斗门，又设有渠长或斗门长，"诸渠长及斗门长，至浇田之时，专知节水多少"。可知唐代的敦煌，自上而下有州官、县官、前官、渠头、渠长和斗门长等多级管水人员，各自负责。对各级人员，还备有奖、惩条法，"若用水得所，田畴丰殖，及用水不平，并虚弃水利者，年终录为功过附考"③。

———————————

①②③敦煌唐写卷《水部式》（P.2507）。

对水源的重视，更可见于绿洲人民心目中的一往情深，他们对生命之水的尊崇，以至达到了将其神化的地步。他们把都乡河（党河）视为一位年轻美丽的女神，起名"都乡玉女娘子"①，传说每年春暖雪融，她就从南山飘然而来，滋润着绿洲的土地。每逢开春，人们都要向她祈祷丰年。至于脍炙人口的李广利"刺壁飞泉"、张刺史"射杀妖龙"的故事，更是在敦煌人民中间口碑相传，歌颂不衰。

二

根据《沙州都督府图经》（以下简称《图经》）等文献记载，有唐一代，在敦煌进行了大规模的水利建设。笔者依照有关写卷粗略统计，记有大小干支渠道九十余条，它们有机地构成完整的灌溉网系，滋育着绿洲的土地。另有泉湖陂泽近二十处，和上述渠道一齐，组成了统一的绿洲水系。兹分考如下：

（一）甘泉水干流

唐代的甘泉水，即今党河。唐人《敦煌录》（S.5448）曰，鸣沙山"近南有甘泉，自沙山南；其上源出大雪山，于西南寿昌县界入敦煌。以其沃润之功，俗号甘泉。"源于大雪山，绕鸣沙山南麓而进入敦煌绿洲的水系，唯有党河一条。

《图经》残卷开篇，首叙甘泉干流，但因前佚，对其源头描述，无法看到。从其残余的"西北流入硖谷""曝布""蔽亏日月""深谷""曲多野马""狼虫豹窟穴"等片言，可以窥见其上游部分情况：河流取西北向穿行峡谷之中，强烈下切，流泉飞瀑宕跌；林草茂密，以至于蔽日掩月，狼、豹等兽奔窜其间；在宽阔的河曲滩畔，野马徜徉……党河从源头到今肃北蒙古族自治县县城出山，在山间谷地要奔流二百四十余公里，《图经》上述所记这段河谷的情况，与今略同。只是今日山区植被，已大不如唐时茂密，野马、狼、豹更极罕见。上游山区为绿洲水源涵养林区，其植被状况的变化，必然会影响整个绿洲生态系统的状况。

《图经》接着记道："〔中缺〕里至子亭镇，西三（中缺约九字）烽，又西北流六十里，至山阙烽。水东即是鸣沙流山……其水西有石山，亦无草木。"

子亭镇，向达等先生均以为是今肃北蒙古族自治县东南一公里处的党城湾遗址，甚是。西凉李暠始筑，唐代于此设镇，为捍卫敦煌郡城的南大门。在此城以东、以北四五公里处的风蚀岩板滩上，近年均发现了古引灌渠道、古阡陌的遗迹，为昔日屯垦之地。党水至此出山。出山后，地势陡降，形成了数千平方公里的山前洪积——冲积扇，今天所谓一百四戈壁即是。党河仍取西北向流经其上，由于新构造运动的作用，河床下切成深达四至四十米的峡谷，其主流早有固定河道，再无自然改道的可能，唐时流向亦应如此。

山阙烽，"山阙"者，顾名思义应为山脉中之谷口，《图经》又言其东为鸣沙流山（今鸣沙山），由此审之，此烽应位于今沙枣园下游之党河口。党河穿过一百四戈壁后，切穿戈壁前缘的三危山——鸣沙山断裂隆起带，二次出山。山阙烽正位于此出山口。其地置烽，居高凭险，便于候望。此烽距子亭镇尚有一百六十余里，其间必有其他烽燧设置，但《图经》中缺，仅余一"烽"字，无考。

依《图经》所记方向，党河二次出山后，即呈直角弯转，折而改向东北流，亦同于今日流向。在这里形成了第二级广阔且坡度平缓的大洪积冲积扇，扇面半径达四十余公里之远，扇缘北部与疏勒河下游冲积平原相连。在十万分之一的地形图上，可见高差二十米的十余条等高线呈平行等距离的弧状排列。扇面上除其东部边缘发育了敦煌绿洲，西部边缘发育有南湖绿洲外，其余大部分地面为上更新纪的洪积戈壁滩，由山阙烽东北向四十余里，已进入绿洲前缘，甘泉干流至此，即可造堰，分水引灌。

（二）主要分水口堰

马圈口堰：为甘泉水进入绿洲后之第一道拦水、分水堰门。对其位置，《图经》中前后矛盾，数处相左。在"甘泉水总述"中曰：自山阙烽"又东北流八十里，百姓造大堰，号为马圈口……又东北流卅里至沙州城"；而在"二所堰"一节中曰，其位置"在州西南廿五里，汉元鼎六年造。依马圈山造，因山名焉"；在"宜秋渠"一节中亦曰，宜秋渠"在州西南廿五里引甘泉水"，而引水之处正是马圈口堰，这由"甘泉水总述"中一句可证："又从马圈口分一渠，于州西北流，名宜秋渠"。唐代的沙州城，在距今敦煌县城西一公里许，位于党河西岸的故城遗址。《肃州志·沙州卫志》云："沙州旧城即古敦煌郡治，在今沙州之西，墙垣基址犹存，为党河水北冲，城垣东圮，故今敦煌县城筑于旧城之东。"所记沙州故城位置和残迹情况与今同。此城距党河口（山阙烽）不超过七十里。如取"甘泉水总述"之说，则其距离计一百二十里，沙州城的位置就要远达今敦煌县城以东五十里的城湾农场四站附近了。这里地处绿洲东缘，曾是大面积湖沼之处（见后考），根本没有建立州城的条件和必要，亦无任何史料可佐；若以现确认的沙州故城遗址为定点，再上溯一百二十里的话，则山阙烽的位置又要上移到今肃北县城西北六十公里处的鸣沙山南麓一带了，这里是水北为鸣沙山，水南为洪积戈壁滩，同前述 "水东即是鸣沙流山"，"水西有石山"相悖，且此处大碛漠漠，沙丘莽莽，既无山阙可言，又无烽燧遗迹，山阙烽根本不会设在这里。由此可见，"总述"所记显然有误。"二所堰"和"宜秋渠"两节，均言马圈口堰位于州西南二十五里，可互相参证，且"二所堰"为专记马圈口堰和长城堰的章节，理应更为详确。同时，据笔者实地踏勘，党河流至沙州故城西南二十五里，已进入绿洲的西南边缘，正是需要分水灌溉之处，并且党河在这里切穿鸣沙山前的石质剥蚀残丘，应是唐代的马圈山，今名黑山咀。马圈口堰当位于故城西南二十五里的今黑山咀之处为确。甘泉水至此,造堰拦蓄,提高水位,始分而溉田。这一古堰,早在汉元鼎六年敦煌立郡之时即建,唐时其规模更大,"其堰南北一百五十步,阔廿步,高二丈,总开五门分水,以灌田园"。古之计里之步,每步略等于今市制五尺,长一百五十步为今二百五十米,阔二十步为今三十五米。就是今天新建的高标准党河引灌渠系,其总分水闸,亦设在此附近。"总开五门分水",应有五条渠道从此分出,除甘泉干渠和上述宜秋渠外,其余三条缺载,可能系较短的支渠。据天宝六年(747年)的敦煌户籍(P.2592)记载,龙勒乡都乡里有一"长酉渠",流经州西二十里。它肯定是从州西南二十五里的马圈口堰分出的。又据 P.2822、S.9156、S.1475 等残卷记载,宜秋渠尚有东西二支渠,抑或可能是从马圈口堰分出来的。

都乡斗门:为甘泉水进入绿洲后之第二道分水门堰。《图经》"都乡渠"条记为"州西南一十八里甘泉水马圈堰下流造堰壅水";"孟授渠"条亦记:孟授渠"于州西南十八里于甘泉都乡斗门上开渠灌田"。州西南十八里,为今党河乡大庙村西南二公里处的墩墩湾附近。今天这里党河之干涸的古河床,宽达一公里许。《图经》曰,此堰"(中缺二字)里,高八尺,阔四尺"。中缺的二字应为"长二"二字。它的高、阔不及马圈口堰,但因河面展阔,其长度远超过后者。继宜秋诸渠从甘泉水上分出后,都乡、孟授二干渠于此斗门上源出。

五石斗门:系甘泉干流之第三道分水门堰。《图经》之阳开渠,"在州南十里引甘泉",早在西凉时,敦煌刺史杨宣就于此"造五石斗门,堰水溉田"。唐代吐蕃酉年(805年)的一份文牍(S.2103),亦记有用水百姓李进评等于"五石口前,逐便取水"。州南十里,在今杨家桥乡合水村附近。甘泉水至此,已位处沙州城南,分水后,甘泉干流由东北向流折而北流。

阴安渠斗门:《图经》曰,阴安渠"在州西南六里甘泉水上……于都乡斗门上开渠溉田"。甘泉干流自州南十里的五石斗门分水后,就转而北流,此处"州西南六里甘泉水",肯定不是指甘泉干流,所指的都乡斗门,也不是前述远离州十八里的甘泉干流上开的都乡斗门,而应是在都乡渠上所开的"都乡斗门"。阴安渠在流经州西南六里的都乡渠上开口分水,其址在今党河乡邵家桥村附近,今天的西干三支渠也是从这里分出的。

中河斗门:为甘泉干流上之第四道,也是最后一道分水门堰。《图经》云:甘泉水"至沙州城分派溉灌,北流者名北府,东流者名东河水,东南流者二道,一名神农渠,一名阳开渠"。又"北府渠"条记道,其分水口门是在"州东三里甘泉上中河斗门"。"三丈渠"条亦记其"在州东三里甘泉上于河斗门"分水。州东三里之中河,正是穿过今敦煌县城西的党河干河床,北府、东河等干渠分流于此。该斗门"垒石作,长卅步,阔三丈,高三丈",其规模仅次于马圈口堰。甘泉干流至此,已全部分流完毕。

《图经》中提及的分水口堰共上述五道,它们为绿洲渠系之最主要的分水之处。其中甘泉干流上四门,都乡干流上一门。

(三)主要灌溉渠道

《图经》中专列一节"七所渠",应为绿洲之主干渠道。另外,在"甘泉水总述"中亦提到六渠,除与"七所渠"重复的外,尚有"东河""神农"二渠,当亦为其重要渠道,兹分考于下:

1. 西部绿洲灌溉渠道

宜秋渠:为甘泉水进入绿洲后之第一条分水干渠,亦是绿洲之最西部的干渠。"甘泉水总述"云:"又从马圈口分一渠于州西北流,名宜秋渠。"可见其源自马圈口堰后,是由西南流向东北,穿过州西北的。其位置略当于清雍正三年于敦煌移民时所开的通裕渠,或今西干一支渠之所经。"长二十里",约流经今秦家湾、李家墩、大庙三村和七里镇向阳农场,最后达于武威庙村地界。其渠"引甘泉水,两岸修堰十里",可知它是利用原有天然分水河道修建的。河道流入绿洲后,坡降更小,河面展阔,多呈数股分流,故需两岸修筑长达十里的束水堰堤,才便利用。其堰"高一丈,下阔一丈五尺",规模不可谓不大,仅此一条干渠即如此,可以想见绿洲人民所付出的艰辛。宜秋渠所溉之田,位处绿洲西北隅,正当盛行风向迎风面之要冲,风沙危害严重,故《图经》曰"其渠下地",只适于晚秋作物种植,"因号为宜秋渠"。宜秋尚有东西二支渠见于记载,已如前述。

都乡渠:分水自都乡斗门,流长二十八里,流向无明确记载,但从其地势倾斜方向和渠系间相互位置来看,亦应取向由西南至东北,当与宜秋渠大致平行。该渠位于宜秋渠内侧,深入绿洲内部,其长度也超过宜秋。流经今南台、邵家桥、板桥、陈家桥、肃州庙诸村,达于肃州堡村地界,灌溉的范围相当于今西干三支渠全部和西干四支渠下游所溉之田,是敦煌西部绿洲最长、最重要的干渠。因其堰为诸乡共造,故"号都乡渠"。诸乡者,查敦煌户籍残卷,可以确定其渠至少流经龙勒、平惠二乡。除《图经》外,吐蕃时期的 S.9156、大中六年(852 年)的 S.6235 等残卷亦记有此渠,但所记位置不详。S.9156 和 S.4491 两卷还记有"都乡东支"一渠。

孟授渠:源自都乡斗门,流向亦无确载。考之天宝六载(747 年)的龙勒乡户籍(P.3354),知其流经"城西十里","城西七里","城西五里"。由远及近,均在城西,可能基本上是由西向东流,但亦应略取东北向流。又唐天复四年(904 年)的 P.2153 卷中,在"神沙乡"条下记有该渠,神沙乡当位于州城南部,相当于今杨家桥乡大部属地(本文后考),又据大历四年(769 年)悬泉乡宜禾里手实(S.0514)载"城东一里孟授渠"。由此可知,此渠一直略取东西流向,经由城南,迤至城东。其"长二十里",应自分水口起,流经今九家庄、安华庙,直抵白马塔一带,贯经当时的龙勒、神沙、悬泉三乡,略当清雍正移民开荒时之上永丰渠或今西干二支渠。本渠亦为绿洲灌溉故渠,为西凉时敦煌太守孟敏所筑,"开渠溉田,百姓蒙赖,因以为号"。

阴安渠:自都乡河上分水,为绿洲西部又一干渠。流向亦应为自西南趋向东北。"长七里",灌溉的范围,相当于今邵家桥村之一部,魏家桥村和祁家村等的全部土地,约相当于清雍正时的庆余渠或今日西干四支渠上部和西干五支渠。阴安亦为西凉故渠,《图经》云:"据西凉录,敦煌太守阴澹于都乡斗门上开渠溉田,百姓蒙利而安,因以为号。"

上述四条干流均为西部绿洲溉田主渠,基本上均由西南流向东北,大体平行排列,由西而东依次为宜秋、都乡、阴安、孟授。孟授渠还是城南的主灌渠道之一。此外,敦煌唐户籍残卷上尚有宜秋西支、宜秋东支、都乡东支、员佛图、长酉、河北、武都、夏交、平都、白土、胡渠、蒲桃、临安、武乡、塞门、平渠、高渠等渠道的记载,它们均流经西部绿洲,可能均为上述干流的支渠或子渠。它们的记载年代都在开元、天宝年间,一部分还迄至吐蕃,大中年间。可以肯定,它们为同时存在之渠道,而不至于有同渠异名罗列之情况。这些干支渠道共同组成了一个完整而稠密的灌溉网系。区区不过百平方公里的敦煌西部绿洲,竟有如此之水利宏观,足证当时农业发达、经济繁荣之境况。

2. 南部绿洲灌溉渠道

阳开渠:为南部绿洲之最主要灌渠,源自五石斗门。其流向,圣历二年(699年)的勋荫田簿(大谷2835背)和开元九年(721年)的户籍残卷(P.2684)均记为流经城南七里,《图经》"甘泉水总述"中又云流经州东南,故其基本上亦应自西南而东北,即由城南十里的分水处,东北向流经城南七里,又东北流经州东南。"长一十五里",当穿过今杨家桥乡南部两公里宽的党河干河床砾石戈壁之北沿,抵今中渠村一带,略相当于清时下永丰渠或今总干二支渠。阳开亦为西凉故渠,《图经》云,西凉敦煌刺史杨宣于此造堰溉田,人蒙其利,因号"阳开渠"。此渠在吐蕃年间的 S.4491 卷,大顺二年(891 年)的 P.3384 卷,直到宋代雍熙二年(985 年)的 S.4215 卷等,都有记载。

神农渠:《图经》"甘泉水总述"中言,其流经州东南,而在"七所渠"一节所述之干渠中不载,应属支渠。在前引的吐蕃酉年(805 年?)的文牒(S.2103)中云:"城南七里神农河母,两勒汛水,游淤沙坑。"言其流过城南七里,可能和阳开渠流向大略平行。汛期时洪水游入沙坑,可以淤地造田。沙坑者,应指鸣沙山北麓一带。此渠应浇灌今杨家桥乡之月牙泉、鸣山两村的土地,相当于今之沙山渠。吐蕃年间的 S.9156 和 S.4491 二写卷,亦载本渠,但方位不详。天宝六载(747 年)的 P.3354 卷上记有:"城北三十里神农渠",颇为殊见。城南七里的一条支渠怎么会一下子跑到城北三十里?记载肯定有误。查天宝三年(744 年)的户籍残卷(S.3907),上记"城北三十里神龙渠"。"神农"和"神龙"应为不同的两条渠道,一在城南,一在城北。P.3354 卷一定是将"神龙"误作"神农"了。

此外,见于记载的流经南部绿洲的渠道还有:灌津渠、灌进渠、忿同渠、忿同上口渠、赛田渠、索底渠、阳员渠等。大概均系支渠,《图经》皆不录之。"灌津""灌进"可能同属一渠。除灌津渠在开元九年(721 年)的 P.2684 卷上确切记为流经"城南七里"外,其余皆云流经"神沙乡"。神沙乡的得名,肯定源于县南之鸣沙山。《元和郡县图志》卷四十载:"鸣沙山,一名神沙山,在县南七里"。《太平寰宇记》《敦煌县志》等古籍亦有同样记载。神沙山即是鸣沙山,那么神沙乡也应当位于县城南部之鸣沙山麓了,大致相当于今杨家桥乡的属地。故将这些流经神沙乡的渠道,列入南部绿洲渠系。另外,在 S.2103、P.3384、S.4125 等卷记有"南沙"渠,P.3384 卷还将南沙和阳丌二渠并列,想必亦在南部绿洲。同样在 P.3384 卷上,还记有"南沙阳开两支渠","南沙阳开北支渠"等支渠。敦煌南部,绿洲所占面积不足十五平方公里,其渠系密集程度,亦不亚于西部绿洲。

3. 北部绿洲灌溉渠道

北府渠:源自中河斗门,北流。按其位置,此渠正是今党河干河床之所经,是录于《图经》的北部绿洲唯一的灌溉大动脉,也是历史上甘泉水泄入北部疏勒河主道和终端湖泊的主干道。其"长卅五里",亦是整个敦煌地区之最长灌渠。自分水口门起,贯经今漳县、雷家墩、盐茶、吕家堡、富强、习家堡、常丰诸村,抵今马圈滩村北部,尚未到达今黄墩子国营敦煌农场地界。其渠亦是前凉故渎,《图经》云,刺史杨宣曾"以家粟万斛,买石修理,于今不坏"。因其流经敦煌旧北府之地,故名北府渠。此段河床宽约半公里至一公里半,流水迂回摆荡,渗漏严重,蒸发强烈,水量损失很大。中华人民共和国成立之初在其东部新修惠煌渠一道,全长 20 公里,70 年代又建成水泥衬砌的高标准灌渠,名北干渠,甘泉故道遂成干河床,只备汛期排洪之用。

除北府外,敦煌卷子中记载的流灌北部绿洲的其他渠道还有宋渠、西支渠、王使渠、无穷渠、神龙渠、宜谷渠、八尺渠等,亦应均属支渠。据圣历二年(699 年)的大谷 2836、先天二年(713 年)P.2822 等卷载,其中宋渠、西支渠和八尺渠三条,流经城北三至七里(平康乡地界)。西支渠当为北府向西分出的一支,灌溉今祁家桥村北部的土地;宋渠和八尺渠可能为北府渠东岸的支渠,相当于清代的大有渠,灌溉今漳县、雷家墩二村的土地。又据开元年间的 S.5950 卷记载,王使渠流经城北二十里,大足元年(701 年)的 P.3669 卷记载,无穷渠流经城北二十里或城东二十里。王使、无穷二渠,当仍为从北府干渠东岸分出的支脉,二渠应大体平行,相当于清代的伏羌渠,浇灌今吕家堡、富强、陇西桥、转渠口诸村土地。又据天宝三载(744 年)S.3907 卷、圣历二年(699 年)大谷 2834 卷记载,神龙、宜谷二渠均流经城北三十里,相当于清代的庄浪渠,应主要浇灌今黄渠乡境内土地。

北部绿洲渠系,以北府为主干,支渠分列两侧,呈羽状排布。自州城始,由近及远依次有宋渠、西支、八尺(一组),王使、无穷(一组),神龙、宜谷(一组)共三组七渠,整齐罗置,很有规则,这肯定是经政府有计划、有组织地统一布设,精心开掘的。

4. 东部绿洲灌溉渠道

东河水(三丈渠):系东部绿洲主干渠。《图经》"甘泉水总述"中曰,在州城三里斗门分水后"东流者名东河水",但在"七所渠"一节中不见东河之名,却另有"三丈"一渠,亦曰在州东三里分水,"于河斗门南,向东修堰一十三里,其渠阔三丈,因以为号"。可见东河水和三丈渠实属同一渠道,只是叫法不同罢了。前者以流向称谓,后者以渠面宽度名之。其渠东流,"长五里"。这个数字似乎短了一些,仅达今城东营田台一带,同时,又云向东修堰穿渠一十三里,里数又不相符。笔者认为,并非记载有误。所谓"长五里",仅指东河干流的长度,干渠流经五里后,即分成了数条支渠,五里之外,已属于支渠的灌溉范围了。至于修堰的里数,应包括干渠五里和由其分流的一条或数条支渠共八里,总计一十三里。此处所修之堰,显而易见是束水的"堤堰",而不同于前述之拦水的"坝堰"或分水的"门堰"。一十三里之长,几乎贯穿了今整个三危乡的地域,远伸至今五墩乡苏家堡村界内,相当于今天的东干渠。其阔三丈,为敦煌渠系之冠。这是由于东部绿洲灌溉面积较大,而所输水量又高度集中在"东河"一渠之故。

东部绿洲的支渠,有明确部位记载的共二十一条,皆由三丈干渠直接或间接分出。其中东河两支渠、东河灌进渠和东河鹊渠三条,均冠以"东河"之名,应是由五里长的干渠段中直接分出的。另有小第一渠,《沙州文录》云位丁东河河南,应亦是由东河丁渠南岸直接分山的。这些渠道浇灌的土地相当于今窦家墩村和兰州村一片。大壤渠、赵渠、左部渠、毛头渠、彭渠、两罔渠六条支渠，流经地段均在城东五至十里间，浇灌今泾桥、会宁、甘家堡等村的土地。瓜渠、第一渠、官渠、八尺渠、沙渠、千渠、两支渠、乡东渠、三支渠九条支渠流经区域多为城东十五至三十里间。浇灌的土地，相当于今郭家堡乡南部和五墩乡中部、东部地区。官渠和三支渠二水，甚至远抵城东四十里，已达今敦煌绿洲东部边缘或东北部边缘的新店台村、城湾农场一带了。如将天宝五载（746年）的S.4583和大历四年（769年）的S.0514等卷相互参证，还可知其中瓜渠、八尺二水流经城东十五里，直到城东三十里，且八尺渠还是由城北平康乡流来的（见前述）。照此计算，瓜渠至少长十五里，八尺渠更长达三十里之余，这样长的两渠不见于《图经》，大概是绿洲中最长的支渠了。

宕泉河：源于三危与鸣沙二山交界处，自南向北流，最后没于戈壁之中，今名西水沟。举世闻名的艺术宝库——莫高窟，正是开镌在其西岸所切的峭崖上。据《敦煌录》（S.5448）记载，其地"寺僧绝多"，宕泉水是供给这些僧众以及香客们饮用和种植菜蔬果木的引灌之源。

壍水：为绕流州城四周的环形护城河壕，其"阔卌五尺，深九尺"，其西南有一大泉，"分为两道流，绕城四面周匝，至东北隅合流北出，去城七里投入大河"。大河，显指北府渠，其合流处应在今雷家墩村北部。

5. 南湖绿洲灌溉渠系

南湖绿洲位于党河洪积冲积扇之西缘，东北至今县城七十公里，是发育于祁连山北麓向西延伸的最后一个绿洲，面积约四十平方公里，在卫星照片上，像一条红色的大尾巴金鱼。其河流和泉源，均靠南部祁连山冰雪融水和山区降水补给。唐代，在绿洲上置寿昌县，属沙州。绿洲西部的阳关，是著称于世的丝绸之路南道的关口。

南湖绿洲水系，《图经》残卷无记，见于《沙洲地志》（S.0367），《沙州城土镜》(P.2691 背)和《寿昌县地镜》(以下简称《地镜》)诸卷。

大渠:上述卷子皆言源自县南十里的寿昌海(渥洼地)。寿昌县故址,学者公认是今南湖乡北工村北部的故城遗址,其南十里的寿昌海,为今黄水坝水库无疑,由党河冲积扇西缘露头的诸多泉水,汇集成"海"。源自此的大渠应是南湖绿洲的主灌渠道,相当于今天的大沟。大渠的流向,上述卷子无载,考之绿洲地势,应由东南流向西北。流长约十公里余,在绿洲西北,切穿龙首山,至现在的南湖国营农场。在它的上流,今天已建成两条引灌支渠,共长三十公里,六条斗渠,亦长三十公里,在中流建成引灌塘坝十处。这些水利设施浇灌着今天这里的一万两千余亩耕地和一万五千余亩林地。

石门涧:《地镜》和 P.2691 卷皆谓,源自"县东南三里",S.0367 卷谓"源自县南三里"。东南三里与南三里,里数同,方向亦近,指的应为同一条渠道,只是前者记得更为精确一点罢了。考今寿昌故址东南三里的渠道,只有山水沟一条位置相符。山水沟平时补给以泉水为主,其主要源泉为《地镜》所记之大泽(后考),汛期祁连山山前洪积扇上下排的洪水常常泄入沟内,沟谷每每被掏深,刷宽,故曰"涧"。据侯仁之先生的考查,今日山水沟上端的一处,沟宽已达五十至六十米,沟深达十四·七米①。全沟长约二十五公里,流向亦趋西北。在这里筑坝引水,难度较大,且伴之洪水而来,往往冲决堤坝,洪积沙砾淹没耕地。唐时,可能在此渠特置石制斗门引灌,故曰"石门涧"。

无卤涧:上引三写卷均曰"源自县西南十里",无疑为今之西土沟。其沟亦以泉水补给为主,亦由东南流向西北。长约十五公里,自源头鄂博头泉始,穿过六公里长的洪积戈壁,再经阳关故址——古董滩西侧,亦抵今国营林场。今天在其源头新开红泉渠,浇灌阳关村的土

①侯仁之:《敦煌南湖绿洲沙漠化蠡测》,《中国沙漠》1981 年第 1 期。

地，其下游为万余亩林地的主要水源。据敦煌县博物馆张仲同志介绍，20世纪70年代曾在国营林场用西土沟的水冲沙开地，发现开元通宝钱物，可证唐时此沟确已开渠引灌。

除上述五大片引灌诸渠外，敦煌户籍，手实残卷上，还有一些没有确切位置记载的渠道，无法确知其具体状况和统属关系。它们多见于吐蕃时期或其以后的卷子。计有南支渠、菜田渠、张桃渠(张渠、桃渠)、解渠、王家渠、辛渠、员家渠、寺底渠、凡渠、麴家渠、双树渠、阶和(皆和)渠、泂渠、河底渠、两间渠、李家渠、程家渠、多农渠、片至(?)渠、鲍壁渠、延康渠、延康上口渠、东泂渠、五石渠等等，这些渠道可能亦属上述干渠的支渠和子渠。见于唐人卷子的(个别为五代或宋初卷子)整个敦煌绿洲的灌溉渠道近百条之多(不完全统计)，它们共同组成绿洲的灌溉网系，哺育了举世闻名的绿洲文明。敦煌一地，虽处边郡，当时人口也只有一万六千有余①，然而水利事业竟有如此之壮举，其工程建设的规模之宏大，渠系堰坝的配套之完备，管水配水的制度之严密，实在是令人赞叹的。边地尚且如此，这就不能不使人想到整个中华的古代水利成就该是何等的高度发达，何等的辉煌。

此外，见于敦煌卷子以及两唐书、元和志等古籍中的唐时敦煌绿洲的泉泽颇多。党河冲积扇缘为泉水出露带，泊泽成群分布；绿洲内部，由于党河的多次摆动，形成了一系列的河床洼地，整个地面具有岗洼相间的特征，低洼处往往发育河道湖、牛轭湖；绿洲边缘还形成大面积的终端胡。对这些湖泽的考证，笔者拟另文专述。

(原载《中国史研究》1986年第1期。《中国人民大学复印报刊资料·中国地理》1986年第7期全文转载)

①《新唐书》卷40。

敦煌遗书中地理书卷的学术价值

1900年,敦煌莫高窟中珍藏的5万余卷六朝至宋初的写本卷子得以面世,其规模之宏,方面之博,内容之实震惊了全世界。敦煌遗书的发现为学术研究提供了多方面极为珍贵的文献资料,仅就地理方面来说,其中就包罗了一批古地志、古行记之类的写卷,也包罗了大量较零散的或间接的反映地理内容的文书。这批地理书卷除《大唐西域记》等少数几种外,绝大部分为我们以前见所未见,闻所未闻,它们既为历代官私目录所不著录,也未为类书、史书、史注所征引,自敦煌石室封闭近千年来我国历代学者对其一无所知。它们的面世大大开阔了我们的眼界,从而也为地理学的研究打开了一扇新的窗口,其重要的学术价值越来越受到学界的珍视。

一、敦煌遗书中的地理书卷

本文论及的地理书卷目前尚限于已公布发表的部分,包括现存伦敦大英博物馆(以 S.冠头编号)、巴黎国家图书馆(以 P.冠头编号)、北京图书馆(以 B.冠头编号)和部分散见(以"散"等冠头编号)的卷帙。

敦煌地理文书从内容上看可分为下列几类:

(一)古地志写卷

含全国性地志和西北部分地区地志两部分。

1. 全国性地志(存 3 卷)

《贞元十道录》(P.2522),唐代著名舆地学家贾耽撰,为我国中古时代一部重要的舆地著作。原书宋代以后亡佚,幸于敦煌遗书中复得。但可惜的是残缺过多,仅余 16 行,记剑南道 12 州,即姚、协、曲、悉、柘、静、保、霸、维、真、恭、翼;载州名及所管各县县名、等第、位置、土贡等。

《诸道山河地名要略》(P.2511),唐宣宗时学士韦澳撰。《新唐书·韦澳传》载,帝以是书"敕戒州事,人人惊服"。可见其编纂之佳。原书亦宋代亡佚。本卷残存 205 行,叙河东道州府 8,即晋、太原、代、云、朔、岚、蔚、潞,记建置沿革、事迹、郡望地名、山水、物产,有些州后附处分语,指出其军事上的形胜险阻。

《敦煌市博物馆藏地志残卷》(敦博 58 号),纂于唐开元、天宝年间,存 160 行,记陇右、河东、关内、淮南、岭南 5 道所辖州郡及领县的等第、位置、土贡、州县公廨本钱、县辖乡数以及部分县的易名。

2. 西北部分地区残地志(存 11 卷),多为唐、五代时期沙州(敦煌)残志

《沙州图经卷第一》(S.2593v),仅存 6 行,记沙州的地势、土质、草木等内容。

《沙州都督府图经》(P.2005),首尾俱残,存 513 行,为敦煌地志文书中保存最完整,规模最宏大者,纂于盛唐时期。卷中详细缕述沙州所辖敦煌县的河流、渠道、壕堑、泉泽、堰堤、碱卤、盐池、湖泊、驿站、州学、县学、医学、庙坛、殿堂、怪异、祥瑞、土河、故城址、古长城、歌谣等内容。

《沙州都督府图经卷第三》(P.2695),存 78 行,与上述 P.2005 之399—513 行内容完全相同。

《沙州都督府图经卷第五》(P.5034),存 132 行,记沙州所辖寿昌

县的庙坛、县学、山川、湖泽、渠道、古关隘、城堡、道路等内容,其后还专述寿昌县所辖石城镇(今新疆若羌)、播仙镇(今新疆且末)的地理状况。

《沙州城土镜》(P.2691v),卷首残,属地理内容者存 23 行,纂于五代后汉乾祐二年(949 年),记沙州去两京里程、四至、泉湖、盐池、坟冢、故城、寺庙、山脉、渠道、名胜等。

《沙州图经》(S.0788v),残存 16 行,记沙州敦煌、寿昌二县地理事物,内容多与 P.2005、P.5034 等同,唯记寿昌县公廨本钱不见于 P.2005 等卷。

《寿昌县地境》(散 1700),首尾完整,纂于五代后晋时期,记寿昌县去州里程、公廨本钱、户数、乡数、沿革、寺、镇、戍、烽、栅、堡、山川、渠道、涧、关、亭、城址等和古楼兰地区的屯城、鄯善城等 7 所城址以及蒲昌海(今罗布泊)、播仙镇、沮末河等内容。

《沙州伊州地志》(S.0367),残存 87 行,纂于唐光启元年(885 年),前半部分记寿昌县及所辖古楼兰地区地理,内容与散 1700 等互有异同;后半部分记伊州(今哈密)及所领伊吾、纳职、柔远 3 县和伊吾军的各项地理事物。

《西州图经》(P.2009),残存 56 行,纂于唐代中期,记西州(今吐鲁番)通往各地 11 条道路、2 所窟院和 1 所塔。

《敦煌录》(S.5448),首尾全,共 80 行,约纂于唐末至五代初,记敦煌境内古城址、长城、山河、寺庙、莫高窟等内容。

《始平县地志》(S.6014),仅存 7 行,纂于唐高宗时期,记始平县(今陕西兴平市)道里、祥瑞等内容。

(二)古行记写卷

含往西域行记、往五台山行记和全国性游记 3 部分。

1. 往西域行记（存 8 卷）

其中《大唐西域记》4 卷，即序言及卷一（P.2700），存 13 行；卷一（S.2659v），存 303 行；卷二（P.3814），存 180 行；卷三（S.0958），存 16 行。敦煌本《大唐西域记》是目前所见该书最古的本子，约写于成书后的一百年左右，较传世的宋本、金本和日本藏本都要早，且优点很突出，季羡林、章巽、吕澄曾利用敦煌本校出传世诸本不妥之处百余条。

《慧超往五天竺国传》（P.3532），残存 229 行，原书久逸，幸而敦煌复出，记新罗僧人慧超赴印度半岛沿途各国各地宗教、疆域、兵力、民俗、物产、服饰、言音等情况。

《西天路竟》（S.0383），首尾完整，共 21 行。黄盛璋考得该卷为北宋乾德四年（966 年）诏遣僧行勤等 157 人赴西域、印度求经沿程的记述[①]。首起东京开封，尾至南天竺国宝陀洛山及游尼若水。

于阗文《使河西记》，原卷为俄人钢和泰（Stael-Holstein）所藏，共 73 行，英人贝利（H.W.Bailey）将其整理成 4 部分，前 3 部分是于阗使臣所写有关沙州地理，政治部旅以及他们在沙州朝礼、施舍、祈愿等佛事活动向于阗方面的汇报，其中记载了自于阗到沙州、瓜州、肃州、甘州、凉州、朔方等地的行程；第四部分为韵体抒情诗。黄盛璋先生对该卷有专门研究[②]。

《印度行记》（P.3926），仅存 3 行，提及"至迦湿弥罗国""至东印度"等语。

2. 往五台山行记（存 5 卷）

五台山传说是文殊菩萨的道场，在佛教流传国家中影响很大，不

①黄盛璋：《于阗文〈使河西记〉的历史地理研究》，《敦煌学辑刊》1996 年第 1 期、第 2 期。

②同上。

仅中国各地僧侣前往礼佛者甚多，就连印度僧人亦以朝拜是山为最大心愿之一。因而敦煌遗书中保存了不少这方面写卷。

《五台山行记》(P.3973)，残存 7 行，记沙州某僧人往返五台山行程。

《五台山行记》(P.4648)，残存 34 行，记某僧人自怀州、经泽州、潞府至太原城一路情况。依本卷文意该僧人当是由晋南前往五台山的。卷中对沿程州郡、驿站、关隘、寺院等记载较详。

《五台山行记》(S.0397)，残存 31 行，约写于五代后唐时期，记某僧人自北京(太原)，经忻州、定襄至五台山情形。

《印度普化大师游五台山记》(P.3931)，首尾全，共 16 行，记该大师巡礼五台山各寺情况。

《五台山志》(P.2977)，共 12 行，记五台山的名称来由、中台、东台状况。

3. 全国性游记(存 1 卷)

《诸山圣迹游记》(S.0529)，尾残，存 151 行，首起序言，尾至西岳华山，为某僧人游历各州郡寺院、名山圣迹的记录。该僧人足迹北达幽燕，南抵广州，东至海滨，西徂华山，几乎遍及大半个中国。似这样规模宏大的全国性游记不仅具有很高的史料价值，而且在中国地理学史、文学史上亦是罕见的佳作。

(三)地理杂文书

含水利文书、敦煌名胜古迹文书 2 部分。

1. 水利文书(存 2 卷)

《水部式》(P.2507)，残存 144 行，撰于唐开元年间，为目前见于记载的由中央政府作为法律正式颁布的我国第一部水利法典。内容包括对农田水利、碾硙设置、内河航运、海运、渔业以及运河船闸、桥梁、城市水道等方面的管理法规。

《沙州敦煌地方农田灌水细则》(P.3560z),残存 101 行,制订于唐代前期,为敦煌地方政府以《水部式》为指导原则,根据当地实际情况和传统习惯所订的灌溉用水细则。卷中记敦煌水渠 80 条,渠口斗门 5 处,甚为详备。

2. 敦煌名胜古迹写卷(存 2 卷,有 7 个卷号)

《莫高窟记》(P.3720v),首尾全,存 13 行,唐咸通六年(865 年)撰,记莫高窟的开创及其以后不断建造的史实。

《敦煌古迹二十咏》(S.6167、P.2690、P.2748、P.2983、P.3870、P.3929),约作于唐代中期,为五言古诗 20 首,分别咏颂敦煌的三危山、白龙堆、莫高窟、阳关等 20 处名胜古迹。

敦煌遗书中直接与地理相关的文书大约有以上诸种。此外尚有大量的户籍名籍、地亩文书、典租契约、名族志、氏族谱、姓氏录、古事记、渠人转帖、行人转帖、社司转帖、食物账、杂物账、会计账、官私文牒、牧籍以及诗词歌赋、佛经等亦蕴含许多珍贵的地理资料,但散见,就不一一细述了。

二、敦煌地理书卷的学术价值

敦煌地理书卷是敦煌遗书中最珍贵的部分之一,具有十分重要的学术价值。

(一)对于历史政治、军事地理研究的价值

几部唐代全国性地志所载各道顺序、统州县数、统乡数、州县等级等内容,与《通典》、《元和郡县图志》(以下简称《元和志》)、新旧唐书《地理志》(以下简称《新唐志》《旧唐志》)、《括地志》等典籍多有异同,对于校勘补苴史籍,搞清当时一些州县废置、归属的情形大有裨益。如 P.2522 存剑南道 12 州,而《通典》遗曲真霸协 4 州,《元和志》遗保霸 2 州,《新唐志》遗协翼 2 州,均不及 P.2522 齐备。各州管县诸

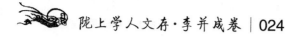

书亦多参差不合,比较言之仍以 P.2522 所记齐全且正确①。P.2511、敦博 58 这方面优点亦很突出。如马世长考出,敦博 58 号卷所载 127 州的乡数中可补《元和志》之阙者有 43 州,可以互校的有 80 州;卷中记县领乡数者达 576 县,而《元和志》有此项记载者仅 47 县,不足本卷 1/10;本卷所记各州府县等第亦较他书完备可靠②。

S.0529 则记载了全国许多节镇统州县数,亦可证史、补史及纠史之误。如记幽州管 9 州 70 余县,定州管 3 州 16 县,镇州管 4 州 46 县,邢州管 3 州 16 县,邺都管 7 州 50 余县,沧州管 4 州 20 县。定、镇、邢管州与《旧唐志》《新唐书·方镇年表》同,幽、邺、沧则相去甚远。这说明五代时其统区有变更而史籍缺载。此卷又记五代时吴统 28 州,吴越统 12 州,可纠《新五代史·职方考》的误载。

黄盛璋指出,《使河西记》提供了两项重要的历史政治地理资料:一是归义军节度使在张议潮时领 11 州,至曹氏时实管仅瓜沙 2 州 6 镇,后增为 8 镇,镇名无确载,向达仅考出其中 3 镇,而该卷文书列 6 镇 8 镇之名赫然俱在,并皆为交通要镇;二是归义军节度使及所管 11 州出于敕封,实仅名义而已,如伊、西、庭 3 州实属西州回鹘所辖,非归义军管及,该文表明了此种名义关系③。

P.2511 载"处分语",类似清初顾祖禹《读史方舆纪要》于每省(布政使司)每府卷首的总序,概括本地区军事地理形势及其在历史上的战略位置和作用,着重分析山川险要和攻守利弊。这种带有经世致用

①王重民:《敦煌古籍叙录》,商务印书馆 1958 年版,第 106—135 页。

②北京大学中古史中心:《敦煌吐鲁番文献研究论集》,中华书局 1992 年版,第 339—343 页。

③黄盛璋:《于阗文〈使河西记〉的历史地理研究》,《敦煌学辑刊》1996 年第 1 期、第 2 期。

目的的论述为后代许多志书所仿，对于历史军事地理的研究颇有意义。如潞州（上党郡）处分语："壶关势险燕赵，屏卫洛京，表里山河之固，实为朝廷重倚。"等等。

（二）对于历史经济地理研究的价值

P.2522、敦博58列各州郡土贡，P.2511载物产，S.0529更是详记各州特产、物产及其经济方面的优势。如幽州"封疆沃壤，土地平广膏腴，地产绫罗，偏丰梨粟"；邺都魏府"土出绫罗，多丰繁，平原险陆，左右山川，商贾填便，不殊镇府也"；"大凡河北道六节二十四州，南北二千里，东西一千里，西皆崇山，北是外界，南有大河、东临海滨，桑麻遮日，柳槐交荫，原野膏腴，关闹好邑"等。正史中有关唐代诸州物产土贡的记载主要见于《唐六典》《通典》《元和志》和《新唐志》，这些史籍仅简单地列出各州郡物产土贡的种类，所列虽与S.0529略同，但不及S.0529说得确切生动，并且缺乏相关分析。S.0529则不仅列其种类，而且将物产与当地地理环境特点联系起来，与商业和城镇的发展联系起来论述，其价值自然超迈他书，从中也体现了作者某些朴素的经济地理观念。

又敦博58、散1700、S.0367记载了唐代各州县公廨本钱（各正史均失载），这为研究唐代经济史提供了重要的新资料。使我们看到公廨本钱这种官方经营的高利贷在唐代财政收入中占有不容忽视的地位，通过对各地公廨本钱征收数量的对比研究又可使我们得识各地经济状况的差异以及经济地理分区的某些片断。

敦煌遗书的这些记载对于研究当时全国各类经济区的形成、分布及其变迁，探讨各地经济发展状况及其总的经济地理格局颇有补益。

（三）对于历史民俗地理研究的价值

P.2511专列"人俗"一项，记各州风俗民情。如代州雁门郡"其风俗与太原略同。然自代北至云、朔等州，北临绝塞之地，封略之内，杂虏所居,戎狄之心,鸟兽不若,歊馑则剽劫,丰饱则柔从,乐报怨仇,号为雠辈,不惮攻煞,所谓衽金革死而不厌者也。纵有编户,亦染戎风。比于他邦,实为难理"。摒弃那些污蔑少数民族部落的语言,其地民族杂居、民风剽悍刚烈的情形跃然纸上。S.0529 亦有民俗民风的记载。如幽州"俗尚贞□",人少勇烈";定州"好客尚宾,人□礼乐";荆南"街廊严净,坊市清虚,马猪犬羊,并居城外"等,亦很珍贵。

(四)对于历史交通地理研究的价值

敦煌本《大唐西域记》《使河西记》、P.3532、S.0383、P.3926 等,文字简练生动,内容充实可靠,所述路程条理清晰,方位准确,大抵皆实地所经,系第一手资料。依此不仅可复原出自长安或开封,穿越河西走廊、西域直至南印度的交通路线,补正史之不足,而且使我们得识沿程许多地区和国家的宗教、疆域、城镇、兵力、物产、民俗、服饰、语言等方面状况,丰富而生动。如黄盛璋据《使河西记》考出,该卷之沙州前一站为楼兰,解决了玄奘所经之纳缚波故国旧来不明的位置问题,也为楼兰、鄯善国都的迁移提供了考察依据;且末往西直到和阗,古道多在今路之北,因沙漠扩大城镇被埋,道路南移,具体时间取决于这些古城利用下限,如媲摩,宋初尤为通路所经,与唐初玄奘时同,至少宋初仍被利用;沙州至朔方段道路,本卷第一次提供了一份详细且完整的全线路线记录,并且记到州县以下程站,多为汉文文书所不载[①]。

有关五台山行记的几个写卷揭示了由沙州至五台山和由晋南至五台山的几条路线,P.3973 还使我们得知唐末五代沙州到五台山除取道瓜、肃、甘、凉、灵、邠、京兆、东京,自晋南以赴外,还有一条北道,

---

①黄盛璋:《于阗文〈使河西记〉的历史地理研究》,《敦煌学辑刊》1996 年第 1 期、第 2 期。

即从灵州北折，经丰、胜、朔、代、忻抵五台山。敦煌许多十二时令文书记载胜、丰一带节气，皆因僧人经常往来此处之故。沙州通五台山的道路实际上即是经过沙州和河西走廊，连接印度和五台山两大佛教中心的道路，从而可以觇见当时中印宗教、文化频繁交流的一个侧面。许多学者指出敦煌地区的佛教即是印度佛教与内地佛教融合的产物。

S.0529 则为罕见的全国性游记，其所涉区域之广阔，所述路线之翔实，所记事物之生动，无愧为我国古游记中难得的珍品，对于研究唐五代时期全国交通地理的重要贡献自不待言。

一些古图经、古地志写卷还备载通过本地区的驿站和交通道路状况。P.2005 专列"十九所驿"一节，详细记述沙州所辖诸驿位置及设置情况。P.5034 则记述了古楼兰地区通往各处的 6 条道路，P.2009 记述了西州通往各地的 11 条道路；详载各道走向、里程、途中有无水草井泉，井泉水质，路况是否险峻，可否通行车马等情况。这些材料较正史《地理志》《外夷传》等更为具体生动，不仅对于研究丝路古道弥足珍贵，而且还为我们探讨沿程自然环境的今古变迁提供了重要史料。

（五）对于古地考证及城市历史地理研究的价值

敦煌及其周围地区古代城址不少，有的早已深陷沙漠之中阒然无闻，有的则在史籍中记载混乱错谬迭出，敦煌地理书卷则为解决这些问题提供了可靠资料。如唐瓜州城，《明一统志》《甘肃通志》皆云位于肃州西，《大清一统志》则云位于安西州东，《重修肃州新志》《安西采访录》又云位于安西县西南，今天许多学者仍各执其见。笔者则根据 P.2005"苦水"条有关记载和其他一些文献、考古资料，并实地踏勘，考出唐代的苦水正是今瓜州县南的黄水沟，而 P.2005 云苦水南十余里的瓜州城正是今瓜州县的锁阳城遗址①，从而也证实了向达《两关杂考》、阎文儒《河西考古杂记》所载"私意以为锁阳城或者就是瓜州城"的推测。

此外，敦煌文书对汉敦煌郡城、古阿仓城、效谷城、敦煌境内古长城、古塞城、阳关、玉门关、寿昌城、瓜州境内常乐城、悬泉城、古楼兰地区石城、屯城、新城、葡萄城、萨毗城、鄯善城、故屯城、播仙镇以及伊州境内一些故城址的记载亦翔实可靠，较之正史有关内容要丰富确切得多，这对于考证这些故城址位置，进而探讨西北干旱地区古代城市布局及城市体系的形成演变规律极有助益。

（六）对于古代灌溉制度及农田水利研究的价值

《水部式》残卷反映了唐代作为我国封建社会集大成的一个时代，在水利普遍发展基础上之水利管理方面的成就；P.3560v又显示了唐代以《水部式》为指导还制订有地方性的灌水细则，其水利事业的长足进步由是可观。笔者还根据 P.2005 及其他百余种文书考出，有唐一代敦煌曾进行了大规模的水利建设，开有大小干支渠道百余条，它们有机地构成完整的灌溉网系，滋育着绿洲的土地，哺育了举世闻名的敦煌文化。敦煌虽处边郡，当时人口也仅万余，然而水利事业竟有如此之壮举，其工程建设的规模之宏大，渠系堰坝的配套之完备，管水配水的制度之严密，实在是令人赞叹的②。

（七）对于历史自然地理及环境变迁研究的价值

敦煌遗书中有许多对地理景物纪实性的描述，据之可复原该地区千余年前的自然地理面貌，并进而研究古今地理环境的变迁，探讨

---

①李并成：《唐代瓜州治所及其有关城址的调查与考证》，《敦煌研究》1990 年第 3 期。

②李并成：《唐代敦煌绿洲水系考》，《中国史研究》1986 年第 1 期。

在人类活动影响下自然景观的演变规律，为今天的生产建设和环境保护服务。

P.2005 开篇首叙甘泉水（今党河）源头状况，言其"美草，……蔽亏日月"，"曲多野马，……狼虫豹窟穴"等。而在今日这里的植被状况已远不及唐时茂密，野马、狼、豹等更为罕见。该卷又详记沙州境内各主要盐池、泉泽状况，云其"州界辽阔，沙碛至多，咸卤、盐泽约余大半"。如仅州北的大井泽范围即达"东西卅里，南北廿里"。而今天这些泉泽大多早已干涸，有的则成为盐渍草甸。古今水系状况的这种巨大差异，考其原因当主要在于古时农田面积不大，灌溉需水尚少，因而流注泉泽的水较多，且绿洲地下水位较高，故泉沼广布。此外是否还有气候变迁的影响，很值得研究。

P.5034、散 1700、S.0367 等对蒲昌海（今罗布泊）有详细记载，云海水两源，"一出葱岭山，一出于阗，于阗在南山下，其河（今和田河）北流，与葱岭河（今塔里木河上中游）合，东注蒲昌海，一名盐泽者也。去玉门、阳关三百余里，廉（广）袤三四百里。其水亭居，冬夏增减，皆以为潜行地下"。将罗布泊水系的源流分合、湖泊位置、范围等记载得准确有据，对于研究历史上罗布泊及塔里木河系的变迁提供了可靠的第一手资料。

（八）对于历史地名研究的价值

敦煌地理书卷中出现的古山名、河名、泽名、泉名、池名、渠名、堰名、城名、关名、驿名、道路名、民族名、乡名、坊巷名等很多，并且书卷还重视对地名的诠释注解，反映了我国古代地名学的优秀传统，从而为历史地名研究，为钩沉稽佚史实提供了丰富的重要史料。

P.2005，P.5034 载沙州各条干渠，皆注其名称来由。它们或以建造者姓名得名（孟授渠、阳开渠、阴安渠、都乡渠），或以渠道规模为号（三丈渠、大渠、长支渠），或以其位置、性能等特点称之（北府渠、宜秋渠)。据之不仅可以得见当时大规模渠系建造、绿洲开发的壮举,而且还了解到一些渠道早在前凉、西凉时即已开凿,十六国时期敦煌的水利建设就颇兴盛。如孟授渠,即因西凉敦煌太守孟敏所开,"百姓蒙赖,因以为号"。

敦煌吐鲁番一带地当古丝绸之路大道,又是民族往来频繁、杂居的地区,这一特点在古地名中亦多有反映。如 P.2005 载,兴胡泊"商胡从玉门关道往还居止,因以为号"。S.0367 载,石城镇亦曰典合城,因贞观中康国大首领康艳典率部落东来居之得名。从而将这一部族的迁徙状况清楚地显现了出来。黄盛璋指出,《使河西记》用于阗语拼写大量地名,特别是时代早而又为当地民族命名的地名研究价值最大。如 argin`va 来自 argi,当即汉代焉耆对音,中古化颚而为 arci(arsi),原文含有龙之意,而焉耆王皆姓龙;又如纳职城为鄯善人筑,胡人呼鄯善为纳职,因名其城,本卷拼写其名为 dapāci,与突厥语 LaPcŭp、现代维吾尔语 LaPcŭk 互为印证,而 Lap 又和罗布(Lop)有联系,玄奘谓纳缚波故国,即楼兰地,而纳缚波为 Nap,即罗布,楼兰即鄯善,也证明鄯善与罗布有关,从而为纳职原音复原,及"N"变为"L"提供依据[①]。

(九)对于历史宗教地理研究的价值

S.0529 记载某僧游历各地佛教寺院的状况,据之可知当时佛教较兴盛的地区有太原、五台山、庐山、峨眉山、洛京、幽、定、镇、邢、邺、沧、扬、庐、光、洪、升、杭、潭、襄诸州。它们或为都城所在,或是节镇治所,或系经济都会,或属交通中心,均具有某方面或多方面的地理优势。如太原是唐陪都,李存勖灭后梁前一直为其统治中心。洪州为唐

---

①黄盛璋:《于阗文〈使河西记〉的历史地理研究》,《敦煌学辑刊》1996 年第 1 期、第 2 期。

镇南节度使治所,商业都会,经济发达。潭州五代为楚的统治中心,地处洞庭湖盆地,系南北交通枢纽和商品集散地。五台山处中原腹地,又靠近北都太原,且环境幽雅,"乃菩萨修行之地,是神龙久住之乡",自然成为中外僧侣信徒朝拜圣地,遂发展成当时我国最大的佛教中心之一。

除佛教外,敦煌遗书还保留有其他一些外来宗教,如摩尼教、景教、火袄教等传入中土及其地域分布的记载,亦甚有意义,不赘。

(十)对于古方志学研究的价值

敦煌遗书保存的唐五代时期全国性和地方性的地志著作,包括图经、土境、地境、地志、录等,为我国古代方志学的研究提供了极重要的实物资料。如 P.2005、P.2009 等,使我们一睹唐代图经的原貌,它们较以前所见的传世的最早的图经作品——北宋末年的《四朝图经》《严州图经》等早了整整 4 个世纪。从清代乾嘉学派直到今天方志学界曾有一种较流行的看法,认为我国方志的定型和成熟是直到宋代才完成的,而图经则不属于方志之列;或曰"方志之于图经,其体截然不同"①;或曰"隋唐图经内容还不充实,体例也未定型,……而不归入方志范畴"②等等。这些研究者由于未看到唐代图经原件,无从了解图经原貌,因而所得结论均失之偏颇。笔者曾以 P.2005 为例,总结出唐代图经浩博翔实,规模宏大,地方特色突出,注重实用价值等若干重要特点;指出唐代图经囊括载记行政区域的自然和社会、历史和现状的全貌,其目的在于资治,在于为封建社会行政管理服务,是已经发展到成熟阶段的方志,在我国方志史上占有极重要的地位;它较之早期的异物志、风土记、山川图记、州郡地记等在内容上、体例上、表现

---

①〔清〕章学诚:《与戴东原论修志》,线装本。

②《中国地方史志论丛》,中华书局 1984 年版,第 499 页。

形式上是更为完善的地方志书。而两宋时期的图经等方志著作虽更有所发展,但其基本体例、格局还是承袭、仿援于唐代图经的①。

敦煌地理书卷体大精深,是我国古代地理学一笔极为珍贵的遗产。笔者的探讨尚很粗浅,愿能起到一些抛砖引玉的作用。

（原载《地理研究》1992 年第 3 期）

---

①李并成:《唐代图经蠡测——对〈沙州都督府图经〉的研究》,《西北师院学报》(社会科学版)1986 年专刊《敦煌学研究》,第 34—38 页。

敦煌本唐代图经再考

　　唐代，为我国方志纂修史上的重要时期，"图经"的兴起即其标志性成就之一。然而由于唐代的图经作品今天鲜有留存者，其原貌长期以来不为人们所知，也由此在学界引起一些臆测与误判。

　　所幸敦煌遗书中保存了若干唐代图经原件，使我们一睹其原貌，大大开阔了我们的眼界。敦煌本图经是我们今天所能见到的仅有的唐代图经原件，其史料价值之高不言而喻。诚如1909年罗振玉在为《沙州都督府图经》所写的《跋》中所说："唐代图经，久绝于世，亟为考其厓略，俾读者知此为人间鸿宝也。"[1]从方志学角度上对这批图经作过考证的学者，曾有傅振伦[2]、仓修良[3]等先生。笔者曾于1986年撰《唐代图经蠡测——对〈沙州都督府图经〉的研究》一文[4]，主要以《沙州都督府图经》为例，对唐代图经的历史演变、编纂体例、内容特点、

---

　　[1]罗振玉：《雪堂校刊群书叙录》卷下，转引自王重民《敦煌古籍叙录》，商务印书馆1958年版，第115页。

　　[2]傅振伦：《从敦煌发现的图经谈方志的起源》，《兰州大学学报》（社会科学版）1980年第1期，第1—3页。

　　[3]仓修良、陈仰光：《从敦煌图经残卷看隋唐五代图经发展》，《文史》2001年第2辑，第117—139页。

　　[4]李并成：《唐代图经蠡测——对〈沙州都督府图经〉的研究》，《西北师院学报》（社会科学版）1986专刊《敦煌学研究》，第34—38页。

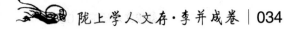

历史功用等进行了剖析。本文在此基础上,拟对敦煌遗书中的所有图经作品做进一步的深入探讨,以更加充分地揭示其历史面貌。

一、敦煌遗书中的唐代图经及其纂修年代

敦煌遗书中保存有哪些唐代图经?学者们看法不尽一致。笔者从其有关题记、格式及内容来看,认为应有以下 8 件[①]:

第一,P.2005《沙州都督府图经》,首尾俱残,存 513 行。记事起于甘泉水,竟于歌谣,叙述详赡,文字尔雅。罗振玉考得其纂于开天年间, 王重民认为实作于武后之世[②];池田温则考为系上元三年(676年)以后的数年中成型,武周证圣元年(695 年)作了大幅度补订,开元初年又增补部分内容,永泰二年(766 年)改称现名[③]。笔者赞同池田温的说法。该卷背面有题记 2 行:"敕河西节度归义军使等检授兵部尚书兼义(御)使大夫赐紫金鱼袋南阳郡开国公石(食)邑三百。"具有此种身份者显系归义军首任节度使张议潮莫属,则该卷图经可能原为张议潮所藏。

第二,P.2695《沙州都督府图经卷第三》,卷首残缺,卷末题"沙州都督府图经卷第三",据之定其名称。凡 79 行,记事起于敦煌祥瑞,竟于歌谣,其内容除极个别文字外(应系抄写之讹),与上述 P.2005《沙州都督府图经》之 399—513 行完全相同,因之知 P.2005 亦应为该图

①本文所引敦煌图经,见唐耕耦、陆宏基编:《敦煌社会经济文献真迹释录》第一辑,书目文献出版社 1986 年版;参见郑炳林:《敦煌地理文书汇辑校注》,甘肃教育出版社 1989 年版。

②王重民:《敦煌古籍叙录》,商务印书馆 1958 年版,第 113—117 页。

③[日]池田温:《沙州图经略考》,载《榎博士还历记年东洋史论丛》,东京山川出版社 1975 年版,第 42—101 页。

经卷第三。

第三，S.2593v《沙州图经卷第一》，首题卷名，仅存 6 行，未抄完。卷中记："第一州，第二、第三、第四敦煌县，第五寿昌县。"据其卷名，该卷应系永泰二年（766 年）之前沙州升格都督府之前所写。该图经应有 5 卷，此即卷第一，当为整个沙州概况的载记，第二至第四卷专记沙州所属之敦煌县，第五卷记沙州另一属县寿昌县。

第四，P.5034《沙州图经卷第五》，首尾俱残，中间亦有残断，计217 行，其间约有 34 行缺失文字，81—132 行上端又残缺数字。向达名其为《沙州图经》，黄永武《敦煌宝藏》名为《沙州附近关山泉泽等地志》，郑炳林《敦煌地理文书汇辑校注》名为《沙州地志》，池田温名为《沙州图经卷第五》，施萍婷《敦煌遗书总目索引新编》定为《沙州都督府图经》。观其内容，均属寿昌县之事，故而应名为《沙州图经卷第五》，或《沙州都督府图经卷第五》。

第五，S.0788v《沙州图经》，首尾俱残，存 16 行。王重民、黄永武、郑炳林、施萍婷皆定其名为《沙州图经》，王仲荦《敦煌石室地志残卷考释》定为《沙州地志》，唐耕耦、陆宏基《敦煌社会经济文献真迹释录》定为《沙州志残卷》。记事首起敦煌之悬泉水，尾至寿昌县之黑鼻山。卷中提到"建中初陷吐蕃，大中二年（848 年）张议潮收复"，知其应为归义军时期所修沙州图经。《唐会要》卷 71《州县改置下·陇右道》载："大中五年（851 年）七月，刺史张义潮遣兄义潭，将天宝陇右道图经、户籍来献，举州归顺。"则该卷恐即张议潮归顺所献图经。

第六，S.0367《沙州伊州图经》，卷首残缺，尾部有抄写者张大庆光启元年（885 年）十二月廿五日题记。残存 86 行，1—28 行记沙州寿昌县地理，29—84 行记伊州地理，最后两行为抄写题记。大多学者将其定名为《沙州伊州地志》，依其内容与格式等判断，亦应为图经。唐代将相邻两地区合编为一部图经者不乏其例，如诗人元稹《进西北边

图经状》中就提到《京西京北图经》四卷①。

第七，P.2009《西州图经》，首尾俱残，存56行。记事起于道路，竟于古塔，学者们均将其定名《西州图经》。记西州十一条道路、二所窟院及一所塔。

第八，S.6014《始平县图经》，首尾俱残，仅存7行，记事起于武功驿，至于龙泉乡。卷中提及"武德元年""总章元年"等字样，应系唐高宗时所撰。②

以上这些图经作品，均系残卷，且"图"均佚失。

另有学者认为，P.2691v亦应属于图经性质，"书目文献出版社出版的《敦煌社会经济文献真迹释录》一书中则称《沙州城土镜》，这是因为残片内容中有'沙州城土镜'字样而定，其实并不妥当，因为许多内容并不在沙州城内，而是在沙州范围之内"③。其实这是一种误解。该卷首残，第四行下部题写卷名《沙州城土镜》，此种题名方式在敦煌文书中并不少见，它是我国古代卷轴式文献题名的一种方式。所谓"城土"，是指沙州城及其所辖地域，并非专指城内而言。所谓"镜"，是我国古代的一种文献类型，笔者曾撰文考得，"镜"类文献以"镜"字假为概观、一览、察鉴、指南之义，具有择精萃要、以约驭繁、鉴古资今、简便适用等特点④。P.2691v正是如此，所记沙州甘泉、兴胡泊、长城、塞城、鸣沙山、三危山、寿昌海、玉门关等45项地物，每项仅记其方位里程，十分简约，可作为一本很适用的路径指南。因而此件文书并非

①〔唐〕元稹：《元氏长庆集》卷35。

②李并成：《唐〈始平县图经〉残卷(S.6014)研究》，《敦煌研究》2005年第5期，第51—53页。

③仓修良、陈仰光：《从敦煌图经残卷看隋唐五代图经发展》，《文史》2001年第2辑，第131页。

④李并成：《"镜"类文献识略》，《敦煌研究》1999年第1期，第52—62页。

"图经"。

二、图经的兴起与演变

"图经"者，"图则作绘之名，经则载言之别"[1]，即一方地图并配之以文字记载，以系统地反映某一地区自然、历史、社会的全貌，所谓"开卷尽在，披图朗然"是也。毋庸置疑，图经是我国地方志发展到一定阶段出现的一种类型样式，是较之早期的异物志、风土记、山川图记、州郡地记等在内容上、体例上、表现形式上更为完善的地方志书。显而易见，这种既有图件，又有经文，图文并茂的著作，较之仅有文字表述的早期方志作品不仅对区域社会历史的记述更趋完善，而且更能引起人们阅读的兴趣，因而一经产生，便呈现出蓬勃发展的势头，成为唐代方志的主体作品。

图经出现的历史背景，简略地说，不外乎社会生产力的进步，大一统中央集权制国家的不断巩固与发展，庞大的国家行政管理的需要，我国古代地图制作技术的日益精良，早期方志著作的进一步发展。方志的功用一般可概括为存史、资治、教化，图经亦不例外。约作于唐肃宗乾元二年（759 年）的《发愿文范本》（S.4624）云："伏惟我光天文武大圣皇帝祚承大业，圣备无疆，兴义兵以擒妖氛，握图箓而驭寰宇。"该愿文作于平定安史之乱之际，从中可见"图箓"在平定叛乱、国家治理中的重要作用。图经即属于"图箓"之类。

考之图经的历史演变，并非为唐代所独有，而是经历了一个从起源到发展、兴盛、衰落的漫长的历史过程。其起源可上溯自汉代，迄于明代，而盛于唐代。《隋书·经籍志》载，早在汉武帝时"计书既上太史，郡国地志，固亦在焉"。所谓"计书"，即地方官吏上计考课时所报送官

---

① 〔宋〕李宗谔：《祥符图经序》。

员钱粮赋税等政绩数据的簿籍，那么"郡国地志"是一种什么样的文书？由于原件均已亡佚，一些学者推测这应属于地理一类书籍，其实这即是当时所修的地方志书，这是见于正史记载中最早的方志，依此规定须与计书一同呈报，此为中央政府通令纂修方志的开端。从《华阳国志·巴志》里可以看到，东汉桓帝时巴郡太守但望的疏文中就提到了《巴郡图经》。又据有关记载，东汉顺帝时侍中王逸还编过《广陵郡图经》。可见早在东汉时期就已有图经的纂修，但其原件早已亡佚。迨及隋代，为适应大一统国家运行管理的需要，图经等方志的编修更盛。大业年间"普诏天下诸郡，条其风俗、物产、地图，上于尚书"，中央政府再次通令各郡修志，这种既有"风俗""物产"，即社会面貌和自然情况的记载，又有"地图"的作品，无疑即是图经。正是依据各郡上报的图经资料，隋代编出了《诸州图经集》100卷、《区宇图志》1200卷等篇帙宏大的著作。

降及唐代，随着统一的中央集权制国家的进一步巩固和发展，图经的编纂大盛，中央政府不仅敕令州郡修志，设有专门官吏以理其事，而且还作出必须定期（三年，或五年）向尚书省兵部职方奉送图经的具体规定，图经的编写进一步制度化。《唐六典》卷5《尚书兵部》："职方郎中、员外郎，掌天下之地图及城隍、镇戍、烽侯之数，辨其邦国、都鄙之远迩及四夷之归化者。凡地图委州府三年一造，与板籍偕上省。其外夷每有番官到京，委鸿胪讯其人本国山川、风土，为图以奏焉，副上于省。其五方之区域，都鄙之废置，疆场之争讼者，举而正之。"《旧唐书·职官志》职方郎中条亦有相似记载。《唐会要》卷59尚书兵部职方员外郎条："建中元年十一月二十九日，请州图每三年一送职方，今改至五年一造送，如州县有创造及山河改移，即不在五年之限。后复故。"从此规定来看，若遇到州县增废、山河改移的特殊情况，图经须随时造送，不受五年之限。《通典》卷23《职官五》职方郎中条："隋初有职方侍郎，炀帝除侍字,武德中加中字,龙朔二年改为司城大夫,咸亨元年复旧。掌地图、城隍、镇戍、烽候、防人路程远近……《新唐书·百官志》尚书省兵部条亦载:"职方郎中、员外郎各一人,掌地图、城隍、镇戍、烽候、防人道路之远近,及四夷归化之事。凡图经,非州县增废,五年乃修,岁与版籍谐上。凡蕃客至,鸿胪讯其国山川、风土,为图奏之,副上于职方。殊俗入朝者,图其容状、衣服以闻。"

唐代的方志著作以图经为盛,但不以图经为限。除上述既有"地图",又有"版籍"的图经外,还有"图志",如李吉甫《元和郡县图志》40卷(惜图已佚),图志亦应有图,可能与图经相差无多,也许是图经的另一种叫法。此外,唐代可列入方志类著作的尚有:"图"(如《十道图》10卷)、"志"(如李泰《括地志》550卷)、"书"(如《蛮书》10卷)、"录"(如《南诏录》3卷,《贞元十道录》)、"记"(如《扬州记》7卷,《闽中记》10卷)等多种类型,呈现出一派百花齐放的繁荣景象。援实立名,这些不同类型的方志作品,在其内容上、包括的地域范围上、体例上、功用上、表现形式上应各有所别。余暂不论,唯有图经是由中央政府敕令修纂,并须定期上送兵部职方的志书,是封建统治者特别关注的一项要政。

延及五代,虽其国祚短暂,但图经的编纂仍备受重视。如《五代会要》卷15《职方》记载,后唐长兴三年(932年)敕:"宜令诸州道府,据所管州县,先各进图经一本,并须点勘文字,无令差误。所有装写工价,并以州县杂罚钱充,不得配率人户。其间或有古今事迹、地理山川、土地所宜、风俗所尚,皆须备载,不得漏略,限至年终进纳。"

北宋以降,图经纂修继续兴盛,宋室不仅承袭了唐代制度化的做法,"遇闰岁造图以进",而且还在中央特设了"九域图志局",专管州郡编纂图经方志事宜,可见对其的重视程度。《宋史》卷163《职官志》职方郎中条:"职方郎中、员外郎,掌天下图籍,以周知方域之广袤,及郡邑镇砦道里之远近。凡土地所产、风俗所尚,具古今兴废之因,州为之籍,遇闰岁造图以进。"今天我们所能见到的尚有神宗元丰七年(1084 年)朱长文纂《吴郡图经续记》3 卷、北宋末年沈津纂《四朝图经》、徐兢纂《宣和奉使高丽图经》等。景德四年(1007 年),诏以各郡县所上图经,纂成长达 1566 卷的《图经总集》(已佚),可谓我国方志史上篇帙最大的皇皇巨著了。南宋以后,图经之名渐趋消弱,所见仅有绍兴九年(1139 年)陈公亮纂《严州图经》(卷首有图 9 幅)等少数几部,而大多方志称之为"志",相应地,其内容和形式上亦有变化。延及明代仍有称图经者,如胡震亨纂《海盐图经》。

图经既然有"图"有"经",那么二者的关系若何,何轻何重呢?有人认为图经应以图为主,而附之以文字说明。也有人认为最早的图经是以图为主,6 世纪以来的图经应以经为主。笔者则赞同仓修良等先生的看法,唐代的图经应是卷首冠以若干地图,而并非以图为主,文字应是其主体内容。

三、敦煌本唐代图经的若干特色

敦煌遗书中留存的唐代图经虽数量不多,且均属残本,图亦亡佚,不能察其全貌,但这是我们今天所能看到的仅有的唐代图经原件。仅就现有这些材料来看,亦可觇见唐代图经在编纂体例、框架结构、采辑资料、编写内容、语言运用等方面的若干特色。

1. 内容翔实,体例严整

S.2593v《沙州图经卷第一》虽仅存 6 行,但其首先列出整个图经的框架结构,使读者一目了然:"第一州,第二、第三、第四敦煌县,第五寿昌县"。即全书凡 5 卷,卷第一是对整个沙州概况的记载,然后用 3 卷的篇幅(卷第二至卷第五)详细记载敦煌县的相关内容,因敦煌为沙州最重要的属县,需要多费笔墨;第五卷记载沙州另一属县寿昌县的状况。接着描述了沙州的地势、土质、草木等内容,突出了"其地平川,多沙卤,人以耕稼为业,草木略与华夏同"等特征。由此推测整个卷一大概是沙州地区自然地理全貌的记载,这也是明清以来一般方志记述地区地理必不可缺的首要内容。

P.2005 与 P.2695 均属《沙州都督府图经卷第三》,篇幅长达 500 多行,内容也较为完整,且行文格式、标题都规整划一,显得颇有条理。卷中详细缕述沙州所属敦煌县一县的河流、渠道、壕堑、泉泽、堰堤、碱卤、盐池、湖泊、驿站(含已废弃的旧驿)、州学、县学、医学、社稷坛、杂神庙、异怪、祠庙、坟冢、殿堂、土河、古城址、古长城、古塞城、张芝墨池、祥瑞、歌谣等项内容。除此之外,对于本县所不具备的事项,图经还一一开列出条目名称,有:监牧、羁縻州、江河淮济、海沟、陂、宫、郡县城、关铲津济、岳渎、铁、碑碣、名人、忠臣孝子、节妇烈女、营垒、陵墓、台榭、邮亭、矿窟、帝王游幸、名臣将所至、屯田,指明"当县并无前件色"。

P.5034《沙州图经卷第五》为沙州所辖寿昌县(今敦煌市阳关镇)的专篇,从其残存可见寺院、县学、山、泽、泉、海(湖泊)、渠、涧、古关(阳关、玉门关)、塞城等的记载,该卷后半部专记当时沙州寿昌县所辖石城镇(今新疆若羌县)、播仙镇(今新疆且末县)的沿革、道路、僧寺、祆舍、故城、蒲昌海(今罗布泊)等内容。

S.0788v《沙州图经》,存沙州盐池、土河、湖泊、泉以及寿昌县户数、辖乡、公廨本钱、沿革、寺、镇、堡、戍、烽、栅、城、破羌亭、玉门关、黑鼻山等的记载。S.0367《沙州伊州图经》,存海(寿昌海、蒲昌海)、渠、涧、河、泉、山、建置沿革、四至、城、辖县、军、镇、寺、观、盐池、风俗、部落、火祆庙等内容。P.2009《西州图经》残卷,存 11 所道路、山窟、古塔等内容。S.6014《始平县图经》残卷,主要存几条祥瑞的记载。

综上所列,删其重复,图经中所缕列的各种条目多达 70 项(包括本地区所不具有的 22 项），其内容已涉及地区的自然、沿革、历史、经济、政治、军事、文化、民族、民俗、教育、学校、人物、户数、寺庙等各个方面，颇为详备，可谓网罗周全，巨细毕集，条目明晰，体例谨严。而这还仅仅是残卷所拥有的分量，其中显而易见缺少大事记、田赋、差科、徭役、物产、土贡等不可能不载的要项。若得全卷在握，其规模浩博宏大、内容丰富翔实的程度可以想见。

由上列条目可以得知，唐代中央政府不仅将方志的编纂著为功令、要求各地州郡必须按期纂修并须定期上报的一项要政，而且还对其规定有详尽的、统一的规范化的撰修体例，各地州郡均须按例纂修，本地所缺的内容也须一一注明，不得罅漏。著书立说，必须发凡起例，编拟纲目，体例既是志书的组织结构，又体现了其所包容的内涵，毫无疑问，一部方志的完善与否与其体例关系极大。北宋郑樵《通志·校雠略》说："欲明书者，在于明类例……类例既分，学术自明。"由上述敦煌本唐代图经的体例纲目可以看出，图经并非像有些学者所说的仅仅是地理之书，也非纯属社会历史的记述，而是囊括载记所在行政区域内的自然和社会、历史和现状的全貌，充分体现出了其存史、资治、教化的特定功能。敦煌位处边郡，边郡的图经尚且有如此规模，编纂如此之严谨，内地的图经可想而知其完备程度更是不会在此之下了。毋庸置疑，唐人的图经可以说是已经发展到相当成熟阶段的成型方志了。

从清代乾嘉学派直到今天，方志学界有一种比较流行的看法，认为我国方志的定型和成熟是直到宋代才完成的。清代方志学大家章学诚先生在其《与戴东原论修志》中说："图经之用，乃是地理专门"；"方志与图经，其体截然不同"，竟将图经不入方志之门。这当然是由于在他所处的那个时代，无法看到唐代图经原件，无从了解图经的原貌，因而只能借助于推测来下结论了。章学诚先生的这一论点在学界影响很大,时至今日仍在流行。或曰"宋以前的图经仍限于地理书的范畴,到了宋代方志的内容始突破地理的范围,扩大到人文、历史方面"①;或曰隋唐的图经"内容还不充实,体例也未定型……而不归入方志范畴"②;或曰方志"至两宋才成体,至明清才普遍,不甚引人注目"③;等等。仓修良、陈仰光先生亦认为,图经与成型方志有着明显的区别,图经在地记和成型方志之间起到了十分重要的承前启后的作用④。意思是说图经还并非成型的方志。这些观点可以说都是从章学诚先生那里一脉相沿下来的,从以上的讨论不难看出这些观点均属失之偏颇。敦煌本唐代图经为我们探讨我国方志成熟和定型的时代提供了有力的物证,也为我们正确地认识和评价唐代方志纂修取得的巨大的成就提供了不容置疑的证据。据之,把我国方志成熟和定型的时代上推至盛唐,恐怕还是平允适切的吧。两宋时期的图经等方志著作当然更趋发展,但其基本体例、框架格局还是承袭、仿援于唐代图经的。

本图经不仅涉猎的方面广博,而且每一方面所含的内容亦细针密缕。如其所记水利方面的资料即开列有河流、渠道、灌溉、壕堑、泉、泽、湖、海(指内陆湖泊,如蒲昌海、寿昌海)、堰堤、碱卤、盐池、江河淮济、海沟、陂、关铲津济、岳渎等十余个条目,每一条目之下更是纤细必具,少有疏漏。如就 P.2005 中的"盐池"一项,细载敦煌县境内的

①薛虹:《中国方志学概论》,黑龙江人民出版社 1984 年版。

②宋挺生:《从我国的地方志谈我省的地方志书》,载《中国地方史志论丛》,中华书局 1984 年版。

③王燕生:《方志刍议》,载《中国地方史志论丛》,中华书局 1984 年版。

④仓修良、陈仰光:《从敦煌图经残卷看隋唐五代图经发展》,《文史》2001 年第 2 辑,第 117、132 页。

东、西、北三只盐池的位置、范围、大小、产盐情况、盐质、盐味、采盐过程等。如"西盐池水,右俗号沙泉盐,在州北一百一十七里,总有四陂,每陂二亩已下。时人于水中漉出,大者有马牙,其味极美,其色如雪。取者既众,用之无穷"。而《元和郡县图志》仅记敦煌有东盐池,而遗西、北二盐池。利用图经这些纤细翔实的资料,我们不仅可以复原当时敦煌地区的自然地理状况,探讨其历史时期的环境变迁,而且对于今天当地沉积矿产资源的开发亦有借鉴意义。

2. 地方特色突出

唐代图经的编写虽需遵循一定的体例,但在具体材料的选取、组织、编排等方面,并不因循拘泥,而是善于抓住地方特色,使其鲜明地突出起来。

敦煌绿洲深居内陆,环处沙漠,气候干旱鲜雨,发展农业唯灌溉是赖,这是其自然地理环境和开发利用上最基本的特色。S.2593v《沙州图经卷第一》开篇即曰:"沙州者,古瓜州。其地平川,多沙卤,人以耕稼为业。"其后卷第三、卷第五的分县叙述中亦紧紧围绕这一特点,对于与其相关的水利灌溉等项目,不仅放在卷首,开卷明义使其十分醒目,而且记述备细,不惜笔墨,其分量占到整个残卷的三分之一以上。

敦煌、西州(今吐鲁番)地当丝绸之路枢纽重镇、东西方文明荟萃之地,盛唐时期随着丝路国际交通大动脉的空前繁荣,敦煌、西州的枢纽地位更形显要。这一特点对于敦煌、西州的政治、经济、军事、文化和社会生活的各个方面均有着极为深刻的影响。为了突出这个特点,P.2005细列出敦煌通往周边地区的"一十九所驿并废",以及关隘(阳关、玉门关)、塞城、古长城等方面情况。对于它们确切的位置、驿路归属、与前一驿和下一驿的方位距离、置驿过程、增设改置情况及增废的年代和原因、驿名来由等,均一一载明,凸显了敦煌这一丝路喉襟在驿道开通、驿路建设上取得的成就。如"横涧驿,右在州东北六十里,北去白亭驿廿里。刺史陈玄珪,为中间迁曲奏请,奉证圣元年十二月卅日敕置。驿侧有涧,因以为名"。这些材料比正史《地理志》《外夷传》和《大唐西域记》等更为具体而详明,为丝路古道的研究留下了弥足珍贵的资料。笔者依据这些记载及其他有关史料,并经反复实地考察,一一找到了这些驿站的遗址,复原了其历史面貌①。

又如,P.2009《西州图经》残卷,开篇就记载了西州通往各地的 11 条道路:赤亭道、新开道、花谷道、移摩道、萨捍道、突波道、大海道、乌骨道、他地道、白水涧道、银山道,对每一条道路的走向、起讫地点、距离、沿路水草状况、行走难易程度、是否可通车马等,均一一详载。如:"大海道,右道出柳中县界,东南向沙州一千三百六十里,常流沙,人行迷误。有泉井醎苦,无草,行旅负水担粮,履践沙石,往来困弊。"西州柳中县故址在今新疆鄯善县鲁可沁古城。该道早在十六国前凉时期即已开通,延及唐宋沿而未废,它可直接连通西州与沙州,不需绕经伊州(今哈密),方向顺直、途程较短,但沿途乏水草,多流沙,行走颇为困难。笔者曾对其做过考察研究②。

再如 P.5034,记石城镇(今若羌县)通往屯城(今若羌县米兰)、沙州、新城(约在今若羌县瓦石峡)、播仙镇(今且末县)、南山(今阿尔金山)、焉耆、萨毗城(约在今若羌县祁曼塔格乡)的 6 所道路,具体而细致,特别是就每一条道路沿途有无井泉、水草状况等记之尤详,反映了干旱荒漠地区路途选择的重要特点,据之可作为行旅良好的行路指南。如:"一道南路,从镇东去沙州一千五百里。其路由古阳关向沙

---

①李并成:《唐代瓜沙二州间驿站考》,《历史地理》第 13 辑,上海人民出版社 1996 年版,第 93—101 页。

②李并成:《古丝绸路上的大海道》,《光明日报》2000 年 2 月 18 日,C4 版"历史周刊"。

州,多缘险隘,泉有八所,皆有草。道险不得夜行,春秋二时雪深,道闭不通。"

3. 注重实用价值

立志的重要目的之一在于"资治",在于为巩固封建社会的经济基础和上层建筑服务。注重实用价值,注重关乎国计民生的要政的记载,这一特点在唐人图经中亦体现得十分突出。

似敦煌这样的干旱地区,水资源是其最可宝贵的自然资源,是哺育绿洲文明、维系绿洲经济发展繁荣的命脉。敦煌文书《渠规残卷》(S.5894)开宗明义:"本地,水是人血脉。"因之进行必需的水利建设,并有效地分配用水、管理用水,向被视为发展绿洲经济、巩固封建政权的头等要政,或曰"天下之大命"。图经中对这一内容详列细述,用笔最力。如 P.2005 残卷,开篇就记河流水系,对于甘泉水(今党河)、苦水(今黄水沟—芦草沟)、独利河水(疏勒河支津)、悬泉水(今吊吊水)4 条独立的内河水系,详记其源地、流向、流长、沿程切穿的山脉、流域地势、河谷形势、动植物分布、分水溉田的堰坝、渠道分布情势等;就人工建造的水利工程而言,详细记载敦煌县境内的宜秋、孟授、阳开、都乡、北府、三丈、阴安等 7 条干渠(大河母)及 2 座主要堰坝;P.5034 则详记寿昌县境内的大渠、长支渠等的源头、流向、长度、宽度、渠道名称的来源等。如"宜秋渠,长廿里。右源在州西南廿五里,引甘泉水。两岸修堰十里,高一丈,下阔一丈五尺。其渠下地宜晚禾,因号为宜秋渠。"又如"长城堰,高一丈五尺,长三丈,阔二丈。右在州东北一百七十里,堰苦水以溉田。承前造堰不成,百姓不得溉灌。刺史李无亏造成,百姓欣庆……大周圣神皇帝赐无亏长城县开国子,故时人名此堰为长城堰。"对于已废弃的故堰堤也有记载。如"一所故堤,高三丈,阔三丈五尺。右在州东北一百廿步……其堤多毁灭,唯东面、北面,其趾步存。"这些内容的详尽程度,比照清代道光和光绪年间纂修的《敦煌县志》,亦不在其之下。这些史料不仅对于当时的水利建设和水利管理至为重要,而且对于我们今天研究历史时期绿洲的开发经营、水利灌溉制度的运作、自然环境的变迁等亦有重要意义。笔者曾据此及有关材料,并通过实地考察,对于唐代敦煌水系作过系统研究。①

有学者认为,唐代图经的编修,"完全出自封建国家的功令,各个地方官往往为了例行公事,大都采取应付态度,草草了事,完全变成了案牍之公式,很难谈得上是著作。有的为了交差,便将旧本过录一道上呈,当然也谈不上具有何种学术价值"。由以上的探讨来看,此种观点恐难以成立,敦煌本图经并非如此。

4. 宗教、风俗等方面的资料及价值

除上述特点外,敦煌本唐代图经还保存了中古时代有关敦煌及西北一些地区的历史史迹、宗教、风俗、文学等方面的珍贵史料。

唐代图经采辑《十六国春秋》《西凉异物志》《西凉录》《后凉录》,以及《瑞应图》、王羲之《颟书论》等早已亡佚的古籍中的资料颇多,对于研究这一时期的历史以及校勘和补苴有关文献资料颇为有益。

唐代图经还记载了一些宗教方面的史料,特别是有关火祆教以及该教经敦煌流行到我国内地的一些情形,可从图经中找到可靠的原始依据。火祆教,即琐罗亚斯德教,又称拜火教,为萨珊波斯的国教,约在魏晋时传入我国,唐时益盛。S.0367记,伊州伊吾县有"火祆庙,中有素书形像无数。有祆主翟槃陀者,高昌未破以前,槃陀因入朝至京,即下祆神,因以利刃刺腹……即平复如旧。有司奏闻,制授游[击]将军。"P.2005:"祆神,右在州东一里,立舍画神主,总有廿龛,其

---

① 李并成:《唐代敦煌绿洲水系考——对〈沙州都督府图经〉等写卷的研究》,《中国史研究》1986年第1期,第159—168页。

院周回一百步。"祆祠赛神当时已被纳入敦煌当地的传统祭祀习俗中,从官府到普通百姓,无论粟特人,还是汉人和其他少数民族,无不祀祆赛神。火祆教又由敦煌传入我国内地。

P.2005、P.2695《沙州都督府图经卷第三》,列有 20 种祥瑞,起自后凉吕光麟嘉元年(389 年),迄于武周天授二年(691 年)。记载祥瑞名物 21 种,包括白雀、白狼、黑狐、黑雉、白龙、黄龙、凤凰、五色鸟、同心梨、瑞葛、嘉禾、木连理、柳树生杨牧(枚)、野谷、赤气龙迹、甘露、日扬光、庆云、大石立、瑞石、蒲昌海五色等,以此赞扬统治者的种种政绩,宣扬唐王朝政权的合法性。S.6014《始平县图经》亦列有连槐树、芝草等祥瑞。在传统中国,由于祥瑞被认为是"受天之符,天人之应",不仅是政权合法性与政治行为正当性的直接呈现,而且关乎王朝运命、天下安危与苍生幸福,故而深为历代统治者所重。祥瑞在唐代图经中如此大量的出现,为历代方志中所不多见,也由此反映出当时官员政治生态的一个重要方面。

图经中还有不少为武则天歌功颂德等内容的歌谣诗文,于此可见当时的歌谣早已脱离了原本反映民间疾苦和民风的属性,转而变得政治化、官方化,演变成为所谓的"谶谣"了。

(原载《中国地方志》2016 年第 12 期)

西凉敦煌户籍残卷(S.0113)若干问题新探

敦煌文书《西凉建初十二年(416年)正月敦煌郡敦煌县西宕乡高昌里籍》残卷(S.0113),为迄今所见我国所存最早的户籍原件。该文书蕴涵着十分丰富的历史信息,对于研究我国古代的户籍制度和东晋十六国时期的政治经济状况,有着颇为重要、弥足珍贵的学术价值。本户籍业经陈垣①、王永兴②、宋家钰③,以及日本学者浜口重国④、曾我部静雄⑤、池田温⑥等的研究和揭示,搞清了许多与之相关的重要问题。笔者拟在前辈学者工作的基础上,对其中若干问题做一些新的探讨,以就教于学界。

---

①陈垣:《跋西凉户籍残卷》,《敦煌吐鲁番文书研究》,甘肃人民出版社1984年版,第1—7页。

②王永兴:《敦煌社会经济文书导论》,(台)新文丰出版公司1994年版,第18—38页。

③宋家钰:《唐朝户籍法与均田制研究》,中州古籍出版社1988年版,第104页。

④[日]浜口重国:《吴蜀的兵制与兵户制附说建初十二年正月籍》,《山梨大学学艺学部研究报告》1958年第9期。

⑤曾我部静雄:《西凉及两魏的户籍与我国古代户籍的关系》,《法制史研究》1957年第7期。

⑥[日]池田温:《中国古代籍帐研究》,龚泽铣译,中华书局1984年版,第94—100页。

一、登录格式上的特点及其意义

本件户籍的登录格式，上揭池田温、王永兴先生大著均有所论及，但一些方面还值得进一步深入探究。与敦煌所出西魏、唐代户籍和吐鲁番唐籍相比，本户籍具有下列一些显著特点：一是在每户户主姓名前，完整地写出该户所居的郡、县、乡、里的名称；在记录全户人口数之后，标出所居里中的某一"坞"。如兵户裴保户：

敦煌郡敦煌县西宕乡高昌里　兵　裴保　年六十六

妻袁　年六十三　　　　　　　　　　　　丁男二

息男金　年卅九　　　　　　　　　　　　次男一

金男弟隆　年□四　　　　　　　　　　　小男一

金妻张　年卅六　　　　　　　　　　　　女口三

隆妻苏　年廿二　　　　　　　　　　　　凡口七

金息男养　年二　　　　　　　　　　居赵羽坞

〔建初十二年正月籍〕

二是每户人口的排录顺序为：户主、户主妻、子女、儿媳，有的户尚有第三代成员，于儿媳后列出；子女则按年龄大小依次录出，而非按性别排序。尤可注意的是文书中除长子、长女须标明与户主的关系"息男""息女"外，其余儿、女、媳、孙并未一一分别标注与户主的关系，而是必须标明他们与前一行，或前二行登录者的关系。如上引裴保户，于"息男金"后依次登录"金男弟隆""金妻张""隆妻苏"等。又如散户吕沾户：

敦煌郡敦煌县西宕乡高昌里　散　吕沾　年五十六

妻赵　年卅三　　　　　　　　　　　　　丁男二

息男元　年十七　　　　　　　　　　　　小男一

元男弟腾　年七　本名膡　　　　　　　　女口二

腾女妹华　年二　　　　　　　　　　　　　　　凡口五

居赵羽坞

建初十二年正月籍

"息男元"后，依次登录"元男弟腾""腾女妹华"，籍中每一行上下成员之间的关系亦甚分明。

西凉户籍上述两方面登录特点颇为特殊，这就不能不令我们思索此种登录格式的作用和意义何在。为何于每一户户主姓名前，均要不厌其烦、无一缺漏地录出其所居的郡、县、乡、里，每一户还须标明其所居的"坞"？依常理既为同一郡县乡里坞的民户，只需在整个户籍前一次性标明郡县乡里坞即可，而无须逐户一一标注。为何籍中上下成员间的关系也要逐次标清，分毫不爽？依理家庭中儿女媳孙只需载明与户主的关系即可，而无须标注其与上下行成员间的关系。

为了进一步弄清其中的奥妙，我们不妨先把西凉籍与唐代户籍的登录方式作一具体对比。敦煌吐鲁番所出唐籍的一般格式为：首行或纸张粘贴中缝、背后骑缝标注户籍名称（含户籍所在州郡、县、乡、里和造籍时间），然后逐户列出该乡、里每户户主及其妻、儿、女等家庭成员姓名、年龄、身份等状况，家庭成员间无须一一标明与上下行成员的关系。如 P.3669《沙州敦煌县效谷乡大足元年（701 年）籍》、罗振玉藏《沙州敦煌县平康乡先天二年（713 年）籍》、P.3877《沙州敦煌县慈惠乡开元四年（716 年）籍》、P.0163《敦煌郡敦煌县神沙乡弘（？）远（？）里天宝三载（744 年）籍》、P.2592《敦煌郡敦煌县龙勒乡都乡里天宝六载（747 年）籍》、S.0514《大历四年（749 年）沙州敦煌县悬泉乡宜禾里手实》、65TAM341：28《西州柳中县大足元年（701 年）籍》、72TAM218：15、16《西州柳中县高宁乡开元十九年（731 年）籍》等。

为更明确起见，我们不妨将西凉籍（以散户吕沽户为例）改写为唐籍的一般格式再加以比照：

西凉籍举例		改为唐籍格式	
吕沾	年五十六	吕沾	年五十六
妻赵	年卅三	妻赵	年卅三
息男元	年十七	男元	年十七
元男弟腾	年七	男腾	年七
腾女妹华	年二	女华	年二

由此我们可以更清楚地看到，西凉籍家庭成员的关系上下行间登录得特别明晰而周密，即使一卷完整的户籍因故残断成数片，我们仍然能够依照各块残片中这种明细的记载将其比较容易地复原，而不至于把不同家庭间的成员弄混淆，发生张冠李戴的情形。显然若改为唐籍格式的话就很难做到这一点。同时西凉籍中每一户户名下均不厌其烦地完整地写出其所居郡县乡里坞的名称，设想即使全国不同郡县乡里坞间的户籍堆放在一起，因故残断散乱的话，依然可以根据这种完整的记载将其比较准确地予以分辨和复原，唐籍亦很难或根本无法做到这一点。

写到这里，我们似乎豁然有所领悟，西凉籍这种详备的易于复原的登录格式恐是一种简牍书写格式的遗风。众所周知，简牍是纸张发明和未普及前用于书写的主要材料，大约主要使用于公元前 5 世纪的春秋末年至公元 4 世纪的魏晋时代。单片简牍用系绳编联起来，即成一卷书册。然而系绳易于磨断，由此可造成简片散乱。《史记·孔子世家》《汉书·儒林传序》均记载孔子晚年喜读《周易》，以至"韦编三绝"，即此例证。可以想见，似《周易》这样语句连贯、内容完整的简册"韦编"断裂后，依其通篇内容和上下行文间的逻辑关系似乎还能较容易地恢复原貌，而像户籍(若依上述唐籍格式登录)这样内容单调、上下行文间缺少逻辑联系的简册系绳断裂后，就很难将其复原，甚至绝无复原的可能，这就必然造成极大的混乱。户籍是历代王朝用以征收赋税徭役、借以维持国家机器运行的主要文档依据，乃国家之根本籍册，岂可允许散裂混乱！因而在以简牍为主要记载材料的时代，为保证籍册的完整、准确，避免因系绳断开后造成的混乱，采用类似西凉籍这种详备的易于恢复原状的登录格式也就在所必然，毫不足怪。基于此点认识我们还可进一步推论，我国自使用简牍以来的春秋末期、战国、秦、汉，以至三国、西晋的户籍，尽管迄今尚未发现原件，但其登载格式理应与敦煌出土的西凉籍类似。本件西凉籍重要的历史和学术价值就不仅仅限于十六国时期。

据近年考古发掘，先后于敦煌马圈湾长城烽燧、敦煌悬泉置遗址等陆续发现西汉时期的麻纸①，其时代均早于蔡伦造纸的时期，然而纸张普遍用于书写材料则应迟至西晋以后。如 2002 年 6 月，甘肃省文物考古研究所在距敦煌不远的玉门市花海乡毕家滩晋代墓葬群中发现写于木简的衣物疏（完整的 9 块）和书于棺板上的晋律条文②，但未见纸书文字。又如 2003 年 12 月至 2004 年 2 月，湖南省考古工作者在郴州市苏仙桥原郴州美术厂旧址 13 口古井中掘出 1200 多枚简牍，其中西晋简 700 余枚，保存完好，且为官文书，初步认定很可能是西晋桂阳郡的郡志③。可见迟至西晋许多官文书仍用简牍书写。事实上我国一些民族地区(如吐蕃等)直到唐代很多重要文献仍有用简牍书写者④。敦煌西凉户籍作为官府的重要档案籍册，虽已使用纸质

---

① 甘肃省博物馆、敦煌县文化馆：《敦煌马圈湾汉代烽燧遗址发掘简报》，《文物》1981 年第 10 期，第 1—8 页。甘肃省文物考古研究所：《甘肃敦煌汉代悬泉置遗址发掘简报》，《文物》2000 年第 5 期，第 1—20 页。

② 玉门市花海乡考古有重大发现-数万字晋律惊现墓葬群》，《甘肃日报》2002 年 9 月 10 日头版。

③《湖南郴州出土大批西晋简牍》，《光明日报》2004 年 2 月 17 日 A1 版；龙军等：《700 多枚简牍补正西晋历史》，《光明日报》2004 年 3 月 3 日 A2 版。

④ 王尧、陈践译编：《吐蕃简牍综录》，民族出版社 1985 年版。

书录,但其时代距西晋未远,仅百余年间,其登录格式仍旧采用传统的简牍方式也是自然而然之事。降及唐代,纸张早已普遍用于书写,根本不存在"绳断简乱"的问题,因而其户籍登录也就相应地采用了较为简洁的格式。

二、关于"西宕乡高昌里"的得名、地望以及敦煌的滑国和高昌人

本件西凉籍于每户户头均明确标注"敦煌郡敦煌县西宕乡高昌里",这一方面使我们得悉西凉政权在行政建制上采用的亦为中原地区的郡县乡里制,另一方面西宕乡高昌里的得名及其所蕴含的历史信息甚为引人注目,很值得探掘。

"西宕乡"之名,不见于汉简和西晋以后敦煌遗书。陈国灿先生认为,西宕乡的位置是否与宕泉(流经莫高窟的泉水,今名大泉河)有关值得研究,此水沟下段西面今属敦煌市郭家堡乡地面,或即西凉西宕乡地域①。笔者则以为,"宕"为延伸之意,"西"表明方位,顾名思义,西宕乡应位处敦煌县西部,约相当于唐敦煌县龙勒乡或玉关乡之地,今敦煌市孟家桥乡或七里镇一带(此点本文稍后还有详论)。

至于"高昌里"的得名,显然应与高昌(今新疆吐鲁番一带)有关,该名可关注者尤有以下数端:

其一,笔者注意到,唐代敦煌的一些乡名往往采用与该乡方位一致或靠近该乡的某处名胜或有名的地名来命名。如悬泉乡,据 P.3898、P.3877、S.0514 等唐敦煌县悬泉乡户籍与手实记载,该乡辖地在县城东 7—40 里一带,位处敦煌绿洲东部;由此再向东穿过约 50 公里的戈壁滩即为著名的"悬泉水"胜迹,传说西汉贰师将军李广利率军西

①陈国灿:《唐五代敦煌县乡里制的演变》,《敦煌研究》1989 年第 3 期,第 41页。

伐大宛,得胜回师途经此处,士众渴乏,遂以佩剑刺山泉水涌出,以济三军,遂千古留名,即今吊吊水。因悬泉乡与悬泉水均居处敦煌东部,方位一致,且为敦煌绿洲中最靠近悬泉水的一乡,故将其名之为悬泉乡。同理,玉关乡约位于敦煌绿洲西北部,由此再向西北穿过约 70 公里的戈壁滩即为玉门关址,为敦煌绿洲中最靠近玉门关的一乡,故有其名;莫高乡约位于敦煌绿洲东南部(据 P.2684 等),由此再向东南穿过约 15 公里的戈壁滩即为著名的莫高窟,为敦煌绿洲中最靠近莫高窟的一乡,因之得名;龙勒乡约位于敦煌绿洲的最西部,由此再向西偏南穿过约 60 公里的戈壁滩即为汉龙勒县之地(传为西汉"出天马"胜地,唐于此设寿昌乡,开元廿六年前并置寿昌县,后并入敦煌县,今敦煌市南湖乡),该乡故名龙勒。依此惯例,西凉高昌里之名也应由此而得,该里应位于敦煌绿洲的最西北部,因为在敦煌绿洲内此处最接近高昌,由这里再向西北穿过 500 余公里的戈壁、沙滩即达高昌。据之可进一步推断,高昌里所在的整个西宕乡亦应位于敦煌绿洲的西北部,而不可能在敦煌绿洲东部的唐代宕泉西侧。

其二,据《晋书·地理志》,十六国前凉张时设有高昌郡,属沙州。又据该书有关《载记》知,前凉以后前秦、后秦、后凉、北凉亦设高昌郡,亦曾有效地统领过其地。然而西凉是否也设郡统治过高昌呢? 史无明载。清人洪亮吉《十六国疆域志》于西凉所领郡县中未列高昌其名。笔者以为,西凉此前的后凉和取代西凉的北凉均统治过高昌,而作为当时颇有一定实力和作为,且先后立都敦煌和酒泉距高昌较近的西凉政权,亦很有可能统治过高昌。有幸的是吐鲁番出土了一些西凉时期的文书,如《建初十四年(418 年)韩渠妻随葬衣物疏》,记是年"八月廿九日,高昌郡高昌县孝敬里民韩渠妻"①,可证西凉的确设有

---

① 《吐鲁番出土文书》第一册,文物出版社 1981 年版,第 15 页。

高昌郡。既然如此,将距高昌最近的敦煌绿洲西北隅一里名之为高昌里自是情理中事。并据之我们还可进一步推测,该里不仅名为高昌,而且很可能还有高昌居民的移入。

由敦煌所出汉简知晓,其实高昌里一名早自汉代即已有之。西凉敦煌高昌里之名恐自汉代沿袭而来。《敦煌汉简释文》之282简:"居摄三年(8年)四月壬辰,大煎都步昌候史尹钦、隧长张博,受就人敦煌高昌里滑护,字君房。"①就人,即僦人,"僦"字原本有运输之意,也指运输费。《商君书·垦令》:"令送粮无取僦。"《史记·平准书》:"弘羊以诸官各自市,相与争,物故腾跃,而天下赋输或不偿其僦费。"僦人应为专事运输之人。

敦煌高昌里僦人滑护,观其姓应为西域滑国人。《梁书》卷54《诸夷传·滑国传》:"滑国者,车师之别种也。……滑为后部,亲汉侯,自魏晋以来不通中国。"车师后部本西域国,都务涂谷,位于天山北麓,今新疆吉木萨尔县南一带,与车师前部(位于今吐鲁番地区,都交河城)同属车师国,前、后部均于西汉神爵二年(前60年)归属汉西域都护府。滑国又名嚈哒,亦称"白匈奴",常来往于高昌一带。《魏书》卷103《高车传》:"蠕蠕、嚈哒、吐谷浑所以交通者,皆路由高昌,犄角相接。"上引《梁书》云滑国魏晋以来不通中国,但据莫高窟供养人题记,西魏时滑国百姓流入敦煌者却大有人在。西魏285窟北壁题发愿文:"……佛弟子滑口安"于"大代大魏大统五年四月廿八日造"。此发愿文东侧供养人像自西第一身题名:"清信士滑口安供养像。"同窟北壁上部无量寿佛像下发愿文题:"佛弟子滑黑奴"于"大代大统五年五月廿一日造讫"。该发愿文东侧供养人像题:"请(清)信士滑黑奴供

---

①吴礽骧、李永良等:《敦煌汉简释文》,甘肃人民出版社1991年版,第28页。

养";"请(清)信士滑一供养"。①上述题记虽为西魏时期,但由之可以推测魏晋十六国时滑国及其高昌一带百姓徙入敦煌者亦恐大有人在。西凉高昌里应为高昌、滑国一带流入居民的主要聚居地之一,基于这一原因该里亦应名之"高昌"。

其三,敦煌与高昌的交往由来已久,著名的大海道即为连接二地间的丝路故道,曾在历史上发挥过非常重要的作用。该道的开辟可上溯至曹魏时期。《三国志·魏书》卷30引《魏略·西戎传》:

> 从敦煌玉门关入西域,前有二道,今有三道。从玉门关西出,经若羌转西,越葱岭,经县度,入大月氏,为南道。从玉门关西出,发都护井,回三陇沙北头,经居庐仓,从沙西井转西北,过龙堆,到故楼兰,转西诣龟兹,至葱岭,为中道。从玉门关西北出,经横坑,辟三陇沙及龙堆,出五船北,到车师界戊己校尉所治高昌,转西与中道合龟兹,为新道。

龟兹今库车,葱岭今帕米尔高原。在汉代已有的中道基础上开辟出的敦煌至高昌的新道,即大海道。所谓"大海",意指大沙海,瀚海戈壁。《元和郡县图志》卷40"西州柳中县"条:"大沙海,在县东九十里。"以其位置即今噶顺戈壁、南湖戈壁一带。这是一片方圆约500公里的残积–洪积戈壁滩,并多有流动沙丘,石碛渺渺,沙浪滚滚,除少数几处苦涩的露头泉水外,地表几无径流,且人易迷向,又不便车马,其路途之艰险困苦可想而知。然而大海道较为顺直,行程较短,可由吐鲁番径抵敦煌,将这两大丝路重镇直接联系起来,而无须向南绕经蒲昌海(今罗布泊)北岸,或向北绕经伊吾(今新疆哈密)而往。

迨及十六国时期,大海道的作用愈益显要。吐鲁番出土北凉晚期

---

① 敦煌研究院:《敦煌莫高窟供养人题记》,文物出版社1986年版,第116—117页。

文书《兵曹下高昌、横截、田地三县发骑守海符》与《兵曹条次往守海人名》[①]，记载遣人往田地县(治所在今吐鲁番市东南约50公里的鄯善县鲁可沁)"守海"十日。"海"即大沙海，守海即守望大海道的安全。守海须专由高昌府兵曹遣人而往，可见其对该道安危的重视。吐鲁番所出西凉文书较少，且未发现"守海"记载，但对于作为直接连通其都城敦煌与高昌郡之间交通的大海道的安危顺畅，西凉政权无疑亦是十分重视的。如此遂为由高昌流入敦煌的人们提供了路途上的方便，敦煌出现高昌里也就成为很自然的事情。

唐代以降，大海道沿而未辍。P.2009《唐西州图经》记，西州通往各地有11条道路，其中大海道为东通中原必经的要路之一，"大海道，右道出柳中县界，东南向沙州一千三百六十里，常流沙，人行迷误，有泉井咸苦，无草，行旅负水担粮，履践沙石，往来困弊"。唐西州柳中县即原高昌郡田地县。大约北宋以后大海道就从史籍上销声匿迹了，当已废弃。有关该道的详况笔者曾撰文专考[②]，于此不赘。

三、关于"赵羽坞"及魏晋时期河西的坞壁

本件户籍各户均记"居赵羽坞"。坞又称之为"壁""坞壁""坞堡""坞垒""壁垒"等，其建筑上为一种夯筑的城障，用于保险自守。学界一般认为，坞堡作为动乱分裂时期自保避乱的一种社会组织出现于东汉末年，兴盛于魏晋南北朝时期[③]。然而就"坞"这一称谓及坞堡本身结构形制来看，早在汉武帝修筑长城时就已大量出现，则其肇始无

---

① 《吐鲁番出土文书》第一册，文物出版社1981年版，第131页。
② 李并成：《古丝绸路上的大海道》，《光明日报》2000年2月18日C4版。
③ 赵克尧：《论魏晋南北朝的坞壁》，《历史研究》1980年第6期，第77—90页。

疑会更早。如《居延汉简释文合校》175.19A 简："长十丈七尺坞,坞高丈四尺五寸,按高六尺御口高二尺五寸,任高二丈三尺。"175.19B 简："阳城坞,宽高袤厚上下举,赉候长候史治名葆塞延袤道里,坞高……"①《疏勒河流域出土汉简》242 简："制诏酒泉大守:敦煌郡到戍卒二千人,属大守察地形,依阻险,坚辟垒,远候望,毋……"②

由今天地表残存遗迹见,古居延和敦煌北部汉长城沿线烽燧大多仍存留"坞"之废墟。坞通常筑于烽燧侧旁,平面多呈方形,面积一般 100~400 平方米,亦有上千平方米者。坞有坞墙,坞内有守燧戍卒居住的房舍和盛放军械、柴草的小屋,有的还有马厩。如敦煌西北玉门都尉大煎都候官所辖厌胡燧(T.6b),烽台底基 6.4 米见方,残高 4.9米,坞与烽体西、南二壁相连,坞门北开,坞内有套房 3 间,炕、灶各一个,屋内灰堆中出土汉简 200 余枚。

逮至魏晋,继汉之余风流绪,"坞壁"这种城障式建筑得到进一步发展,并由汉长城沿线烽燧扩展至整个敦煌、河西一带的绿洲平野,以适应当时避乱自保、且耕且战的局势。如《晋书·沮渠蒙逊载记》:"蒙逊之叛,段业先壁于侯坞,儒檀来伐,蒙逊败之于若原坞北。"侯坞、若原坞即其类也。《魏书·释老志》记敦煌"村坞相属",可见其数之多。赵羽坞即应为十六国时敦煌诸多坞壁之一。

嘉峪关、酒泉魏晋壁画墓出土了一些绘有坞壁的砖画,使我们看到了当时坞壁建造的形象史料,令人兴奋。嘉峪关一号墓绘有两幅"坞壁图",一幅所绘场面甚大,画幅左侧画一座坞,右侧画一辆牛棚车,车前有一童赶车,车后跟一女子,车上另有一童用弹弓射鸟。另一

①谢桂华、李均明等:《居延汉简释文合校》,文物出版社 1987 年版,第 278 页。

②林梅村、李均明:《疏勒河流域出土汉简》,文物出版社 1984 年版,第 47 页。

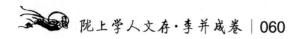

幅画场面更大,坞墙既高又厚,墙上还加筑女墙,垛口森严,罗置紧密。坞内靠墙一侧另筑一座高耸的楼阁,可能起候望作用,类似于汉代的烽燧。坞壁之军事功能于此显见,无疑坞内还应配置武装。坞门为对开式,设高门槛。坞墙上大书朱红色"坞"字。魏晋时"坞"之大略面貌原即如此。坞旁有两层画面,上层画长方形畜栏,栏内分别喂养牛二头、羊三只。近坞门处植树三棵。一棵树下拴两匹马,另一棵树下置一畜槽,槽旁有一头牛①。由之也反映了坞壁自给自足庄园经济的某些特色。

1993年酒泉西沟魏晋墓出土坞壁彩绘砖画②。画面左半部为整个一座坞壁占据,其建筑结构和形制与嘉峪关墓画坞壁类似。坞垣厚重,高墙深院,亦筑女墙雉堞,坞门开在左侧,设门楣。坞门右侧墙上墨书"坞舍"二字。画面右半部画有一人,右手持杖,正向坞门走来。

敦煌、酒泉为西凉政权先后建都之地,敦煌西凉籍残卷"赵羽坞"的记载,以及酒泉、嘉峪关魏晋壁画中坞壁的形象资料,均生动地反映了当时这一带屯坞自守、筑堡相保、碉堡群立、坞垣高耸的社会现实,以及坞壁经济的若干特点。

(原载《敦煌学》(台)第25辑,2004年)

①甘肃省博物馆等:《嘉峪关壁画墓发掘报告》,文物出版社1985年版。
②酒泉市博物馆:《酒泉文物精华》,中国青年出版社1998年版,第83页。

敦煌文献中蕴涵的生态哲学思想探析

敦煌地处祖国西北内陆，四周为沙漠、戈壁所包围，属于典型的暖温带大陆性气候，干旱鲜雨，年均降水量仅 39.9 毫米，多风沙。敦煌悬泉汉简记载："地势多风，涂立干操"（Ⅱ0211②:26）。敦煌 2253 汉简："日不显目兮黑云多，月不可视兮风非（飞）沙。"形象地描绘了沙尘暴的肆虐情形。生活在这种自然环境中的敦煌民众，切身感受到在利用自然资源、改造自然的同时，必须注重对于生态环境的有效保护，由此引发了人们对于生态问题的诸多思考，形成、积累了此方面一系列有益的实践经验和思想成果。

敦煌文献中蕴涵的生态哲学思想主要体现在以下几个方面。

一、"敬畏自然""天人合一"的自然观

生态环境是人类赖以生存和发展的基础，我国古代先民在其长期的生产生活实践中，对于"天人关系""人地关系"有着深刻的认识，形成了朴素的生态哲学思想。早在先秦时期就提出了"天人合一"的自然观。庄子认为，自然界存在着不以人们的主观意志为转移的客观规律，人们要顺应自然规律。老子提出"人法地，地法天，天法道，道法自然"的观念。《周易·文言传》强调人要"与天地合其德，与日月合其明，与四时合其序，与鬼神合其吉凶，先天而天弗违，后天而奉天时。"西汉时董仲舒明确提出了"天人之际，合而为一"的哲学命题。

敦煌文书中不仅保存着如《周易》《尚书》《礼记·月令》《论语》等

含有"天人关系"论述的大量儒家经典,就连不少童蒙读物中都贯穿着"天人合一"的生态哲学思想。北朝马仁寿撰《开蒙要训》(存P.2487、S.0705等20余件),是一部当时流传很广的童蒙习诵课本,内容涉及天文、地理、岁时、人体、疾病、农事等。其开卷即云:"乾坤覆载,日月光明,四时往来,八节相迎。春花开艳,夏叶舒荣,丛林秋落,松竹冬青。"日月运行,季节往复,自有其演替的规律,人们必须顺乎自然节律,适应自然,不可逆而行之,这是学童们首先需要明白的哲理。《新合千文皇帝感》(P.3910),以唐代流行的歌辞《皇帝感》来骤括萧梁时周兴嗣所作《千字文》:"天地玄黄辨清浊,笼罗万载合乾坤。日月本来有盈昃,二十八宿共参辰。宇宙洪荒不可测,节气相推秋复春。四时回转如流电,燕去鸿来愁煞人。三年一闰是寻常,云腾致雨有风凉。暑往律移秋气至,寒来露结变为霜……"[①]同样教育学童天地万物的运行有其特有规律,日月盈昃,寒来暑往,节气相推,不依人的意志为转移,只有适应自然规律,"辨清浊","合乾坤",与自然和谐相处,才是正确的选择。另一篇钟铢撰《新合六字千文》(S.5961),采用六言句式:"钟铢撰集千字文,唯拟教训童男。……天地二仪玄黄,宇宙六合洪荒。日月满亏盈昃,阴阳辰宿列张。四时寒来暑往,五谷秋收冬藏……"其意与以上类似。

---

①本文所引敦煌文书,分别见于《英藏敦煌文献》,四川人民出版社1990—1995年版;《法藏敦煌西域文献》,上海古籍出版社1994—2005年版;《俄藏敦煌文献》,上海古籍出版社1992—2001年版。又可见于唐耕耦、陆宏基编:《敦煌社会经济文献真迹释录》,第1辑,书目文献出版社1986年版,第2—5辑,全国图书馆文献缩微复制中心1990年版;任继愈主编:《国家图书馆藏敦煌遗书》,北京图书馆出版社2005年版;胡平生等:《敦煌悬泉汉简释萃》,上海古籍出版社2001年版;吴礽骧等:《敦煌汉简释文》,甘肃人民出版社1991年版。以下所引敦煌文书及敦煌悬泉汉简材料依学界惯例,只给出文书卷号,不再一一出注。

唐代前期蒙书《俗务要名林》(存 S.0617、P.2609 等多本),分作天地部、日辰部、阴阳部、载部、地部、水部、兽部、虫部、鱼鳖部、木部、竹部、草部、果子部、菜蔬部、丈夫立身部等,选取民间日常生活中各种常用重要事物名称、语汇分类编排成册,以供孩童学习之用且便于检索,同样首先教给他们一种正确思考自然生态的朴素观念。他如《杂集时用要字》(S.0610、S.3227 等)、《杂抄》(又名《珠玉抄》《益智文》《随身宝》,存 P.2721、P.3649 等 13 件)、《辩才家教》(S.4329、P.2514)、《武王家教》(S.11681、P.4724、Дx98 等)、《孔子备问书》(P.2570、P.2581 等)等,均浸透、贯穿着此方面内容。如《孔子备问书》载:"何名四大? 天地合为一大,水火合为二大,风雨合为三大,人佛合为四大"。又曰:"问:四大有[几]种? 答:有两种。问:何者? 答:一者外四大,二者内四大。问:何者外四大? 答:地水火风,是名外四大。问:何者[内]四大? 答:骨肉坚硬以为地大,血髓津[润]是名水大,体之温暖以为火大,出[息]入息以为风大……"这里将人与自然作为一个统一的和谐整体来看待,人亦属于自然的一部分,体现了儒家哲学中人与自然统一性和一致性的宇宙观、自然观。

敦煌留存的一批愿文中,亦有不少祈求人地关系和谐、风调雨顺、祛疾禳灾等内容。如 S.0343《愿文范本》祈愿"风调雨顺,岁稔时丰,疫疠消除,吉祥云集"。P.3765《诸杂斋文》祈愿:"风调雨顺,岁熟时康,道奏清平,歌谣满路。"P.2237v《愿斋文》:"兼愿龙王欢喜,风雨顺时,百谷孰(熟)成,万性(姓)安乐。"S.2144vc《结坛散食回向发愿文》祈愿:"永离水灾之难,永离火灾之难,永离毒蛇之难,永离蛊毒之难……所有一切不祥之难等,不占(沾)我身,不及我门。"另一篇《结坛散食回向发愿文》(北图 7677,夜字 98)祈愿:"奉请江河淮济诸大龙王、海首雷公……愿折雷霆之怒,发欢喜之心,调顺风雨,五谷丰登,夏焊秋霜,不沾境内;哀愍万人,并昌年丰之启。"这些愿文充分体现了民众祈愿天人和谐、自然护佑的美好心愿。

二、遵循自然节律保护环境的生态哲学思想

敦煌悬泉置遗址泥墙上保存了一篇十分珍贵的汉平帝元始五年（5年）颁布的保护自然资源的《四时月令诏条》（编号：272），题写在悬泉置泥墙上，昭示过往行人。其内容相当丰富，逐月记载历象、物候，并依自然节律安排人们的生产生活等活动。其核心是顺时而动，尊重自然规律，尤其是其"时禁"内容，鲜明而具体，凸显了朴素的自然保护和资源持续利用的生态理念。如"孟春月令"规定："禁止伐木。谓大小之木皆不得伐也。尽八月，草木零落，乃得伐其当伐者。""仲春月令"规定："毋焚山林。谓烧山林田猎，伤害禽兽□虫草木。"此诏令可视为汉代的"森林保护法"，将遵从林木的季节演替规律作为保护山林资源的根本。这些颇有见地的思想和做法，强调人类的生产活动要建立在维护自然资源再生能力的基础上，注重遵从生态节律从事活动，为人们提供了明确而详尽的行为规范，体现了重视自然资源的持续存在和永续利用、维护生态平衡的哲理。

东汉初，窦融担任河西五郡大将军时曾两次颁布禁止伐木的命令："建武四年（28年）五月辛巳朔戊子，甲渠塞尉放行侯事，敢言之。诏书曰：吏民毋得伐树木，有无，四时言。谨案：部吏毋伐树木者，敢言之。"（额济纳旗破城子汉简74E.P.F.22：48A）"建武六年（30年）七月戊戌朔乙卯，甲渠鄣守候，敢言之，府书曰：吏民毋得伐树木，有无，四时言。谨案：部吏毋伐树木。"（74E.P.F.22：53A）可知早在汉代人们就十分重视对植被的保护。

唐代杜正伦撰《百行章》（存S.1815、S.3491、P.2564等14件），为当时颁行天下的儿童通用教材。其中《护行章第七十七》曰："山泽不可非时焚烧，树木不可非理斫伐。若非时放火，煞害苍生；伐树理乖，

绝其产业。"将爱惜、保护山泽树木的生态思想作为孩童今后立身处世的一个重要方面，从小就予以灌输，这不能不说是富有远见的。

民众朴素的生态哲学思想以及对于草木的珍爱之情还体现在莫高窟等石窟的壁画中。莫高窟保存大量绘有花草树木的壁画，如各种装饰图案中的忍冬纹、莲花纹、茶花纹、卷草纹、团花纹、葡萄纹、石榴卷草纹、百花漫草纹、宝相花纹等。如初唐第329窟藻井中、方井外四周的莲叶边饰，在白色衬地上描绘着波状缠枝、葡萄、莲叶、莲花，缠枝上又绘有小枝叶藤萝。盛唐第45窟绘有与远山相衬的葱郁林木丛；第79窟西龛西壁上绘出依山而长的绿树；第217窟南壁《法华经变》绘有重峦叠嶂的群山，山崖上山花如锦，又有流水淙淙，景色明媚。中唐第112窟南壁、隋初第303窟四壁下层等，也都绘有大量的林木、山水画。此类例子不胜枚举。

不独敦煌如此，古代河西一些墓室墙壁上也留下了不少林木画卷。如酒泉丁家闸魏晋壁画五号墓前室30多平方米的壁面中，画有各种树木多达400余棵，足见当时人们对树木的珍爱。所画叶子较宽者可能为杨树，叶子较窄的似为柳树，还有桑树，树下有妇女采摘桑叶。嘉峪关魏晋壁画墓、高台地埂坡与骆驼城壁画墓等，亦绘有多幅采桑图、果园图。

壁画、墓画中花草树木的大量存在，反映了民众对美好生态环境的渴望和追求，他们厌倦了满眼漫无边际的黄沙戈壁，激发起对青山绿水的向往，因而把理想中的生态环境绘入画中，以寄托自己的愿望。

敦煌诗歌中亦留存了大量咏赞山水树木的诗篇，充分表达了人们对美好的生态环境的渴盼、喜爱、赞美之情。如 P.3929《敦煌古迹二十咏·半壁树咏》："半壁生奇木，盘根到水渥（涯），高柯笼宿雾，蜜（密）叶隐朝霞，二月含青翠，三秋带紫花，森森神树下，祇（祈）赛不应赊。"同卷《凿壁井咏》:"常(尝)闻凿壁井,兹水最为灵。色带三春绿,芳传一味清。玄言称上善,图录著高明。德重胜竹雨,诸流量且轻。"《分流泉咏》:"地涌澄泉美,还城本自奇。一源分异派,两道入汤池。波上青频合,洲前翠柳垂。况逢佳影处,从此遂忘疲。"

三、保持生态平衡,维系林草植被永续利用的生态哲学理念和实践

对于林草植被资源实施有效保护、永续利用,其萌芽最早可追溯到渔猎时代。《史记·五帝本纪》载,黄帝时期曾教人"劳勤心力耳目,节用水火材物",提出了"节用"的观点。秦汉时有了"时禁"的理念。已如上引悬泉置泥墙所书《四时月令诏条》,强调不违农时,将"时禁"作为生态保护最基本的手段,按照自然万物的生长规律,对林草植被进行有效管护,以促使其休养生息,保持资源的再生能力,保障其不断满足人类的需求。敦煌民众对于林草植被重视的思想和做法体现在如下许多方面。

敦煌民间素有多植园圃、广种树木的思想和传统。如 P.3703v《释迦牟尼如来涅槃会功德赞》记:索公"青田数颂,世嗣丰年,绿树千株,负衣为业"。索家为敦煌显族,拥有树木达上千株,远远望去,整座园舍隐映在丛林绿树中,环境优美。

P.4640《阴处士碑》记阴嘉政家:"饮渥水之分流,声添骥响;畎平河之溉济,蚕赋马鸣。……桑条小屈,敏事严君;棣萼相垂,高门庆及";"瓜田广亩,……李树长条,……更有山庄四所,桑杏万株。瓠颗篱头,馈饮逍遥之客;葛萝樛木,因缘得道之人。"阴家也是敦煌显族,在当地仅山庄就有四座,所植桑杏上万株,还植有李子树、葛萝等。

一些普通民众也有自己的园圃,只是面积较小。P.2685《年代未详(828 年?)沙州善护、遂恩兄弟分家契》记载:"南园,于李子树以西大郎,已东弟。"北园"树各取半"。知该兄弟家拥有南园、北园,植有李

子等树。又 S.11332《戊申年（828 年）四月六日沙州善护、遂恩兄弟分家契》云：“城外庄田及舍园林。”可见善护、遂恩兄弟除南园、北园外，在城外还有庄田及园林。P.3744《年代未详（840 年）沙州僧月光兄弟分家书》曰：“平都渠庄园田地林木等”；“其树各依地界为主”。P.2040v《后晋时期净土寺诸色入破历算会稿》载：罗平水、张音声把自己庄园中的树木出卖给净土寺。P.2032v、P.3763v 等文书中亦有类似记载。

宅院、路边、墓地、河堤等处植树亦广受民众青睐。P.3865《阴阳宅经》载：“宅以形势为骨体，以泉水为血脉，以土地为皮肉，以草木为毛发，以房舍为衣服，以门户为冠带。若得如斯是，俨雅乃为上吉。”意思是说屋宅应与其周围的自然环境融为一个和谐整体，建房时要选择有利的地势，周围要有泉水流过，以方便用水，还要有草木相映衬，使房舍隐于绿树翠草中，既可增添美感，改善庭院小环境，又给人以安全感。P.2615《□帝推五姓阴阳等宅经图》亦曰：“北有泽，亦南有高地及有林木茂盛，居其内，吉。南有泽，居之吉。”

除庭院外，人们亦很重视在田间地头植树。P.3833《王梵志诗》吟：“吾有十亩田，种在南山坡。青松四五树，绿豆两三窠”；“世悠悠，不如山丘，青松蔽日，碧涧长秋”。河堤和水渠两侧也是植树的主要区域。如 P.2819《游北山赋》：“菊花两岸，松声一丘。”两岸不但开满了野菊花，而且有大片的松林，风儿吹过花香飘荡，松涛阵阵。墓地植树的风俗在敦煌亦很盛行，其目的既是表示对先人的孝道与怀念，以求能给后辈带来种种好处，又可美化墓地环境。S.525《搜神记一卷》：“忽不见瓦舍，唯见大坟巍巍，松柏参天。”

民众的生态观念亦可反映在敦煌遗存的不少解梦书中。P.3908《新集周公解梦书一卷》，专列“山林草木章”“六畜禽兽章”“地理章”等，阐释此方面思想。如“山林草木章第三”曰：“梦见头带山者，得财。

梦见山林中行者,吉。梦见树木生者,有大吉。梦见树木死者,大衰丧。梦见树折,损兄弟。梦见上树者,有喜事。梦见斫竹者,主口舌。梦见草木茂盛,宅王(旺)……"几乎凡是梦见山林草木,或山林草木生长茂盛者,均属吉祥,反之则凶,这显然与敦煌地处干旱缺水的沙漠戈壁环境、人们盼望林草植被蓬勃生长的心理状况密切相关。又如,P.3685《解梦书残卷》:"梦见墓林茂盛,富贵。□□□中生果树,富贵。梦见土(上)树,长命。……梦见果树及舍,吉利。□□□□(梦见林中),大吉利。"S.2222v《解梦书一卷》:"梦见李入门,大吉。"P.3105《梦书残卷》:"梦见墓林茂盛,富。……梦见门中生草树,富贵。梦见果树及食,大吉。……梦见林中,大吉利。"S.620《占梦书》:"梦见冢墓上树折,凶。……梦见冢上生树,大富贵。……梦见作田植,大富贵。梦见种,得财。……梦见田中生草,得财。梦见教人作田,富贵。……梦见五谷苗盛,得财,吉。"这些解释虽然不免荒诞,但却真实地反映了身处干旱地区的敦煌民众在内心深处对于林草植被的珍视和对于美好生态环境的祈愿。

P.2661《方技书》:"凡种树,东方种桃九根,西方种□九根,南方(种)枣九根,北方(种)榆九根。依此法,宜子孙,大吉利,富贵。"这其中不管掺杂有什么迷信含义,在敦煌这样极端干旱的地区,鼓励植树都是十分有益的。为什么都种"九"株? "九"为数之极,这是取让人们多多植树之义。又"九"与"久"谐音,取幸福长久之义。为什么称它为"宜子孙"呢? "前人栽树。后人乘凉",这是我国为后代造福的传统美德,在干旱地区更是如此。P.3418五言白话诗:"努力勤心种,多留与后人。新人食甘果,愧贺(荷)种花人。"

除普通民众外,佛教寺院亦十分注重林木的种植和保护。《后晋时代净土寺诸色入破历算会稿》(P.2032v)载:"面伍斗伍升,窟上大众栽树子食用。""窟"即莫高窟,窟前有宕泉流水,适宜种树。乾德四年(966年)曹元忠夫妇重修北大像时，就是从宕泉谷中采伐可用做栋梁的木材的。《乾德四年(966年)归义军节度使曹元忠夫妇修莫高窟北大像功德记》载："梁栋则谷中采取，总是早岁枯干；椽干为之从城斫来。"北大像即今96窟，俗称九层楼，内塑高达34.5米的大佛像，当时重修该窟的梁栋即从宕泉谷中采来。经过僧众的努力，莫高窟一带变成了环境优美的风景区。P.2551《李君莫高窟佛龛碑并序》描绘其地："川原丽，物色新，仙禽瑞兽育其阿，斑羽毛而百彩；珍木嘉卉生其谷，绚花叶而千光。尔其镌锷开基，植端桧而盖日。"P.3608《大唐陇西李氏莫高窟修功德纪》载："尔其檐飞雁翅，砌盘龙鳞，云雾生于户牖，雷霆走于阶陛。左豁平陆，目极远山；前流长河，波映重阁。风鸣道树，每韵苦空之声；露滴禅池，更澄清净之趣。"P.4640《翟家碑》载："阶阙藏春，朝度彩云之色；溪聚道树，遍金地而森林；涧澄河[泛]，涟泹而流演。清凉圣境，僧宝住持。"又S.0530、P.4640《大唐沙州释门索法律义辩和尚修功德记碑》曰："一带长河，泛惊波而派润；渥洼小海，献天骥之龙媒。瑞草秀七净之莲台，庆云呈五色之佳气……溪芳忍草，林秀觉花。贞松垂万岁之藤萝，桂树吐千春之媚色。"P.2991《报恩吉祥窟记》："遂于莫高胜境，接飞簷而凿岭，架云阁而开岩……三危雪迹，众望所钦。岩高百尺，河阔千寻。岫吐异色，鸟卉奇音。"P.2762+S.6161+S.3329+S.11564《敕河西节度兵部尚书张公德政之碑》云："碧涧清流，森林道树。榆杨庆设，斋会无遮。"莫高窟前呈现出一派溪水潺潺、芳草芬郁、丛林葱翠的美景。

除莫高窟外，敦煌净土寺、报恩寺、龙兴寺、安国寺等寺院周围及其园囿中也植有大量树木园林。如S.5448《敦煌录》载："郡城西北一里有寺，古林荫森。"S.2113《唐沙州龙兴寺上座马德胜和尚宕泉创修功德记》："奇哉宕谷，石化红莲。萨诃受记，引锡成泉。千佛净土，瑞气盘旋。尔后镌窟，数满百年。万株林薮，爨燎香烟。"P.4638《右卫军十将使孔公浮图功德铭并序》云："树仙果百株，建浮图一所。……辉浮孟敏之津，影曜神农之水，门开慧日，窗豁慈云，清风鸣金铎之音，白鹤沐玉豪之舞，林花散地，茂林芬空。"林木繁茂葱郁，形成成片林区，促进了敦煌绿洲生态环境的改善，亦表明敦煌民众的生态意识在创造良好生存环境的过程中得到了提升。

佛教要求不得砍伐树木，也不得以秽物污染草木。如《四分律比丘戒本》曰："不得生草叶上大小便、涕唾，除病。"又云："生草木等不得断，断者犯堕。枯作生想断者犯突，复次三戒守护佛法。"砍伐草木自会受到惩罚。莫高窟第428窟绘有"梵志夫妇摘花坠死缘"，所画故事为：梵志长者之子新婚，夫妇一同到后园赏花，但见园中百花争艳，姹紫嫣红，夫妇不胜欢喜。长者子遂为新妇上树摘花，正取一花欲再得一花，突然树枝折断，长者子坠地身亡。佛祖告诉长者，这是因为长者父子前世恶业之故，遂有今之报应。这里虽然讲的是佛家的因果报应，实际上也是在向世人昭示，花草树木皆有生命，应倍加爱护，不得随意采摘，否则必受惩罚。

四、"钓而不纲、弋不射宿"，保护动物资源的生态哲学思想

《论语·述而》："钓而不纲，弋不射宿。"强调保护动物资源的持续存在和延续发展，使它们保持一定数量，只有这样人们才能永续利用。佛教亦倡导慈爱众生，众生平等，主张不杀生、素食、放生。中国佛教特别强调"众生皆有佛性"的思想，在终极意义上肯定了一切生命都平等地享有解脱成佛的机会和权利，动物和人一样都具有成就真佛的本性和觉悟佛法的智慧，这与现代生态哲学对"动物权利"的重视具有内在的一致性。道教主张"慈心爱物""和合共生"，人与自然相生相养。这些生态智慧和哲学思想在敦煌对于动植物资源的保护上有着生动的体现。

前引敦煌悬泉汉简 272 号《四时月令》,依据不同节令动物生长繁育特点,就如何对其实施有效保护作了细致规定。如"孟春月令"第 11 条规定:"瘗骼狸(埋)胔。骼谓鸟兽之□也,其有肉者为胔,尽夏。""季春月令"第 4 条云:"毋弹射蜚(飞)鸟及张罗,为它(巧)以捕取之。谓□鸟也……""孟夏月令"第 6 条云:"毋大田猎,尽八(?)月。"这些规定体现了遵从动物生长的季节演替节律、注意资源的持续存在和永续利用的哲学理念。

悬泉汉简《四时月令》中还尤为注重对幼小动物的保护。如"孟春月令"第 3—8 条规定:"毋摘剿(巢)。谓剿空实皆不得摘也。空剿(巢)尽夏,实者四时常禁";"毋杀□(幼)虫。谓幼少之虫,不为人害者也,尽九[月]";"毋杀孡。谓禽兽、六畜怀任(妊)有胎者,尽十二月常禁";"毋夭蜚鸟。谓夭蜚鸟不得使长大也,尽十二月常禁";"毋麛。谓四足……及畜幼少未安者也,尽九月";"毋卵。谓蜚鸟及鸡□卵之属也,尽九月"。对卵及幼小虫兽的保护,既可以保证它们正常繁衍、生长,又可以保障人类对动物资源的持续需求,维持生态系统的稳定性。

此外还注重对于冬眠动物的保护。"仲冬月令"第 2 条:"慎毋发盖。谓毋发所盖藏之物,以顺时气也,尽冬。"《四时月令》是目前我们见到的汉代保护动物资源最详细、最具体的诏令,它的贯彻施行无疑对于有效地保护动植物资源、维系良好的生态环境起到积极作用。

佛教倡导尊重动物的生命尊严,强调动物与人共同具有的生命感受和先天价值,应给予动物应有的道德关怀,提倡动物放生。敦煌文书 P.2044v《释子文范》之 19 条《放生》:"乃见飞禽为食,悯践网罗;心怀啄粟之忧,身遇擒粘之难。长者乃起慈悲之惠,赎命放生。羸禽添刷羽之欢,迍鸟有腾空之跃。遥奔林木,电击飞空;远志高林,揩磨羽翼。"P.2940《斋琬文》之"祐诸畜"中含有放生、赎生、马死、牛死、驼死、驴死、羊死、犬死、猪死等内容,这即表明在佛教行事中对此类生灵的关注与祈福。莫高窟148窟（盛唐）、12窟（晚唐）《药师经变》中亦绘有"放生"的场面。此外不少洞窟中绘有"萨埵太子舍身饲虎图""尸毗王割肉贸鸽图""流水长者救鱼图""九色鹿本生故事"等，都生动地反映了佛教对生命的保护和爱惜之情。佛教这种有情与无情之间、生命与非生命之间普遍平等的思想，揭示了人与生态环境的相关性和统一性，要求人平等地看待一切存在物，这与现代西方生态哲学在尊重自然事物的平等价值、强调生命主体与生态系统的统一关联等方面具有一致性。

除野生动物外，对于家畜的保护更是倍加用心，要求精心喂养，不得随便屠杀，此外还特别体现在当时颇为盛行的赛神风俗上。古人认为万物皆有神灵保护，为保证牲畜健壮成长，人们往往以祭拜各种神灵的方式祈求对家畜的庇佑，包括赛驼马神、赛马神和马羊赛神等。例如赛驼马神，因驼、马是敦煌当地重要的生产、交通、运输和军事行动工具，唐五代时敦煌专设马院，每年春夏秋三季均需祭祀驼马神。S.3728《乙卯年（955年）二月归义军柴场司判凭》："伏以今月二十三日马群赛神，付设司柽刺三束。二十四日……马院看工匠，付设司柴壹束。"这是沿袭古代春季祭马祖设燎坛之俗。四月中、下旬官驼马群开始到绿洲外围沼泽草甸一带放牧，又需进行一次祈赛。敦煌研究院001号《酒帐》：四月"廿二日马群入泽神酒壹角"。一角合当时十五升。S.2474a《庚申年（960年）归义军驼官张憨儿判凭三通》、S.2474b《己卯年（979年）归义军驼官邓富通给凭》记，四月廿五日以后"准旧马群入草泽，赛神细供七分，胡饼二十枚，用面贰斗叁升叁合，油五合六勺"；"准旧驼官邓富通等三群驼儿入草［泽］，赛神用神食七分，胡饼二十枚，用面叁斗壹升，油壹升肆合"。所谓"细供"，即制作精美的食物，用以祭拜驼马神灵。五、六月夏季，又需拜祭先牧、马神。P.4640《归义军军资库布纸破用历》：己未年（899年）五月十五日，"赛驼马神用画纸肆拾张";庚申年(900 年)五月十四日"赛驼马神用钱财粗纸壹帖(伍拾张)"。P.2641《丁未年(947 年)六月都头知宴设使宋国清等诸色破用历状并判辞》:"(六月)七日,使出赛马神设用细供叁佰伍拾分……"P.2667 五代前期《都头知宴设使梁辛德状》:"右本月(六月)七日赛马神,押衙周文建传处分细供叁佰分,次了(料)壹佰分……"八、九、十月秋季,还要在马院祭祀马社。P.2629《归义军衙内酒破历》:八月三日,"马院发愿酒壹斗,赛神酒伍升";"九月一日,马院神酒伍升";十月十四日,"马院祭拜酒伍升"。此时赛神应是出于保佑厩内马群安全过冬、勿有损伤的目的。综上可见,从二月至十月,月月均需祈赛驼马神,以乞求神祇的保护。若驼马不幸死亡,也要设祭。如 S.5637《祭马文》:"其马乃神踪骏骊,性本最良。色类桃花,目如悬镜……骋高原以纵辔,状浮云之扬天;驰丰草以飞鞭,等流星之入雾。陵东道而借响,望北风以长嘶。恋主比于贤良,识恩同于义士。……代劳以速,便生念惜之情;怆悼愈深,遂发坛那之会。"此外,敦煌文书中还有祭牛文、祭驴文、祭犬文等,人们对各种家畜的珍爱、护佑的思想由此可见一斑。

五、"合敬同爱",保护水源,讲求公共卫生

《礼记·乐记》:"大乐与天地同和,大礼与天地同节。和故百物不失,节故以祀天祭地……如此四海之内合敬同爱。"儒家哲学强调人"与天地万物为一体",要求"报本反始""仁至义尽",用仁、恻隐之心对待水源、土地等资源,把自然界置于道德共同体之中,承认自然的本性,尊重其价值,维护其权利,使其"尽性"。佛教哲学关于"因缘和合""真如一体"的宇宙整体观强调人类与其他生物、与自然环境之间互为因果的关系,认为各种生物和环境都是人类生存和发展的"增上缘",人与自然之间呈现为一种相互生成、相互依存的紧密联系,因而

不能忽视对于每一棵树、每一滴水的保护。

敦煌《愿文范本》中有一篇《祀都和玉女娘子文》(S.034314)，充分表达了绿洲人民对于水资源的一往情深，他们对生命之水的尊崇以至达到了将其神话的地步，他们把都乡河(今党河)视为一位年轻美丽的女神——都乡玉女娘子，传说每年春暖雪融，她就从南山飘然而来，滋润着绿洲的土地。每逢开春人们都要向她祈祷丰年："天威神勇，地泰龙兴；逐三光而应节，随四序而骋申；陵高山如(而)掣电，闪霹雳如(而)岩崩。吐沧海，泛洪津，贺(驾)云辇，衣霓裙，纤纤之玉面，赫赫之红唇。喷骊珠而永涨，引金带如飞鳞；与牛头如(而)角圣，跨白马而称尊。邦君伏愿小娘子炎光扫珍，春色霞鳞。都河石堰，一修永全；平磨水道，提坊(堤防)峻坚。俾五稼时稔，百姓丰年；天沐高(膏)雨，地涌甘泉；黄金白玉，报赛神前。"

"合敬同爱"的这种思想要求人们要妥善爱护水源，爱惜环境，讲求公共卫生。《四分僧戒本》中规定："不得净水中大小便、涕唾。"《四分律比丘戒本》亦云："不得水中大小便、涕唾"；"不得立大小便，除病"；"不得佛塔下大小便"；"不得绕佛塔四边大小便使臭气来入"等。莫高窟隋代302、419等窟经变画中绘有水井，井周均设围栏，这样不仅使汲水者安全，更重要的是可防止杂物、污物落入井中，以保持饮水清洁。北周296窟窟顶北披所绘"福田经变"中，有"植果园""施医药""井中汲水""修桥"等场面。在"井中汲水"画面中绘有一口方形水井，井周围栏约有半人高，井台后方两侧绘二人，其中一人正在用桔槔从井中汲水，一人站在井边观看，其身旁右侧绘一卧地骆驼，似在等待饮水；井的左侧还绘有一口一尺多高的大水槽，三匹马在水槽中埋头饮水，水槽前方有一人似在照顾马匹饮水。榆林窟唐代38窟"弥勒下生经变"中，绘有一位母亲怀抱婴儿撒尿，另有几个胖小孩在野外挺肚撒尿，所有尿水皆排入地裂缝中，地面则显得干净卫生。莫高窟隋代302窟窟顶西披"福田经变"中，绘有植果园、修浴池的场景，两个裸体者在四周有树木的浴池中洗澡，池旁即设有专排污水的沟道，以保持池水的洁净。莫高窟几十幅"法华经变"的院落、马厩画面中，均绘有清扫庭院、打扫马圈的图景，给人一种清净舒适、马肥牛壮的感觉。

佛教鼓励建浴池、勤洗浴。据《佛说诸德福田经》载，修福有"七法"，其中"二者，园果浴池树木清凉"；"七者，造作圊厕施便利处"。修建浴池与建果园、植树木并列第二位，其功德意义被视作同等重要。沐浴健身，对于生活在似敦煌这样干旱沙漠地带的人们来说无论怎么说都是极有好处的。P.2661："凡洗头沐浴，子丑未酉亥，吉。小儿初生时，煮虎头骨取汤洗，至老无病，吉。常以八月一日取东流水洗浴，去聋中垢，令人不患，少不老，冬不寒，夏不热，大验。"P.3247v《后唐同光四年（926年）俱注历》载，闰正月廿七日甲申水执，鹰化为鸠，洗头吉；三月十六日壬申金定，沐浴吉；四月二十三日戊申土满，下弦，洗头吉；五月二十八日癸未木建，沐浴吉；六月三日丁亥土定，洗头吉；六月十五日己亥木定，剃头吉；七月六日己未火闭，沐浴吉……

修建厕所被列为修福"七法"中的第七位，同样具有重要的功德意义。莫高窟北周290窟窟顶人字披中。就有一幅"入厕"画面。图中一人正蹲在厕所内拉大便，一缕大便进入用木板锯出的方洞内，方洞下方为粪坑。这种样式的厕所如今在农村中仍然多见，真实地反映了当时人们的环保意识和相应的环保卫生设施。将建果园、植树木、修浴池、造厕所等行为赋予积功德的意义，无疑大大有利于促进广大佛教徒环保意识的提高，而且佛教积功德的宣传并不限于眼下的现实利益，而重点在于人们的未来利益，这自然是颇有远见的哲思。

（原载《甘肃社会科学》2014年第4期）

汉晋简牍所见西北水利官员

有效地管护、使用河湖水资源,在我国有着悠久的历史和良好的传统,在敦煌、居延、金关、楼兰等地出土简牍中,可清晰地看到两汉魏晋时期西北水利官员的设置及运作状况。

唯灌溉是赖

古居延遗址、古金关遗址、敦煌悬泉置及汉长城沿线,出土了5万余枚两汉时期简牍;古楼兰遗址出土了600余枚魏晋时期的简牍。其中包括有关农田水利和水资源管护方面的资料。古居延、敦煌、楼兰等地深居我国西北内陆,发展农业唯灌溉是赖。早自2000多年前,河西走廊和西域大地即已纳入西汉王朝版图。汉室为了充实边防,维护丝绸之路,随即在这一带置设郡县,移民屯田,由国家实施大规模的开发经营。

开发绿洲,必以水利举先。《汉书·沟洫志》载:"自是以后,用事者争言水利,朔方、西河、河西、酒泉皆引河及川谷以溉田。"据《汉书·地理志》,张掖郡觻得县当时开有"千金渠,西至乐涫入泽中";敦煌郡冥安县有南籍端水(今疏勒河),"出南羌中,西北入其泽,溉民田";敦煌郡龙勒县又有氐置水(今党河),"出南羌中,东北入泽,溉民田。"《居延汉简释文合校》303.15简、513.17简:"谨案居延,始元二年(前85年),戍田卒千五百人,为骓马田官穿泾渠",声势之壮、规模之大,由是可观。《敦煌悬泉汉简释粹》(上海古籍出版社,2001)Ⅱ0213③:4

简："民自穿渠，第二左渠、第二右内渠水门广六尺，袤十二里，上广五。""民自穿渠"应是民间自发开凿渠道。可见，当时的渠道开浚，既有军方（官方）组织的，又有民间自发的；这些渠道编有序号，配有一定尺寸的水门，可知它们应是经过精心规划布局而开设的，并可形成一定规模的灌溉网系。水门即渠系中用以干支流分水或调节进水量的闸门。居延 565.12 简："右水门凡十四。"水门的系统配套制作和设置标志着渠道体系的完善。

加强水资源管理

关于汉代的水资源管理，中央有大司农所属的都水官。《汉书》卷19 上《百官公卿表》载，汉武帝时："大司农属官有……郡国诸仓农监、都水六十五官，长、丞皆属焉。""都水"即掌管郡国水资源秩级最高的水利官员，虽为郡官，但隶属于大司农，由中央直接管辖。《后汉书》卷 36《百官三》载"都水属郡国"，卷 38《百官五》载"郡有盐官、铁官、工官、都水官者，随事广狭置令、长及丞，秩次皆如县、道，无分士，给均本吏"。水资源管理乃一郡之大事，都水官可根据其管辖事项设置令、长及丞等属吏。该卷本注："有水池及渔利多者置水官，主平水收渔税。""平水"应即郡国负责公平收取渔税的官员。另外，《居延新简》EPW：31 简提到："使掌河隄（堤）大司空。"可见，作为"三公"之一的大司空，亦与河堤事务有关。

敦煌、居延汉简留下了两汉时期水利管理的不少记载。《敦煌汉简释文合校》1363 简："□通，都水长常乐……"都水长即负责一郡水利事宜的"河长"。《敦煌悬泉汉简释萃》Ⅴ1611③：308："出东书八封，板檄四，杨檄三……二封水长印，诣东部水……"水长印或"都水长"之省称，亦可能是其属下之官员。"东部水"可能指负责敦煌郡东部的水利官员。

此外，敦煌郡还有"主水史""平水史""佐吏""令吏"等官职。悬泉置所出一枚建昭二年（前37年）二月的纪年简Ⅱ0216②：246提及"主水史众迁"，并与督邮史、主羌史并列，皆属于"史"级官员，主水史应为隶于都水长属下主持水务的主要官员，抑或都水长的副职。悬泉Ⅱ0114②：294简："出东书四封，敦煌太守章……合檄一，鲍彭印，诣东道平水史杜卿。"平水史应是敦煌郡负责平均分配灌溉用水的官员，"东道平水史"应负责敦煌东道的平均配水事务。

除上述水利官员外，简牍中还可见到"监渠佐史"。《居延汉简释文合校》498.10简："监渠佐史十人，十月行一人。"监渠佐史不见于正史记载，可能为干旱绿洲地区特设的官员，负责监督河流渠道水利灌溉的顺畅运行。

楼兰简牍则多见"水曹""水曹掾"之名，应为当时负责屯田灌溉的水利机构及其专职官员。《楼兰尼雅出土文书》481简："水曹，泰始二年八月……"；584简："水曹掾左朗，白前府掾，所食诸部瓜菜贾绥一匹付客曹"；609简："泰始三年二月廿八日辛未言，书一封，水曹督田掾鲍湘张雕言事"。楼兰虽处边地，但其水利机构及官员的设置亦如同内地。

注重渠道日常维护

除上述水利官员外，敦煌、居延等地还专设河渠卒、治渠卒、水门卒等，楼兰垦区设守堤兵，专门从事渠道的日常维护、修治或水门的守护维修。居延140.15简："河渠卒河东皮氏毋忧里公乘杜建年廿五。"《金关汉简》（壹）（中西书局，2011）73EJT7：33："河渠卒河东安邑贾里公乘王"；73EJT9：27："治渠卒河东狐讘山里董凡年廿五，长七尺，黑色。"73EJT 3：50简："治渠卒河东汾阴承反里公乘孙顺年卅三，出。"EJT7：2："治渠卒河东皮氏还利里公乘□□□年册，长七尺四寸。"《金关汉简》(伍)73EJD:233:"治渠卒河东安邑陶就里公乘赵喜年廿九。"EJF3:13亦提及"治渠卒"。《居延新简》EPT65:450:"□三千四百八十五人,敦煌郡,发治渠卒,郡国收欲取□。"据《汉书·地理志》敦煌郡的总人口为38335人,3485人可能是敦煌郡屯田戍卒的总数。

可见,两汉魏晋时期,中央有大司农所属的都水官,郡国除都水官外,还有主水史,辅助都水官从事河流水利管理,下领东部水官、西部水官等。似敦煌这样的干旱地区特设平水史,平水史亦按用水区域分为东道平水、西道平水等。居延等地还专设监渠佐史,以负监督之责。敦煌、居延等地还专设河渠卒、治渠卒、水门卒等,专事渠道的日常维护、修治或水门的守护维修。西晋时期,楼兰军屯垦区设置"水曹",掌管水利灌溉事宜,又设守堤兵,负责河堤的守护维修。

(本文为李并成与高彦合写,原载《中国社会科学报》2017年8月14日第5版;《新华文摘》2017年第22期全文转载)

丝绸路上古城遗址
调查研究

汉居延县城新考

居延，是汉武帝驱逐匈奴后在河西所设的边县之一，属张掖郡。它的位置因其和历史上许多重大政治、军事活动之间的联系而一直为国内外考古学家、历史地理学家所关注和寻觅。笔者曾于1987年9月、1991年3月两次在黑河下游内蒙古额济纳旗一带作过实地考察。今就考察所得，结合有关文献资料，对这一问题作一新的探讨，以求教于学界。

《史记·大宛列传》："太初三年（前102年）置居延、休屠以卫酒泉。"居延县当设于是年。《汉书·地理志》："居延，居延泽在东北，古文以为流沙。都尉治。莽曰居成。"据此，居延县的东北有居延泽，即"古文"所谓的流沙之地。该县应位于居延泽的西南。所谓"古文"，当指《尚书》而言。《尚书·禹贡》云："道弱水，至于合黎，余波入于流沙。"弱水，古今书籍都认为即黑河，一名黑水，又名张掖河；有时又专指黑河主要支流之一的山丹河。《山海经·海内西经》："流沙出钟山，西行又南行昆仑之虚，西南入海，黑水之山。"郭璞注："今西海居延泽。《尚书》所谓'流沙'者，形如月生五日也。"流沙形如月生五日，当指随风流动的沙丘呈新月形，这是河西走廊北部巴丹吉林沙漠和腾格里沙漠的主要地貌景观。《水经注》卷40："流沙地在张掖居延县东北。……弱水入流沙。流沙，沙与水流行也。亦言出钟山，西行极崦嵫之山，在西海郡北。"据《晋书·地理志》，西海郡为献帝兴平二年（195年）武威太守张雅请置，治所在居延县城。《元和郡县图志》卷40："居延海，在（张掖"

县东北一千六百里。即居延泽，古文以为流沙者，风吹流行，故曰流沙。"可见《尚书·禹贡》所谓流沙当指今黑河下游的沙漠地区（属巴丹吉林沙漠的一部分）。

由《汉书·地理志》"流沙"的地望可推，汉居延县位于今黑河下游内蒙古额济纳旗域内，古居延泽则在其东北。居延泽又名居延海，即黑河之终端湖。《汉书·地理志》张掖郡觻得县条："羌谷水出羌中，东北至居延人海，过郡二，行二千一百里。"关于觻得县城的位置，许多学者认为即今张掖市西北的"黑水国"古城①。羌谷水即黑河，自源头八宝河至终端湖全长 820 多公里，约合汉里（415.8 米/里）2000 里，合唐里（540 米/里）1520 里②，与《汉书·地理志》《史记正义》所载大体相合。"过郡二"当指张掖、酒泉二郡。

朱震达、刘恕等先生指出，14 世纪中叶以前的古居延泽在今额济纳旗人民政府驻地达兰库布镇以东三四十公里处进素图海子一带，由东海、西海和北海三部分组成，历史上的最大面积可达 800 平方公里，现已大部干涸，仅残留湖岸线 10—14 条。进素图海子即是西海遗迹的一部分③。近年景爱先生在《额济纳河下游环境变迁的考察》一文中亦持相似看法，认为古居延泽平面略作肺叶形，面积为 726 平方公里④。京（进）素图淖尔及其东南下湿地为其西半部。

---

①王北辰：《甘肃黑水国古城考》，《西北史地》1990 年第 2 期；谢继忠等：《西汉张掖郡治觻得考辨》，《张掖师专学报》1990 年第 2 期。

②汉、唐里折合为今里，笔者依据科学出版社出版的《历史自然地理》附录《历代度量衡换算简表》、上海人民出版社出版的《中国历代户口、田地、田赋统计》等有关资料换算。

③朱震达等：《内蒙西部古居延—黑城地区历史时期环境的变迁与沙漠化过程》，《中国沙漠》1983 年第 2 期，第 3—4 页。

④景爱：《额济纳河下游环境变迁的考察》，《中国历史地理论丛》1994 年第 1 期，第 47 页。

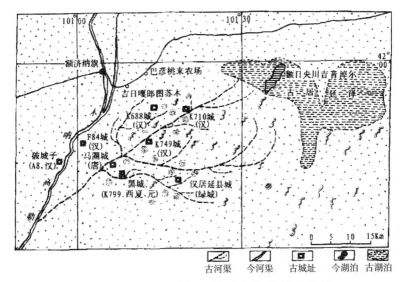

图 1　古居延绿洲及汉居延县城位置示意图

《史记·匈奴列传》正义引《括地志》云："汉居延县故城在甘州张掖县东北一千五百三十里。有汉遮虏障，强弩都尉路博德之所筑。李陵败，与士众期至遮虏障，即此也。《长老传》云障北百八十里，直居延之西北，是李陵战地也。"《史记·李将军列传》正义引《括地志》云："居延海在甘州张掖县东北[千]六十四里。"《元和郡县图志》卷40载居延海在张掖县东北1600里。《太平寰宇记》卷152："居延海在(张掖)县东北一千六百里，即古之流沙泽也。"前引各史籍所载居延海至张掖县之间的距离，或云千六十四里，或云一千六百里，参差不一。《括地志辑校》(中华书局，1980年版)认为，上云千六十四里之"十四"或为"百"字之烂文，千六百里之说对。额济纳旗破城子(A8，汉甲渠候官遗址)EPT50∶10简："居延鸣沙里，家去大守府千六十三里。"大(太)守府即汉张掖郡治解得城。对照前文，此处"十三"亦可能是"百"字之烂文，"千六十三里"疑即千六百里之误；也有可能脱一"百"字，为千六百十三里之误。《读史方舆纪要》卷 63 载汉居延城在甘州卫（今张掖市）西北千二百里，与上引《括地志》《元和郡县图志》《太平寰宇记》等所记差异较大，当误。诚如上云，则汉居延故城当在唐张掖县（据考证即今张掖市[①]）东北 1530 里（唐里，下同）处，居延海当在唐张掖县东北 1600 里处，汉居延故城在古居延海西南 70 里处。

对汉居延县城位置的最确切记载，还得从居延汉简中来找。EPT59：104："延城甲沟候官第十三队长……居延阳里，家去官八十里，属延城部。"EPT3：3："……居延肩水里，家去官八十里。"EPT52：137："……居延昌里，家去官八十里。"《居延汉简释文合校》89：24："……居延中宿里，家去官七十五里，属居延部。"以上简牍均出自汉甲渠候官驻地的破城子（A8）。破城子位于黑河下游纳林河与伊肯河之间的戈壁滩上，城垣犹存（图一）。所记居延阳里、肩水里、昌里、中宿里，有可能距破城子不远。简中所云"官"当指居延县城。汉 80 里合今 33 公里许，汉 75 里合今 31 公里许。在破城子东北 33 公里处恰有一座汉代城址，编号 K710；破城子东北 31 公里处又有一座汉代古城，编号 K688。二城为目前居延古绿洲所见汉代城址之中较大的两座。是否其中之一为汉居延县城呢？曾来这一带做过考察的瑞典学者贝格曼（Folks Bergman）认为，K710 为汉居延县城。1961 年陈梦家撰《汉居延考》一文，亦推测 K710 为汉居延城，并指出 K688 可能是遮虏障[②]。其后，薛英群[③]、景爱等均指认 K710 城为汉居延城。

根据笔者的实地考察，K710 城位于旗政府东南约 24 公里处，略呈方形，南、北垣各长 120、东垣长 131、西垣长 133 米。城墙为版筑，

①参见谭其骧主编《中国历史地图集》等。
②陈梦家：《汉简缀述》，中华书局 1980 年版，第 224 页。
③薛英群：《居延汉简通论》，甘肃教育出版社 1991 年版，第 34—37 页。

夯层厚 13—17 厘米。墙体因遭受风蚀和自然风化，残损严重，尤以北、南二垣为甚，呈断续块状。墙基宽 4 米，残高 0.5 至 1.2 米。南垣开一门，宽 6 米。东垣亦有一宽 6 米的壑口，可能也是城门。城内地面因风蚀比原地面低 0.2 至 0.4 米，四角置角墩，角墩底基宽 6、长 8 米。城中高阜处发现数处零散房址。城垣内外散落大量的汉代残砖、灰陶片（菱形纹、绳纹、素面）、红陶片、石磨盘和五铢钱等。城东 1 公里处为墓葬区，多为小型砖室墓，大多被盗。城东南 500 米处有一窑址，地面可见烧结物、砖块和陶片等。城周围发现风蚀弃耕地遗迹，其上遍布汉代的绳纹、素面灰陶片和碎砖块等，并可见少量的宋代及元代瓷片。

K688 城，位于 K710 城西略偏北约 4 公里处，平面呈方形，长 130、宽 127 米。城墙残宽 4 米许，残高 1.5 至 2 米。夯筑，夯层厚 10 至 12 厘米。墙体因风蚀破坏严重，但东南角保存稍好，残高 3.5 米。城内外可见汉代的灰陶片、夹砂红陶片、瓦片、残砖块、铜箭头和残铁片等。城东、南约 1000 米处有汉代的墓群。

笔者认为，两座城址的规模仅及一般汉代县城城址的 1/4 左右。根据笔者的考察，河西汉代的县城城址一般呈矩形，周长约 1100 至 1300 米左右，面积约 8 至 9 万平方米，如汉休屠县城（武威市三岔古城）周长 1200 米；张掖县城（武威市王景寨古城）周长 1200 米；扑𪟝县城（古浪县古城头）周长 1350 米；宣威县城（民勤县文一古城）周长 1060 米；昭武县城（临泽县昭武村古村）周长 1120 米；删丹县城（山丹县双湖古城）周长 1300 米；骊靬县城（永昌县南古城）周长 1400 米；番和县城（永昌县西寨古城）周长 1080 米；乐涫县城（酒泉市皇城）周长 1298 米；玉门县城（玉门市赤金堡）周长约 1150 米；渊泉县城（安西县四道沟古城）周长 1180 米，鸾鸟县城（永昌县沙城子）周长 1176 米；龙勒县城（敦煌市南湖破城）周长 1140 米；等等。如属郡城则规模更大，如汉武威郡治姑臧城（武威市三摆城）周长约 4000 米；

酒泉郡治禄福县城(酒泉市西半城)周长3160米;敦煌郡治敦煌县城(敦煌市敦煌故城)周长3700米;等等①。而周长小于800米的汉代县城城址至今未有发现。城址的规模是确定城址等级、判定城址性质的重要依据。规模较小的城址只有可能是等级较低的军事驻所或乡、置一类驻地,而不会是县城。贝格曼等人不辨城址规模大小,贸然指认K710为汉居延县城,未免失之偏颇。

其次,K710、K688二城位置偏处居延古绿洲北部,易受流沙的侵袭,自然环境和农耕条件较差,也不适合于县城选址。

那么,汉居延县城究竟位于何处呢? 笔者注意到,在居延古绿洲的腹地,西夏至元代黑城遗址的东略偏南14公里处有一座俗称绿城的古代城址。城址平面略呈方形,周长1205米,符合汉代县城的一般规模。城垣夯土版筑,夯层厚11至14厘米。墙基残宽3.5米,残高2米许。北垣东部开门,有瓮城。城内西部有一座覆钵式的喇嘛塔,已残。瓮城内亦见坍塌的类似土塔的残址。南垣内侧有一渠道穿城而过。城内文化层堆积可分为上、下两层。上层为西夏至元代层。下层的包含物有灰陶片、砖瓦碎块和绳纹、旋纹、水波纹、垂幛纹及素面陶片等,主要为汉晋时期的遗存。可见,该城当始建于汉代,一直沿用到西夏和元代。

绿城坐落在一片比较开阔的台地上,周围多有沙丘分布。沙丘之间有大片的古弃耕地,东西10.5、南北5.5公里,面积约60平方公里,远大于K710和K688周围的古垦区,是居延古绿洲范围内古垦

①李并成:《西汉武威郡诸县城址的调查与考证》,《历史地理》第10辑;《西汉酒泉郡若干县城的调查与考证》,《西北史地》1991年第3期;《汉敦煌郡冥安、渊泉二县城址考》,《社科纵横》1991年第2期;《居延汉简里程简地理调查与考释(一)》,《西北史地》1993年第1期。

区中面积最大的一块。这里农田最为平广,渠道最为密集,建筑遗址最为集中,作为整个居延古绿洲统治中心的居延县城,设于这里的可能性自然也应最大。西汉河西县城的主要职能之一是管理移民,组织农业开发,以建立制匈奴、通西域的根据地,因而农业生产乃是决定其兴废的重要因素。绿城周围范围广阔的古垦区正为汉居延县城的建立和发展提供了优越的农业条件;其次,绿城西略偏北距破城子(A8)31 公里,与前引汉简之汉里 75 至 80 里之数相合;其东北 70 里处又恰为居延泽洼地,又与前考居延城和居延海间的距离吻合;第三,该城又为居延古绿洲中面积最大、唯一符合汉代县城规模的汉代城址,理当是汉代居延县最高行政首脑的驻地。综上而论,笔者认为绿城当为汉代的居延县城。

至于 K710、K688 二城,笔者认为显系军事用途的城堡。二城规模较小,远非县城可比,且位置偏北,接近弱水尾闾,临近冲要之地。其北数公里至十数公里处即为居延都尉辖殄北候官所属的烽塞示警系统,由 A1 障(宗间阿玛,31 米×32 米)、A10 亭(6.5 米×6.5 米)、A11 烽、K681 烽、T28 烽、T29 烽、F30 障(36 米×36 米)、A12 烽、A13 烽等和断续的东西向塞垣组成,从纳林河东岸一直延伸至古居延泽的西岸,形成一道拱卫古居延绿洲的弧形屏障;K688 城西部十数公里处为居延都尉辖甲渠候官所属的烽塞示警系统,由 A2–A7、A9、T3–T11、T14、、T21、P9 等 26 座烽隧和 A8 障(破城子,甲渠候官治所)以及南北向的塞墙组成,长约 40 公里,在纳林河与伊肯河之间的砾石滩地上,构成了拱卫古居延绿洲的西部屏障。古居延绿洲南部,即绿城以南 20 余公里许又有卅井候官所辖的烽塞遗迹,东部则为古居延泽。种种迹象显示二城应属军防城堡。其中 K688 城,距离北、西两道烽塞防御系统更近,便于对其统辖指挥,也便于及时传递警讯,部署兵力,当为汉居延都尉府城。而 K710 城则有可能是路博德所筑的遮虏障。《资治通鉴》卷19、汉纪11元狩二年注:"(武)帝开置居延县,属张掖郡,使路博德筑遮虏障于其北。"K710城恰好位于绿城北稍偏东17.5公里处,有无可能为遮虏障? 存疑。

(原载《考古》1998年第5期)

玉门关历史变迁考

2014年6月22日,我国与哈萨克斯坦、吉尔吉斯斯坦联合申报的"丝绸之路:长安——天山廊道的路网",成功列入世界遗产名录。这项遗产中"敦煌玉门关"赫然在目。实际上,玉门关在历史上并不止敦煌一处,而是另外还有两处,分别位于今甘肃省嘉峪关市和瓜州县。

一、最先设置的玉门关——嘉峪关市石关峡

嘉峪关市区西北约10千米的石关峡,为历史上设置最早的玉门关,也是最晚的玉门关,笔者曾撰文《五代宋初的玉门关及其相关问题考》①、《石关峡:最早的玉门关与最晚的玉门关》②予以考证。近年来又进一步翻检有关史料,并再次在这一带考察、寻觅,发现了一些新的遗迹,可进一步确认最早的玉门关即在石关峡。

(一)文献方面的证据

证据之一:笔者认为,玉门关作为汉长城的西起点,是伴随着河西汉长城的逐次修筑而设立的,其始筑年代应在"筑塞西至酒泉"③的

①李并成:《五代宋初的玉门关及其相关问题考》,《敦煌研究》1992年第2期,第89—93页转116页。

②李并成:《石关峡:最早的玉门关与最晚的玉门关》,《中国历史地理论丛》2005年第2期,第120—124页。

③《汉书·张骞传》注引臣瓒语。

汉武帝元鼎六年(前 111 年)。据《史记·大宛列传》,太初二年(前 103 年)贰师将军李广利率军首次西伐大宛失利后,还至敦煌,"使使上书言:'道远多乏食,且士卒不患战,患饥。人少,不足以拔宛,愿且罢兵,益发而复往。'天子闻之,大怒,而使使遮玉门,曰军有敢入者辄斩之!贰师恐,因留敦煌"。可见当时的玉门关应设在敦煌以东,贰师将军恐于汉武帝的敕令,不敢进入玉门关,只好留军在关西的敦煌。王国维《流沙坠简·序》①、劳干《两关遗址考》②、方诗铭《玉门位置辨》③等均持这一观点,认为太初二年以前的玉门关不在敦煌西北,而在敦煌以东,是年以后才改置在敦煌西北的小方盘城一带。然而,夏鼐《太初二年以前的玉门关位置考》④、向达《两关杂考》⑤、陈梦家《玉门关与玉门县》⑥、马雍《西汉时期的玉门关和敦煌郡的西境》⑦等则持不同看法,认为汉玉门关自始置至终汉之世俱在敦煌西北,不存在迁徙问题。赵永复《汉代敦煌郡西境和玉门关考》则认为:"玉门关在太初时有迁移

①王国维:《流沙坠简·序》,观堂集林卷 17,中华书局 1959 年版,第 819—827 页。

②劳干:《两关遗址考》,《中央研究院历史语言研究所集刊》,1943 年,第 11 本,第 287—296 页。

③方诗铭:《玉门位置辨》,《西北通讯》1947 年创刊号,第 41—45 页。

④夏鼐:《太初二年以前的玉门关位置考》,中央日报·文史周刊(第 70 期),1947 年 12 月 1 日。

⑤向达:《两关杂考》,载《唐代长安与西域文明》,生活·读书·新知三联书店 1957 年版,第 373—392 页。

⑥陈梦家:《玉门关与玉门县》,载《汉简缀述》,中华书局 1980 年版,第 195—204 页。

⑦马雍:《西汉时期的玉门关和敦煌郡的西境》,《中国史研究》1981 年第 1 期,第 134—137 页。

之说,还不能完全予以否定,不过其迁徙时间未必是太初二年。"①笔者赞同上述王国维、劳干、方诗铭、赵永复等人的意见。因为无论是传世文献还是出土简牍中,迄今找不到此时期玉门关位于敦煌以西的任何记载或可供推测的相关史料,焉能轻言玉门关不存在迁徙问题!除上引《史记·大宛列传》外,《汉书·李广利传》亦载此事,更明确地记为,天子使使遮"玉门关"(增一"关"字),贰师恐,"因留屯敦煌"。由此观之玉门关分明位于敦煌以东,贰师将军绝不敢违抗武帝敕令,而东入玉门关,只好留屯在玉门关西的敦煌,以备再战。

同时笔者还注意到,上引史、汉二书均记,贰师将军留屯敦煌约休整一年后,得到大量人员和物质的补充,"益发恶少年及边骑,岁余而出敦煌者六万人,负私从者不与。牛十万,马三万余匹,驴骡橐它以万数。多赍粮,兵弩甚设,天下骚动,传相奉伐宛,凡五十余校尉"。此次从敦煌出军者达 6 万人之众,而且这还不算"负私从者",所谓"负私从者",师古注"负私粮食及私从者,不在六万人数中也",则其从敦煌出军伐宛的总人数无疑超过 6 万人,而且还有牛 10 万头、马 3 万匹、驴骡骆驼 1 万头随行,以及携带大量的粮秣辎重。如此规模的人员、役畜均屯留敦煌,其兵员总数远远超过当时敦煌郡的人口总数。据《汉书·地理志》,西汉末敦煌郡的户口人数为"户万一千二百,口三万八千三百三十五"。限于敦煌郡(当时敦煌郡的范围主要包括今敦煌、瓜州二市县)有限的环境容量(绿洲规模有限、水资源较少),加之一些军用物资,如部分粮食、饲料、燃料等肯定也要在敦煌当地筹集,如此仅敦煌郡一地的环境容量、人口规模恐很难承受、负担得起。由此推测当时出军伐宛的屯留地应不限于敦煌郡一地,很可能向东延

---

①赵永复:《汉代敦煌郡西境和玉门关考》,《历史地理》1982 年第 2 期,第 91 页。

伸至酒泉郡西部的今疏勒河、讨赖河（黑河支流）流域，即今玉门市、嘉峪关市等地。如此看来武帝使使所遮的玉门关应在敦煌郡以东的酒泉郡西部一带。

证据之二：唐初僧人道宣《释迦方志》卷上《遗迹篇第四》载，大唐使印度有三道，"其中道者，从鄯州东川行百余里，又北出六百余里至凉州，东去京师二千里，从凉州西而少北四百七十里至甘州，又西四百里至肃州，又西少北七十五里至故玉门关，关在南北山间。又西减四百里至瓜州，西南入碛，三百余里至沙州，又西南入碛，七百余里至纳缚波故国，即娄兰地，亦名鄯善"。这段记载所述路线清晰，各地间相互位置准确，与实际行程皆合。值得注意的是，云肃州（今酒泉市）西少北75里有"故玉门关"，并且将此记载列入《遗迹篇》中，知书中"故"字当非衍文，这里确应有故玉门关。道宣为唐初名僧，据《宋高僧传》卷14本传等知，其生卒年代为公元596年至667年。所撰《释家方志》一书亦在唐代开国不久。唐时玉门关早已东移至今瓜州县双塔堡附近（详后），"故玉门关"无疑应指唐以前，即汉代所置的玉门关。

证据之三：道宣同书卷上《中边篇第三》又记，蒲昌海"东面少北，去玉门一千三百里，又东北去阳关三百里"。蒲昌海学界公认即今罗布泊。道宣将玉门与阳关并称，玉门无疑应指所谓的"故玉门关"。由今罗布泊东而少北1300唐里恰是今酒泉市城西不足百里的一带地方，这与《遗迹篇》所记故玉门关在酒泉西少北75里、瓜州（今瓜州县锁阳城）东400里的位置十分吻合，亦与上考武帝"使使遮玉门"的酒泉郡西部一带位置相合，这几条史料可相互印证。只是以上记蒲昌海"东北去阳关三百里"不确，事实是东去阳关六百里。

依上云"故玉门关"的方位、里距求之，酒泉城西略偏北75里、锁阳城东400里的地方正是今甘肃嘉峪关市区西北约10千米处的石关峡。该峡又名水关峡、黑山峡，位于嘉峪关黑山南部。嘉峪关黑山系河西走廊北山向南突出的一片剥蚀残山,山体平地拔起,横亘于走廊平原之上,相对高度 200—500 米,最高峰达坂顶海拔 2799 米,为疏勒河流域与黑河流域的分水岭。山体南部有一条东西向延伸的天然峡谷,即石关峡,长约 10 千米,贯通整个山体南部,宽百米许,南北两侧山体高耸,形势险峻,正可谓"关在南北山间"。峡内有大道,可通车马,成为古代由酒泉西出的要口。峡中还有一股溪流由西向东流去,溪水自南北两山崖间渗出,汇为水流,今名红柳沟。今在峡内南侧山坳筑坝建库,拦蓄溪流,名黑山湖水库,浇灌峡口以东黄草营村的土地。这道溪水遂为穿越石关峡的沿途行旅提供了良好的补给水源。古代在干旱戈壁地区行进,沿途人畜水源补给为首要问题之一。由肃州西行七八十里(约一日行程)恰可得到红柳沟溪水的补给,因而石关峡也就成为十分理想的必经通道,峡口的所在无疑为要隘重关。

证据之四:《太平寰宇记》卷 152 引北凉阚骃《十三州志》:"延寿县,在(酒泉)郡西,金山在其东,至玉石障。"笔者曾考得汉延寿县故址即今玉门市清泉乡骟马城①,则该县之东的"金山"无疑指今嘉峪关黑山,因除此山外这里别无他山可考,则"玉石障"正是今石关峡。"玉石障"和"玉门关"二名,含义颇为接近,当属一地,只不过为前后时代叫法上的不同而已。

由上考看来,汉代最早建立的玉门关,亦即道宣所谓"故玉门关"应在今天的石关峡。它确曾位于敦煌以东,约武帝元鼎六年始筑,至太初二年李广利首次伐宛后不久,随着武帝西方战略的需要,遂西迁至敦煌郡西北,汉玉门关确有西迁之举。西迁前名玉门关,西迁后这里改置障城,遂名玉石障。当时之所以有"玉门""玉石"之名,一方面

①李并成:《东汉酒泉郡延寿县城考》,《西北史地》1996 年第 4 期,第 30—32 页。

无疑由于西域向中原贡玉的孔道经由此峡,二是当地自古亦产玉石(硬玉,质地次于昆仑山北麓所出透闪石质软玉),早有玉石山之名。清乾隆二年刊《重修肃州新志》第二册:"嘉峪山在酒泉西七十里,即古之玉石山,以其常出玉,故名之。"该山即石关峡所在的嘉峪关黑山,今天名闻遐迩的酒泉夜光杯所用部分玉材仍采自是山。

证据之五:《汉书·地理志》玉门县条师古注、《太平寰宇记》卷152引《十三州志》《元和郡县图志》卷40肃州玉门县条皆云,汉罢玉门关屯,徙其人于此,故曰玉门县。汉玉门县城即今玉门市赤金镇古城①,位于石关峡西68千米。所云玉门关,应指最早的玉门关——今石关峡。这里自有流水,可供屯田,今黄草营村即昔之玉门关屯田区。汉罢此关后,其人自然是就近徙于赤金绿洲(为石关峡西最近的一块绿洲),因以置县,名玉门县。有的学者不解此理,以为"汉罢玉门关屯"的玉门关是指敦煌西北的玉门关,误。试想,假若敦煌西北玉门关罢屯,其人何不就近安置在本郡的龙勒、敦煌、效谷等县,而要远涉酒泉郡的赤金绿洲(相距约400千米)?此与情理不合。当时边地空虚,人口稀少,河西四郡中尤以最西端的敦煌郡人口最少。由《汉书·地理志》所载西汉末年人口数知,敦煌郡38335人,仅为河西其他3郡(武威、张掖、酒泉)各郡人口的一半左右,为金城郡人口的1/4强,不足陇西郡人口的1/6,较之内地各郡人口差之更殊。汉代移民的大方向是自东向西,如反其向而行之,由敦煌向酒泉移民,殆无可能,更无任何记载。由此亦可反证汉代最早的玉门关确在距今赤金绿洲不远的石关峡。劳干等人虽然正确地指出了汉玉门关曾有迁徙,但认为最初的玉门关在酒泉郡以西的赤金,欠妥,这里是汉玉门县,非玉门关。

---

① 李并成:《河西走廊历史地理》,甘肃人民出版社1995年版,第94—96页。

（二）考古遗迹方面的证据

证据之一：前已述及，玉门关是于汉武帝元鼎六年之际伴随着修筑令居至酒泉间的长城而设立的，既然石关峡为最初的玉门关，那么该峡一带是否也相应地找到了汉长城遗迹呢？该峡是否仍存汉代关址呢？这是不容回避的问题。今天在石关峡一地已无任何长城塞垣可觅，所见塞垣遗迹是于该峡以北约 65 千米处的金塔县生地湾农场北部穿过，呈壕堑状，此即汉酒泉郡北部都尉所辖塞段，史书中又称作"酒泉北塞"。如此，石关峡就不可能为玉门关址。然而笔者又注意到，在今酒泉、嘉峪关、金塔一带，除上述那条塞垣外，其南部 60 千米许还有一条汉塞遗迹，中间已大部缺失，仅存东、西两大段。东段遗迹起自黑河岸边的高台县罗城乡天城村正义峡山嘴墩（汉燧），与沿黑河南北延伸的张掖至古居延间汉塞遗址中段（汉肩水塞）相接，由此西延，经高台县盐池乡北、双井子北、营盘、界牌墩，入酒泉市界，继续西行，复经碱泉墩、芦鼓堆滩、徐家、于家，西止于讨赖河东岸的临水乡暗门八社。笔者实地考察所见，此段边塞除部分隐失和最西段（东壕头以西）1.5 千米外，亦皆为壕堑，与河西走廊所见大多数地段汉塞遗迹形制相同。壕堑残长 28 千米，壕深 1.5 米许，底宽约 3 米，口阔 8 米许；壕内侧（南侧）垒砌墙体，墙高 2.5—3 米，宽约 10 米，取壕内碱土堆砌而成。壕外侧亦垒矮垣，残高 1 米许，残宽 2.5 米。壕内侧有道路延伸，路宽约 6 米，有明显的路槽，当为古道。这里地处酒泉绿洲下游，绿洲灌溉回归水大量出露，地表泛碱，略呈沼泽草甸状，举目皆白。壕堑西端起墙垣，长约 1.5 千米，弯曲北折，直抵讨赖河岸。墙垣底宽 7 米许，顶宽 3.5~5 米，残高 2.5 米，以就地碱土夹柴草夯筑。

在上述东段遗迹之西略偏北约 60 千米，即石关峡西北 25 千米许的红柳沟下游（断山口河）今金塔县南部瓜塘子沙窝，即见西段遗迹，为夯土筑垣，已十分残破，高不及米许，残长约 5.5 千米。东西两段遗迹遥相呼应，可连为一线，中间因后来绿洲农田的垦辟而被破坏隔断。这两段遗迹的连线恰可通过石关峡东口北侧，并向其西北方向延伸20余千米，以对关口形成护卫态势。则当年石关峡一地，筑有汉塞墙垣当无疑义。今日其地不见塞垣，乃由于历史上的破坏之故。

写到这里，可能不免有人要问，既然石关峡之地筑有长城塞垣，何故在其北部约65千米许又要另修一条汉塞（酒泉北塞）呢？其实这是由于汉塞因时分段而筑造成的结果。笔者考得，河西走廊的汉塞是随着武帝西方战略的拓展实施和河西地区的逐步开发而渐次修筑的。第一次于元鼎六年（前111年）由令居"筑塞西至酒泉也"；即构筑令居至酒泉间的长城；太初三年（前102年）由张掖筑塞至居延泽；约在此年或稍后又修筑了西至敦煌西北的塞垣。笔者考测，在建造西至敦煌西北塞垣时其起点并未始自石关峡，而是向北移至与张掖居延间塞垣（汉肩水塞）上的今高台县正义峡山嘴墩连结，这样其防线北推60余千米，与其南部酒泉至石关峡塞段相比，不仅可径与敦煌西北的塞垣取直，避免迂回，而且还把讨赖河下游绿洲括于其内，扩大了河西的农业区域，汉于是在这里新设会水县（金塔县西古城）。由此酒泉石关峡间塞段亦被括于其内，变成了一段"内长城"，玉门关则随之由石关峡西迁至敦煌西北。又由此可以推得，玉门关西迁的年代当在太初三、四年间（前102—前101年）或稍后，亦即李广利二次伐大宛之际。据《史记·大宛列传》，李广利再伐大宛至太初四年得胜回师"军入玉门者万余人"。此处不言军入敦煌，当玉门关已移于敦煌西北。可证玉门关西迁的年代确应在李广利二次伐宛的太初三、四年之际。石关峡作为最早的玉门关大约存在了10年许，即从元鼎六年（前111年）或其稍后延至太初三、四年间（前102—前101年）。

玉门关虽自石关峡西移，但该峡作为丝绸之路大道的通衢要口，又有红柳沟水可供行旅补给,其重要的交通地位并未降低,并还多了一段"内长城"的屏蔽,故而此后这里又有玉石障之设。

证据之二:石关峡内及其西口今仍保存有汉代城堡遗迹。石关峡内的古城堡名为石峡堡,又名石关儿营。据明万历四十四年(1616年)李应魁《肃镇华夷志》、清乾隆二年(1737年)黄文炜《重修肃州新志》等记载,石关儿营"在嘉峪关西北,离(酒泉)城七十五里……嘉靖三十五年(1556年)兵备副使行莜陈其学筑一营,以备西北山口,有御寇矣"①。该堡虽为明代所筑,但其"旧有石关儿口墩一座",是在原有旧址的基础上修筑的。2013年7月,笔者再一次来到这里,并与刘炘、马德、高启安、高荣、刘再聪、沙武田等以及当地学者张晓东等一行,在实地考察中见,今堡墙于红柳沟南北两侧断续存留,用片石、夯土夹柴草筑成,为典型的汉代筑城方式,表明早在明代以前这里就有城堡。此外,在石关峡西口尚存双井子堡(木兰城),该堡虽为清代城堡,但考古工作者杨惠福等曾在其东南、东北两处墙基下发现一米多厚的红烧土堆积,其中杂有兽骨、夹砂陶片、粗瓷片等物。城墙夯土中也杂有红烧土、汉代夹砂陶片等。表明早在汉代这里亦有相应建筑,为重要的军事防御之地,清代的双井子堡应是在汉代建筑的基础上重修的。

证据之三:石关峡东口北部向东,沿嘉峪关黑山山梁今仍保留一列连续的古烽燧,由西向东为钵和寺后墩、钵和寺西墩、居中墩、野麻湾后墩、马路山墩、梧桐墩等,一直延至金塔县境内,与金塔汉长城遗迹相望。这些烽燧虽为明代烽燧,但从其构筑方式(夯土夹柴草,或土

---

① 〔明〕李应魁撰,高启安、邰惠莉点校:《肃镇华夷志》,甘肃人民出版社2006年版,第177页;又见〔清〕黄文炜撰,吴生贵、王世雄等校注:《重修肃州新志校注》,中华书局2008年版,第56—57页。

壅夹柴草)及其周围散落的汉代陶片等遗物来看,均系汉代始筑,明代烽燧是在汉烽原有的基础上补筑而成的。这一列烽燧对于石关峡口以及酒泉通石关峡的道路可起到有效的屏蔽、防护作用。可见石关峡确为汉代极为重要的关口。

(三)自然地理方面的证据

石关峡扼守由酒泉西行的必经要口,距酒泉恰为一天行程之处,且峡中又有水流可供行旅补给,作为丝绸之路的重要通道形势显然。若舍此峡选择它途西行,要么翻越峡北高峻陡峭的嘉峪关黑山,要么绕行黑山南面干燥无水长达百余千米的戈壁滩,均十分艰难,殆不可行。因而石关峡就成为古代行旅无可选择的必经之地,玉门关(后为玉石障)设于这里势之必然。

综上可见,汉代最早设置的玉门关应在今嘉峪关市石关峡,设关时间约在西汉元鼎六年(前111年)或其稍后,是年由令居(今永登县境内)"筑塞西至酒泉",随之玉门关即设在酒泉以西的今石关峡;随着汉长城继续由酒泉西延敦煌,约在西汉太初三、四年(前102—前101年)李广利第二次伐大宛之际或其稍后,玉门关遂西迁敦煌西北一带,石关峡原址改置为玉石障。

二、敦煌西北的玉门关

对于敦煌西北玉门关的关址,历来记载不尽一致。《通鉴》胡注谓在敦煌郡西北,《新唐书·地理志》谓在敦煌郡寿昌县西北,《括地志》《元和郡县图志》《旧唐书·地理志》《太平寰宇记》《舆地广记》等均认为在唐寿昌县(即汉龙勒县,今敦煌市南湖破城)西北118里。敦煌遗书《沙州图经》(S.0788)、《沙州城土镜》(P.2691)、《寿昌县地境》等认为在寿昌县北160里。清道光《敦煌县志》、宣统《甘肃新通志》等认为在敦煌西北小方盘城,陶葆廉《辛卯侍行记》又认为在敦煌西北大方盘城。1943年,于敦煌西北80千米许的小方盘城附近出土"玉门都尉"等汉简,不少学者因之认为此城即汉玉门关。另有学者认为,小方盘城并非玉门关关址,而应为玉门都尉治所,关口当在其西。1981年甘肃省博物馆吴礽骧等,通过对敦煌境内汉长城烽燧的全面实地调查和所出汉简资料的考证,初步考定小方盘城西11公里的马圈湾遗址为西汉玉门候官治所,玉门关为玉门候官所辖,置啬夫和佐治理,其确切位置似在马圈湾遗址西南0.6公里处,即马圈湾与羊圈湾之间的高地上,方位东经93°45′,北纬42°21′。但关城遗址尚未找到,或已毁坏无存①。近年来,敦煌市博物馆又在小方盘城周围发现若干墙垣、灰坑遗迹及一批新的汉简,于是有学者认为小方盘城为玉门都尉府,玉门关址则位于小方盘城西侧150米处的长城线上②。以上尽管看法不一,但均认为汉玉门关位于敦煌西北,敦煌汉长城沿线烽燧所出大量简牍亦证明了这一点。

另需指出,约在东汉明帝永平十七年(74年),随着由瓜州径通伊吾的伊吾道(该道在唐代又名第五道,或莫贺延碛道)的开通,玉门关遂东移至今瓜州双塔堡附近。尽管如此,但敦煌西北的玉门关仍在使用,并未废弃,史籍上名之为"故玉门关"。特别是在唐代,于敦煌文书见,稍竿道(敦煌向北径至伊州的道路)兴起,与第五道交替通行,稍竿道必经"故玉门关"而往。

----

①甘肃省博物馆:《敦煌马圈湾汉代烽燧遗址发掘简报》,《文物》1981年第10期;又载吴礽骧、李永良、马建华:《敦煌汉简释文》,甘肃人民出版社1991年版,第271—361页。

②李岩云、傅立诚:《汉代玉门关址考》,《敦煌研究》2006年第4期,第67—71页。

三、瓜州县双塔堡附近的玉门关

东汉中期以迄唐代，玉门关关址又由敦煌西北迁至敦煌以东的瓜州晋昌县境内。《大慈恩寺三藏法师传》记，唐玄奘西行求经，于贞观三年（629年）九、十月间抵达瓜州晋昌城（今瓜州县锁阳城），在当地询问西行路径，有人告知：从此北行50余里有一瓠𬬻河，"下广上狭，洄波甚急，深不可渡。上置玉门关，路必由之，即西境之襟喉也"。玄奘遂在瓜州找了一位胡人向导，于半夜三更到达河边，遥见玉门关。"乃斩木为桥，布草填沙，驱马而过。"瓠𬬻河即今流经河西走廊西部的疏勒河。此处标明瓜州晋昌城以北50余里的瓠𬬻河上置有玉门关。《隋书·西突厥传》《元和郡县图志》等亦记载玉门关在瓜州晋昌县界。笔者就此问题撰成《唐玉门关究竟在哪里》[①]、《新玉门关位置再考》[②]二文，考得这一玉门关位于瓠𬬻河（疏勒河）岸边，关址设在汉长城昆仑塞上，为伊吾路的起点，其位置恰在双塔堡附近。这里正处于当时东西、南北交通的枢纽之地，东通酒泉，西抵敦煌，南连瓜州（锁阳城），西北与伊州（今哈密）相邻。且傍山带河，形势险要。其四周山顶、路口、河口要隘处今仍存古烽燧11座，如苜蓿烽、乱山子七烽等。1958年建成双塔水库后古关遗址被淹。

玉门关址由敦煌西北东迁至今瓜州县双塔堡的时代约在东汉明帝永平十七年（74年），其东迁的原因显然与当时伊吾路即由瓜州经玉门关径趋西北直达伊吾的道路之开通直接相关。这条道路在敦煌

---

①李并成：《唐玉门关究竟在哪里》，《西北师大学报》（哲社版）2001年第4期，第20—25页。

②李并成：《新玉门关位置再考》，《敦煌研究》2008年第4期，第104—108页。

唐人写卷中又称之为"第五道"。《后汉书·明帝纪》载,永平十七年"遣奉车都尉窦固、驸马都尉耿秉、骑都尉刘张出敦煌昆仑塞,击破白山虏于蒲类海上,遂入车师。"笔者考得,昆仑塞为汉敦煌郡境内长城的重要区段之一,属宜禾都尉辖,其遗迹正是位于今双塔堡以北一带的塞墙①。白山即指横亘于今哈密市北境的天山东段,蒲类海又称蒲类泽,即今哈密以北约 140 千米天山北麓的巴里坤湖,车师在今吉木萨尔县境(车师后王治务涂谷,今吉木萨尔南)。《后汉书·耿秉传》亦记此役:"十七年夏,诏秉与(窦)固合兵万四千骑,复出白山击车师。"《后汉书·窦固传》则记,是年"复出玉门击西域,诏耿秉及骑都尉刘张皆去符传以属固。固遂破白山,降车师。"此处"玉门"无疑指玉门关,可见此时的玉门关位于汉昆仑塞上,窦固等率军所出昆仑塞,实际上是从玉门关发兵的,所走的路线即是由这一玉门关径向西北直趋伊吾(哈密)、车师的伊吾路,也即唐之莫贺延碛道(第五道)。又由此知,早在东汉永平十七年(74 年)今双塔堡一带就设有玉门关。李正宇先生即认为,伊吾路的开通肇始于东汉明帝永平十六年(73 年),而新玉门关的出现是在永平十七年②,这是颇有道理的。伊吾路的开通使瓜州与伊州直接连通起来,无须再绕行敦煌以往,缩短了驿程,玉门关自然亦随之东徙瓜州。

《后汉书·西域传》载,敦煌太守张珰于延光二年(123 年)上书:"北虏呼衍王常展转蒲类、秦海之间,专制西域,共为寇钞。今以酒泉属国吏士二千余人集昆仑塞,先击呼衍王,绝其根本……"此处集昆仑塞、击活动于蒲类、秦海(今博斯腾湖)间的匈奴呼衍王,亦应是自

①李并成:《河西走廊西部汉长城遗迹及其相关问题考》,《敦煌研究》1995 年第 2 期,第 135—145 页。

②李正宇:《新玉门关考》,《敦煌研究》1997 年第 3 期,第 1—13 页。

瓜州玉门关发兵的。这一新玉门关每每作为向西域进军的集结地和出发点。

《后汉书·车师王后传》曰,阳嘉四年(135年)春,"北匈奴呼衍王率兵侵后部。帝以车师六国接近北虏,为西域蔽扞,乃令敦煌太守发诸国兵及玉门关候、伊吾司马和六千三百骑救之,掩击北虏于勒山,汉军不利"。此处的玉门关候无疑亦指常常作为大军集结和出发地位处昆仑塞上的瓜州玉门关的关候。

《北史·西域传》记,北魏太延(435—440年)中遣散骑侍郎董琬等使西域,琬等还京后具言所见所闻:"其出西域,本有二道,后更为四:出自玉门,度流沙,西行二千里至鄯善,为一道;自玉门度流沙,北行二千二百里至车师,为一道……"其中至车师这道是出玉门"北行"(实应为西北行),非"西行",其距离又远达2200里,无疑该玉门应即瓜州玉门关,所行道路当为伊吾路。

《资治通鉴》卷181隋大业四年(608年)十月条:"帝以右翊卫将军河东薛世雄为玉门道行军大将,与突厥启明可汗连兵击伊吾,师出玉门,启民不至。世雄孤军度碛。伊吾初谓隋军不能至,皆不设备;闻世雄兵已度碛,大惧,请降。世雄乃于汉故伊吾城东筑城,留银青光禄大夫王威以甲兵千余人戍之而还。"薛世雄由玉门(显然指玉门关)度过砂碛(莫贺延碛)直接兵抵伊吾,出其不意,攻其不备,不战而胜,则其所走正是伊吾道,亦即玉门道,所出之玉门即今双塔堡附近之玉门关。

四、五代宋初的玉门关——嘉峪关市石关峡

石关峡这一最早的玉门关址迨及五代宋初,又被重新利用,重设玉门关。

证据之一:敦煌遗书《西天路竟》(S.0383):"灵州西行二十日至

甘州,是汗王。又西行五日至肃州。又西行一日至玉门关。又西行一百里至沙州界。又西行二日至瓜州,又西行三日至沙州。"黄盛璋考得,该文书"为北宋乾德四年(966年)诏遣行勤等157人西行求法中之一沙门行记,与同次赴印之《继业行程》及《宋史》、《佛祖统记》所记行勤等路程皆合"①。行勤等由肃州西行一日可抵玉门关,此玉门关无疑为石关峡。由此玉门关西行至沙州界(即当时沙州归义军政权所控制域界)尚有百里,至瓜州(今锁阳城)则需百里再加二日,约三天的路程。瓜州位于肃州西约400里,则距上云玉门关约300里许,恰合三天行程。由瓜州至沙州又需西行三日,而沙州恰位于瓜州西300里。《元和郡县图志》卷40亦云,瓜州"西至沙州三百里",里数与行程所需日数相符。可见S.0383所记行程清晰准确,此时的玉门关即今石关峡。

证据之二:宋人曾公亮《武经总要》前集卷18肃州酒泉郡下记,肃州"西至玉门关七十里";同卷河湟甘肃瓜沙路下记:"肃州又九十里渡玉门关,又四百二十里至瓜州,又三百里至沙州。"肃州西至玉门关70里,渡玉门关90里(渡,当为渡过、穿过之意,可见玉门关长约20里,这恰与石关峡的长度10千米相符,此亦可证前考石关峡为最初所置玉门关无误),均为一天的路程,与S.0383所记合。肃、瓜、沙州间相对位置亦记之不谬。由此证明宋初的玉门关确位于肃州城西一天行程之处。

证据之三:五代后晋高居诲《使于阗记》载,由肃州"渡金河,西百里出天门关,又西百里出玉门关,经吐蕃界"。金河,即源出祁连山北麓,流经酒泉城西、城北的讨赖河,下游名北大河,汉时谓之呼蚕水,

---

①黄盛璋:《西天路竟笺证》,《敦煌学辑刊》1984年第2期,第1—8页。

唐、五代唤作金河。考之史籍,肃州附近从未设过天门关,所记天门关在肃州西百里,百里系取成数,其位置相当于上引史料中的玉门关,"天门"当为"玉门"之误,因字形相近或字体漫漶致误。顾祖禹《读史方舆纪要》卷 63 早就指出,此处的天门关即玉门关。至于所记肃州渡金河西二百里的玉门关,实则为当时玉门县的治所,而非玉门关。两唐书《地理志》、《元和郡县图志》卷 40、《通典》卷 172、《太平寰宇记》卷 152 皆云,玉门军在肃州西二百里许,天宝十四年改军置玉门县。故知高居诲之玉门关系玉门县之讹。《大清一统志》卷 212、清《玉门县志》等史籍亦认为这里的玉门关盖玉门县之误。依其位置五代玉门县的所在亦正是位于今玉门市赤金绿洲的汉玉门县故址赤金古城。

综上考知,汉代最早的玉门关址石关峡,在五代宋初又重新设关,玉门关从隋唐时的关址——今瓜州双塔堡东迁 400 里许,又返回到最早的关址石关峡。五代宋初玉门关为何又要东移呢?笔者曾考得这主要有两方面原因:一方面,从当时河西一带的政治军事形势来看,石关峡的位置正当东面的甘州回鹘与西面的瓜沙归义军政权的天然分疆之地,正处在由一个政权辖地进入另一政权辖地的关口,因而势必成为沟通东西交通的必经要口;另一方面,还与当时瓜州直通伊州的伊吾路的废弃,以及沙州社会长期稳定、沙州通往伊州的稍竿道的畅行有关。

五代宋初的玉门关存在了约 130 年,自北宋仁宗景祐三年(1036年)西夏占领整个河西走廊后,玉门关就从史籍上销声匿迹了。玉门关约自西汉元鼎六年或其稍后设置以来,伴随着中西交通的发展,历时 1140 余年,关址最早设在今石关峡,太初三、四年际李广利二次伐宛之际西迁敦煌西北,东汉中期又东徙今瓜州县双塔堡,五代宋初进一步东徙,重新回到石关峡。玉门关在丝绸之路发展史上留下了辉煌的一页。

事实上，石关峡为故玉门关址直到明清在当地仍有传闻。明永乐十二年(1414年)陈诚、李暹受遣出使哈烈国，撰《西域行程》一书。书中写道是年正月十七日"过嘉峪关，关上一平岗，云即古之玉门关，又云榆关，未详孰是。关外沙碛茫然，约行十余里，至大草滩沙河水边安营"。明嘉峪关位于今嘉峪关市城西约5公里、石关峡东口南6.5公里处。关上一平岗即明嘉峪关城楼所在之山冈，远望是山，登临其上为平岗。平岗向西北方向延伸，其北缘群峰突起，正是石关峡所在的黑山。陈诚、李暹路经此地即闻古为玉门关，说明玉门关故址延及明代民间仍有传言。明嘉峪关与古玉门关地域相近，岗峦相连，在一定意义上也可以说嘉峪关即是古玉门关之延续。

（原载《石河子大学学报》(哲学社会科学版)2015年第3期。《新华文摘》2015年第18期"论点摘编"）

《魏书·食货志》"河西"地望考辨

　　《魏书》卷110《食货志》载："世祖之平统万,定秦陇,以河西水草善,乃以为牧地。畜产滋息。马至二百余万匹,橐驼将半之,牛羊则无数。"这里所言的"河西"地望何指?是今天的河西走廊,抑或别的什么地方? 清初顾祖禹的《读史方舆纪要》卷63"甘肃镇"条引用《魏书》上述记载,认为"河西"即甘肃西部的河西,并将《魏书》"平统万,定秦陇"一句臆改为"平统万及秦凉"。"凉"即凉州,北魏孝文帝太和十四年(490年)置,州治姑臧(今武威市),领郡10、县20,统辖范围包括今河西走廊中部、东部以至湟水流域中游一带(见《魏书·地形志》及《中国历史地图集》),因而凉州亦可泛指河西走廊。顾祖禹的这一结论影响久远,后世学人均未曾提出疑义,直到今天仍有不少人持此说法。兹举几例:

　　1. 史念海《河西与敦煌(下篇)》(载《中国历史地理论丛》1989年第1辑)引用《魏书·食货志》这段话,认为所指"河西"即河西走廊,当时畜牧业更注意于戎马的繁殖。

　　2. 宁可《河西怀古》(载《丝路访古》一书,甘肃人民出版社,1983年4月)中写道,北魏拓跋焘以河西走廊为牧地,"畜甚蕃息,马至二百余万匹,橐驼半之,牛羊无数"。

　　3. 王雷鸣《历代食货志注释》第一册(农业出版社,1984年2月)对《魏书》这段话的注中云,北魏"在河西走廊发展畜业,对北魏军事、经济势力之发展起了很大的作用"。亦将"河西"指认为今河西走廊。

4. 辛敏《漫话古凉州》(载《红柳》1984 年 2 期)亦云,由于河西走廊"水草丰茂,气候适宜,北魏将这里作为畜牧业基地,大力发展养畜业,产量最高时,马发展到二百余万匹,骆驼一百万只左右,牛羊则无数。"

5. 田恒江、周德广《丝绸之路漫记·甘肃分册》(新华出版社,1984 年 8 月)中《焉支山》一节亦引用《魏书》这段话,持同样看法,认为北魏曾把河西走廊作为它的广大牧场。

6. 鲜肖威《历史上甘肃的森林和草原》(载《经济地理》1984 年 3 期)云,河西走廊在"西魏"(按,为北魏之误)"已是水草丰美的牧区,这里养马达 200 多万匹,骆驼半之,牛羊无数。仅马和骆驼的总数比现在整个河西地区(包括祁连山和阿拉善)还要多几倍,而人口总数仅为现在的十分之一,每人平均养马 15 匹,骆驼 7 头"(按,所言当时人口占现在的比例和人均养马、养骆驼数量均误差很大,详后)。

7.《甘肃古代史》(兰州大学出版社,1989 年 9 月)一书在《甘肃的自然环境与形胜》、第六章第四节《南北朝时期的陇右、河西》和第七章第三节《丝绸路上的交通枢纽和经济中心》等 3 处,都引用《魏书·食货志》这段原话,同样认为其"河西"即河西走廊(见该书第 19、265、310 页)。

8. 魏明孔《北魏太武帝开发河西的决策》(载《开发研究》1988 年 5 期)和《隋代河西地区的畜牧业》(载《西北师大学报》社会科学版 1991 年 6 期)两文中亦引用《魏书·食货志》这条史料,认为"北魏太武帝拓跋焘充分发挥河西(按,指河西走廊)的地方优势,通过对历史资料的分析与实地考察,毅然在河西地区大力发展畜牧业,不久便收到了良好的经济效益:马匹存栏数 200 余万匹,骆驼 100 余万头。并以河西为基地,不断地向东、南扩展畜牧业场所"。

9. 张军武《研究古代河西开发史,为发展河西经济服务》(1986

年全国历史地理暨丝绸之路学术讨论会论文)亦认为《魏书·食货志》中的"河西"即是河西走廊。

10. 陈爱珠、徐勤《丝路重镇武威》(载《丝绸之路贸易史研究》,甘肃人民出版社,1991年12月,第94页)转引上云《读史方舆纪要》那段话,认为北魏太武帝以凉州为牧地,"畜甚蕃息,马至二百万匹,橐驼半之,牛羊无数"。

11. 王秉德《张掖何时叫甘州》(载《张掖史话》,兰州大学出版社,1992年3月)亦同上述看法。

由此看来,自顾祖禹以来的"河西"这一说法似已成定论,在史学界、地学界中的影响不可谓不久,不可谓不广。

《魏书·食货志》之"河西"果真指今河西走廊吗?河西走廊在北魏时期果真拥有那么多牲畜吗?这一问题不单涉及"河西"这一地望是否准确,而且还关乎正确评估河西走廊当时畜牧业生产能力和生态环境容量及其变迁的问题,可谓中国西北史和干旱区历史地理研究中的一个重大问题,切不可向声背实,轻率地下结论,必须细细考辨、推敲。

一

考之史籍,历史上"河西"一地曾是一个相对概念,并非一直专指今天的河西走廊。就是在北魏一代,"河西"一词亦有两种含义,一指今河西走廊(以下简称走廊),一指晋陕间黄河以西的鄂尔多斯高原(包括陕北部分地区和宁夏东部一些地区,以下简称鄂原)。前一含义是沿用以往的习惯称法,早在汉代即有此称呼。如《史记》卷30《平准书》曰:"初置张掖、酒泉郡,而上郡、朔方、西河、河西开田官,斥塞卒六十万人戍田之。"《汉书》卷29《沟洫志》曰:"自是以后,用事者争言水利,朔方、西河、河西、酒泉皆引河及川谷以溉田。"上云"河西"学界普遍认为皆指今走廊。北魏时河西的这一含义仍在使用。如《魏书》卷69《袁翻传》载："河西捍御强敌，唯凉州、敦煌而已。"《魏书》卷99《沮渠蒙逊传》："太延中，有一父老投书于敦煌城东门，忽然不见，其书一纸八字，文曰：'凉王三十年，若七年。'又于震电之所得石，丹书曰：'河西、河西三十年，破带石，乐七年'。……牧犍立，果七年而灭，如其言。"显而易见，这里的河西指走廊无误。然而，检索《魏书》，所载"河西"一词的含义更多的则是指鄂原，而非走廊，尤其是在公元426年以前魏军尚未攻取盘踞在鄂原及陕西部分地区的夏国时，北魏人眼中的"河西"是专指鄂原的，这是由于当时魏国与夏国相对地理位置所使然。

北魏于公元386年（魏登国元年）在盛乐（今内蒙古和林格尔）立国，嗣后不断向中原地区进击，拓展领土，至太武帝拓跋焘即位（424年）前后，已占有今河北、山西两省全境及内蒙古、山东、河南等省、区的大部①，并与夏国隔黄河相望。晋陕间这段黄河为当时魏、夏两国的天然疆界，魏国居东，夏国居西，因而当时北魏人所谓的"河西"无疑是指这段黄河以西的夏国所据的鄂原，而根本远涉不到今天的走廊。

如《魏书·太宗纪》载，永兴五年（413年）秋七月，活动于蒲子、研子垒等地的"河西胡曹龙"等降魏；神瑞元年（414年）夏六月，"河西胡酋刘遮、刘退孤率部落等万余家，渡河内属"；翌年春二月，"河西饥胡屯聚上党，推白亚栗斯为盟主，号大将军，反于上党"，后被平之；泰常五年（420年）夏四月，"河西屠各帅黄大虎、羌酋不蒙娥等遣使内附"。当时魏国尚未越过黄河而西进鄂原，这些"内附""内属"的"河西胡"，即应是来自鄂原的部族，"河西"即鄂原。

①见《魏书》之《太宗纪》《世祖纪》《地形志》，参见《中国历史地图集》第4册。

《魏书·世祖纪》载，神䴥元年（428年）夏四月，世祖西巡，"戊午，田于河西"；同年十一月又"行幸河西"；二年（429年）冬十一月，帝"西巡狩，田于河西，至祚山而还"；延和二年（433年）春二月，帝"壬午，行幸河西"；三年（434年）三月，又"行幸河西"；同年四月再次"行幸河西"；太延元年（435年）八月，"遂幸河西"；二年（436年）八月，"帝校猎于河西"；三年（437年）八月，又"行幸河西"。北魏是从太武帝始光三年（426年）起越过黄河向夏国进军的，上引史料神䴥元年（428年）至太延三年（437年）这段时间，正是拓跋焘已平定统万，占领鄂原，剪灭夏国，并进而统一秦陇地区之际，这里所谓"田于河西""行幸河西""校猎于河西"之"河西"，毋庸置疑亦是指鄂原，因为当时走廊尚处北凉政权治下，魏主拓跋焘岂可在那里"行幸""田猎"?! 走廊归属拓跋氏版图乃是太延五年（439年）以后的事。

查《魏书·世祖纪》等史料知，太延五年（439年）六月，太武帝亲率大军，浩浩荡荡进击走廊，先后攻克姑臧、张掖等地，太平真君二年（441年）十一月平定酒泉，车驾还宫。以后魏军又出敦煌，度三危，占领了走廊全境，并进而控制了西域，统一了整个北方半壁。即使在这以后，《魏书》中提到的河西亦多指鄂原，仍沿用以往的习惯称法，而少指走廊。如文成帝和平元年（460年）二月，"卫将军、乐安王良督东雍、吐京、六壁诸军西趣河西，征西将军皮豹子等督河西诸军南趋石楼，以讨河西叛胡"（《魏书·高宗纪》）。据《魏书·地形志》《水经注》《元和郡县图志》《山西通志》等史料，东雍州神䴥中置，州治正平，今山西省新绛县治；吐京郡属汾州，太平真君九年（448年）置，位于今山西省石楼县；六壁城属汾州西河郡，位于今山西省孝义市西；石楼，山名，位于石楼县东南（可参阅《中国历史地图集》《中国古今地名大辞典》等）。这些地方均处黄河以东今山西省境内，其诸军西趋的"河西"当指这段黄河以西的鄂原，南趋石楼所讨击的"河西叛胡"亦应是来自鄂原的部族。又如，《魏书·高宗纪》载，和平二年（461年）三月"发并、肆州五千人治河西猎道"。据《魏书·地形志》《水经注》《元和郡县图志》等，并州即今太原，肆州治九原城，位于今山西省忻州市西。并、肆二州五千民众修治的河西猎道当然是就近的通往鄂原的猎道，他们不可能远涉数千里到走廊修治猎道，因为走廊的猎道完全可以签发当地人修筑。并且拓跋王室经常狩猎的猎场也是在就近的鄂原，而非走廊。故此处的"河西"亦指鄂原。再如，《魏书·高祖纪》载，延兴二年（472年）八月"河西费也头反，薄骨律镇将击之"。查《魏书·地形志》《元和郡县图志》等知，薄骨律镇太延二年（436年）置，孝昌中改置灵州，唐亦置灵州，即今宁夏回族自治区灵武县，位于鄂原，当时"河西费也头"即驻在这附近。可见这里的"河西"亦即鄂原。又如，据《魏书·孝庄纪》，孝庄帝永安三年（530年）十二月，"河西人纥豆陵步蕃、破落韩常大败尔朱兆于秀容"；据《魏书·废出三帝纪》，永熙三年（534年）正月，"齐献武王讨费也头于河西苦泄河，大破之"，等等，所言"河西"亦均指鄂原，这里就不一一详考了。

二

至于《魏书·食货志》中的"河西"，笔者认为亦为鄂原，而非走廊。考论如下：

其一，从其历史背景来看，是在"世祖之平统万，定秦陇"后于"河西"发展畜牧业的，"平统万，定秦陇"是拓跋氏精心策划的翦灭夏国的一套完整的战略部署，而走廊既不在夏国治域，当时又尚未归属魏室，故"畜产滋息"的"河西"不是走廊。考之《魏书·世祖纪》等史料，太武帝于始光三年（426年）着手灭夏，当年攻克长安，夏主赫连昌西逃，翌年六月攻取其统治中心统万城①，而后挥师西进，根据既定的"摧其残根"的灭夏方略，克平凉、安定、武功等秦陇重镇，至神䴥四年（431年）夏国灭亡，北魏遂占领鄂原、关中，西到上邽、陇西间的广大地区，完成"平统万，定秦陇"的战略目标。"秦陇"习惯上是指陕西至甘肃东部一带地方，并不含走廊地区（如要称呼包括走廊在内的整个甘肃及其周围一些地区，历史上往往名之曰"河陇"），走廊并非夏国的版图，当时尚不在平定之列，其归属北魏也是定秦陇八年以后之事。因而"平统万，定秦陇"后"乃以为牧地"的"河西"应为夏国故土的鄂原。顾祖禹将"秦陇"臆改作"秦凉"，将"河西"随意搬到距其千余里之外的走廊，实属误断。

其二，从其徙牧转场的情形来看，"河西"应为鄂原。《魏书·食货志》于上引"河西"这条史料后，紧接着写道："高祖即位（471年）之后，复以河阳为牧场，恒置戎马十万匹，以拟京师军警之备。每岁自河西徙牧于并州，以渐南转，欲其习水土而无死伤也，而河西之牧弥滋矣。"河阳的地望为今河南省孟州市一带。若将"河西"认定为走廊，则从走廊东至并州（今太原），首先须穿越宽约200公里的腾格里沙漠，然后可在宁夏平原至内蒙古巴彦高勒之间渡过黄河，再穿越宽约360公里的鄂原，再渡黄河，再东趋150余公里始达太原；之后再由太原南转，又须途经约350公里方抵河阳。即使以走廊东部的姑臧（武威）为起点，取直线距离，马匹抵达河阳亦须经1100余公里的长途跋涉。如此千里迢迢，又要穿越数百公里自然条件极为严酷的沙漠地带②，

①今陕西省横山县西白城子，见侯仁之《从红柳河上的古城废墟看毛乌素沙漠的变迁》，载《文物》1973年1期。

②这段沙漠骆驼尚可通行，马匹穿越极其艰难，几不可能，见李万禄《浅议腾格里沙漠中的阿民驼路》，载《阿拉善盟公路交通史料选编》第二辑，1986年4月铅印。

还要两渡黄河,这许多马匹徙牧焉能无有损伤?因而这里的"河西"绝不可能是走廊,而应是距并州较近的鄂原。从另一方面来看,从走廊到河阳,如要使马匹渐习水土,也大可不必取道并州,而完全可以由今武威渐趋东南,经庄浪河谷、苑川河谷、渭河谷地、关中平原东至洛阳附近,再北渡黄河达河阳,即大体上沿今兰新——陇海铁路一线行进。这样,一来较为近便,并可避免跋涉沙海之苦,又是交通大道,补给方便,便于行走;二来其走向是渐趋东南,然后向东,可达渐习水土的目的。如此,魏室何苦要远涉沙漠,绕道并州呢?可见这里的"河西"确与走廊无涉,而应是鄂原。

其三,从北魏一代走廊拥有的人口数量以及绿洲环境容量来看,"河西"根本不可能是走廊。考之史籍,魏室占据走廊后并未实施过如同汉代那样的大规模移民实边,大兴屯垦开发的举措。相反,在其占领走廊之初就将这里的民户大量徙往平城(今大同),以实其京畿之地。《魏书·沮渠牧犍传》载,太延五年(439)破凉州后,徙凉州城内三万余家于平城。若以户量 5 口计,则仅凉州一城徙出的人口即达 15 万以上(《太平御览》卷 124 和《十六国春秋辑补》卷 97 则言,凉州徙往平城的达 10 万户,误。前田正名《四至五世纪的姑臧城》一文已有辨正,文载日文《史学杂志》78 卷 4 期 40 页)。北魏一些将领在攻取走廊过程中亦大量掳掠人口,徙往平城为奴。如真君初破张掖后,"徙其民数百家,将置于京师,至武威,辄与诸将私分之"(《魏书·周观传》)。魏将奚眷平酒泉时,又掠"男女四千余人"(《魏书·奚眷传》)。似这样规模的大量向外移民,在相当一段时间内造成了"凉州土广民希,粮仗素阙,敦煌、酒泉空虚尤甚"的局面(《魏书·袁翻传》)。据《魏书·地形志》载,凉州所领的 10 郡 20 县(其范围大略相当于今走廊中、东部地区的张掖、武威、金昌 3 地、市和青海省的西宁、海东 2 地、市),共有户 3273。若以户量 5 口计,则总人口仅有 16360 余人。这一户数录自魏孝武帝永熙(532—534)中的旧簿缩籍,尚是魏室经略河西约一个世纪以后的数字,户数仍如此鲜少,实为历史上所罕见。当然其数可能不尽准确(荫占户口、寺户等恐漏载),但也不致相错过远。这一户数仅为西汉元始二年(2年)张掖、武威二郡(其范围尚不及北魏凉州大)总户数41933户(《汉书·地理志》)的7.8%,为西晋太康年间(280—289)西平、武威、张掖、西海、西郡五郡(其范围略相当于北魏凉州)总户数18000户(《晋书·地理志》)的18.2%。至于走廊西部的酒泉、敦煌地区,北魏太武帝置敦煌镇,孝明帝时又改置瓜州,据齐陈骏先生的研究其户口亦极稀疏,比之前凉、前秦时期仅留下十分之一还不到①。若准以当时走廊西部的人口与湟水流域的人口略等,则《魏书》所载整个凉州的户数大体亦可以看作相当于走廊全境(含走廊西部,不含湟水流域)的户数,则当时的3273户只及今日走廊总户数(约80万户)的0.41%,当时的16360余人也仅及今日390.6万人的0.42%。似这样稀少的民户如何能"畜产滋息"?如何能够承担得起比今日还要多几倍的牲畜牧养重负?须知如若那样的话,就得人均养马122.1匹,同时养驼61头,并且还要牧养大批牛羊,这根本不可能办到(顺便提及,上引鲜肖威所说当时人口仅为现在的十分之一,人均养马15匹,养驼7头,未知根据何在?显系计算错误)。不消说当时的人口无法承担,就是走廊绿洲的自然生态环境容量也无以承受。绿洲的环境容量是有限的(主要受水资源条件的制约),过载过牧必然会使草场退化,破坏生态平衡,从而又会给牲畜的发展带来严重损失。即使在今天走廊载畜量为176万个羊单位的情况下,就已有35%左右的天然草场缺水退化②,遑论载畜量增加几倍!因而"畜

①《敦煌沿革与人口》,载《敦煌学辑刊》第2集。
②见兰州沙漠研究所《甘肃省河西地区水、土资源及其合理开发利用》,1985年4月铅印本。

产滋息"的"河西"绝非走廊。

其四,从走廊地区历代畜牧业发展情形来看,北魏时也不可能拥有那么多牲畜。走廊的畜牧业素称发达,早在汉代就有"凉州之畜为天下饶"(《汉书·地理志》)的美誉,但当时马匹数量远未达到 200 万匹。《汉书·百官公卿表第七》载,汉置"边郡六牧师苑令,各三丞"。师古注云:"《汉官仪》云牧师诸苑三十六所,分置北边、西边,分养马三十万头。"30 万匹是整个西、北边地诸苑的养马数,走廊一地拥有的马匹当然应在此数之下。十六国时期,走廊的畜牧业仍见兴旺,时人有"凉州大马,横行天下"的说法,凉州人亦以"鸱鸮革响,乳酪养性"而自豪(《晋书·张轨传》附《张天锡传》),但牲畜数量无考,恐不至超出西汉许多。迨及唐代前期,走廊以养马为主的畜牧业更是空前兴盛。《新唐书·兵志》载:"自贞观至麟德四十年间,马七十万六千,置八坊岐、幽、泾、宁间,⋯⋯八坊之马为四十八监,而马多地狭不能容,又析八监列布河西丰旷之野。"这里的河西指走廊。"于斯之时,天下以一缣易一马,秦汉之盛,未始闻也"[1]。唐制"凡马五千为上监,三千为中监,余为下监"[2]。若以上监计之,则走廊八监有马 40 万匹;以中监计之,则有马 24 万匹。《新五代史·四夷附录》载,走廊"其地宜马,唐置八监,牧马三十万匹。"30 万匹与上考数字大体吻合,这应为当时走廊实际拥有的马匹数量。又《旧唐书·张孝忠传》附《张茂宗传》云:"自贞观至麟德,国马四十万匹在河陇间。"这 40 万匹马是分布在整个河西走廊和陇右地区的,非走廊所独有。唐代前期以那样雄厚的人力物力经略走廊,在走廊实施大规模的屯防、屯粮、屯牧之举,走廊的畜牧业亦发展到空前繁荣时期,但即使在这时期其马匹数量距 200 万匹

①张说《陇右监牧颂德碑》,载《全唐文》卷 226。
②《新唐书·兵志》。

亦差之甚矣，而在似北魏那样土旷民稀的情形下怎能有超出唐代许多倍的畜牧业盛况？因而"马至二百余万匹"的"河西"必不是走廊。

其五，从鄂原魏晋南北朝时期畜牧业的发展来看，其地当即"河西"。史料反映，鄂原在此时期曾被匈奴、羌、胡等游牧民族占据，后赵和前秦均在此设朔方郡，4世纪中叶鲜卑人势力又伸进该区。公元407年赫连勃勃统一鄂原建立大夏国，24年以后拓跋氏又取而代之。鄂原原本就有较好的畜牧业基础，大批游牧民族的迁入和活动更使其畜牧业生产长足发展，马、牛、羊、驼等牲畜数量不断增加。北魏道武帝登国年间（386—396年），魏军与卫辰军交战于鄂原，魏"将军伊谓至木根山，擒直力鞮，尽并其众……获马牛羊四百余万头"[1]。木根山位于今鄂托克旗西南，一地即获如此多牲畜，可见当时畜牧业是相当发达的，其中虽未分别言及马牛羊驼的数量，但其总数多逾400万头，已是相当可观了。登国六年（391年）魏军平卫辰，《魏书·太祖纪》云："自河已南，诸部悉平。簿其珍宝畜产，名马三十余万匹，牛羊四百余万头。"河已南即鄂原，仅登记在簿的名马就有30余万匹，如加上不出名的"杂牌马"其数无疑更多，若再经数十年的繁育滋息，加以北魏王室的着意经营，至太武帝以后发展至200万匹是完全可能的。牛羊已达400余万头，此后自然亦会有更大增长。这里未言及驼的数量，恐漏载，想必其数亦一准不少。由此可知北魏时期鄂原牧放的牲畜是完全可能达到《魏书·食货志》所载之数的，"河西"当指鄂原无疑。

（原载《西北师大学报》（社会科学版）1993年第4期。《中国人民大学复印报刊资料·中国地理》1993年第9期全文转载）

---

①《魏书·铁弗刘虎传》。

丝绸之路与河西
历史上农业开发研究

古丝绸路上一批丰厚的历史遗珍

——河西走廊遗存的古城遗址及其历史价值论略①

河西走廊,位处东亚与中亚的结合部,自古以来就是我国东中部

① 笔者对河西古城遗址的调查考证可参见下列论著:《河西走廊历史地理》,甘肃人民出版社 1995 年版;《石羊河流域汉代边城军屯遗址考》,《西北师大学报》(社会科学版)1989 年第 2 期,第 86—90 页;《唐代凉州(武威郡)诸县城址的调查与考证》,《敦煌研究》1990 年第 1 期,第 60—65 页;《唐代瓜州(晋昌郡)治所及其有关城址的调查与考证》,《敦煌研究》1990 年 3 期,第 24—31 页;《汉敦煌郡冥安、渊泉二县城址考》,《社科纵横》1991 年第 2 期,第 50—53 页;《汉敦煌郡效谷县城考》,《敦煌学辑刊》1991 年第 1 期,第 57—62 页;《汉敦煌郡广至县城及其有关问题考》,《敦煌研究》1991 年第 4 期,第 81—88 页;《西汉酒泉郡若干县城的调查与考证》,《西北史地》1991 年第 3 期,第 71—76 页;《西汉武威郡诸县城址的调查与考证》,《历史地理》第 10 辑,第 303—09 页;《唐代河西戍所城址考》,《敦煌学辑刊》1992 年第 1—2 期,第 6—11 页;《汉张掖郡昭武、骊靬二县城址考》,《丝绸之路》1993 年第 1 期,第 63—65 页;《居延汉简里程简地理调查与考释》,《西北史地》1993 年第 1 期,第 15—21 页;《白亭军考》,《西北师大学报》(社会科学版)1994 年第 1 期,第 104 页;《西汉酒泉郡池头、绥弥、乾齐三县城址考》,《西北史地》1995 年 3 期,第 7—11 页;《汉敦煌郡宜禾、中部都尉有关问题考》,《西北师大学报》(社会科学版)1995 年第 2 期,第 93—96 页;《北魏瓜州敦煌郡鸣沙、平康、东乡三县城址考》,《社科纵横》1995 年第 2 期,第 29—32 页;《北朝时期瓜州建置及其所属郡县考》,《敦煌学辑刊》1995 年第 2 期,第 119—124 页;《汉敦煌郡宜禾都尉府与曹魏敦煌郡宜禾县城考辨》,《敦煌学辑刊》1996 年第 2 期,第 94—98 页;《唐代瓜沙二州间驿站考》,《历史地理》第 13 辑,93—101 页;《东汉酒泉郡延寿县城考》,《西北史地》1996 年第 4 期,第 30—32 页;《汉敦煌郡冥安县城再

腹地通往西北边地乃至西方各国的天然走廊和必经孔道。从世界历史上来看，河西为古老的华夏文明与两河流域文明、古印度文明、地中海文明等的汇流之区；从中国历史上看，河西走廊又是我国率先对外开放的地区，堪称我国走向世界的第一条通道。

河西走廊依赖其南部祁连山脉发源的石羊河、黑河、疏勒河三大河流水系的滋润，沿线发育了连绵的片片绿洲，其自然和通行条件较之其北部的茫茫荒漠、南部高耸的青藏高原无疑要优越得多。河西北部伸入沙漠中的石羊河、黑河下游绿洲，自古又是通往宁夏、河套以至蒙古高原腹地的天然要径，南部穿越祁连山脉诸山口又可通往青

考》，《敦煌研究》1997年第2期，第41—44页；《归义军新接上页：城镇考》，《北京图书馆刊》1997年第4期，第80—82页；《归义军会稽镇考》，《敦煌吐鲁番研究》第3卷，第223—228页；《"西桐"地望考》，《西北民族研究》1998年第1期，第45—50页；《汉居延县城新考》，《考古》1998年第5期，第82—85页；《晋金昌城考》，《西北师大学报》（社会科学版）1998年第4期，第27—31页；《论丝绸之路沿线古城遗址旅游资源的开发》，《地理学与国土研究》1998年第4期，第52—54页；《晋河会城、缠缩城、清塞城考》，《中国历史地理论丛》1999年第4期，第171—178页；《大漠中的历史丰碑——敦煌境内的长城和古城遗址》，甘肃人民出版社2000年版；《汉玉门关新考》，《敦煌文献论集》，辽宁人民出版社2001年版，第129—139页；《唐玉门关究竟在哪里》，《西北师大学报》（社会科学版）2001年第4期，第20—25页；《河西走廊历史时期沙漠化研究》，科学出版社2003年版；《魏晋时期寄理敦煌郡北界之伊吾县城考》，《敦煌研究》2003年第3期，第39—42页；《汉悬索关考》，《敦煌研究》2004年第4期，第85—87页；《甘肃省高台县骆驼城遗址新考》，《中国历史地理论丛》2006年第1期，第108—112页；《新玉门关位置再考》，《敦煌研究》2008年第4期，第104—108页；《唐代甘州"中府"钩沉》，《中国历史地理论丛》2009年第4期，第132—134页；《汉代河西走廊东段交通路线考》，《敦煌学辑刊》2011年第1期，第58—65页；《汉敦煌郡境内置、骑置、驿等位置考》，《敦煌研究》2011年第3期，第70—77页；《汉酒泉郡十一置考》，《敦煌研究》2014年第1期，第115—120页；《玉门关历史变迁考》，《石河子大学学报》（哲学社会科学版）2015年第3期，第9—16页；等等。

藏高原腹地。因之河西自古以来就成为丝绸之路国际交通大动脉上最重要的路段之一。

在河西这条通道上，名胜遍地，文物荟萃，历史文化遗迹十分丰富，其中各类古城遗址遍布走廊沿线，其数量之多、分布密度之大，成为我国也是世界上少有的古代城址集中分布的地区，整个河西堪称一条罕有其匹的规模宏大的古代城址走廊。

由于河西气候干燥，降水鲜少，地表文物少受雨雪、地下水、盐碱等的侵蚀，人为活动的破坏也相应较轻，从而保存下来了各个历史时期的不同等第、规格、形制、规模的大量古城遗址。据笔者多年来的实地考察及相关文献考证，河西地区仅汉唐时期的城址就有 120 余座，至于宋元以迄明清的城寨堡邑、关铺驿递等，则为数更众，不下200 余座。这些古垣旧堡今天虽然早已无声无息地退出了历史的舞台，但它们如同座座历史的丰碑，仍巍巍屹立在大漠戈壁上，向人们无声地倾诉着这里悠远的过去，昭示着丝绸之路永不磨灭的历史辉煌。这批古城址是我国古代文明具有权威性的历史标本，是古丝绸路上留存的一笔丰厚的历史遗珍，也是河西绿洲沧桑变迁的历史见证，具有十分重要的学术价值。

一、丰厚的历史遗珍

据笔者多年来的实地调查和考证，河西地区今天仍保留的古城址主要有：敦煌故城（汉唐敦煌郡、县城，唐沙州城）、小方盘城（汉玉门关）、悬泉置遗址（汉）、南湖破城（汉龙勒县、唐寿昌县城）、河仓城（汉仓储遗址）、大疙瘩梁城（汉遮要置、唐东泉驿）、三号桥古城（北魏平康县、唐平康乡城）、五棵树井古城（北魏、西魏东乡县城）、甜水井一号城（汉）、城湾农场二站古城（唐清泉驿、清泉戍城）、戴家墩城（汉甘井骑置）、甜涝坝城（唐悬泉驿）、黄墩堡（清）、成城湾城（汉晋）、五圣宫城（汉晋）、墩湾城（元明）、黄墩营城（清）、瓜州锁阳城（西晋晋昌郡城、唐至元代瓜州城）、南岔大坑古城（汉冥安县城）、六工破城（曹魏宜禾县、西凉凉兴郡、北魏常乐郡、唐常乐县城）、踏实破城子（汉广至县、唐五代悬泉镇城）、小宛破城（汉宜禾都尉治所昆仑障、西晋会稽县、西凉北魏会稽郡、五代归义军会稽镇城）、旱湖脑城（西凉新城郡、唐五代新城镇城）、四道沟古城（汉魏渊泉县城）、肖家地古城（西凉广夏郡、唐合河戍城）、巴州古城（曹魏寄理敦煌北界的伊吾县城）、沟北古城（汉唐）、老师兔城（汉鱼离置、唐黄谷驿）、芦草沟古城（汉万年骑置）、西沙窝一号城（汉）、西沙窝二号城（汉宜禾都尉宜禾候官城）、西沙窝三号城（唐甘草驿）、白墩子城（唐广显驿）、红柳园古城（唐乌山驿）、大泉古城（唐双泉驿）、草城（汉美稷亭城）、转台庄子（汉唐）、西湖古城（汉唐）、新沟古城（汉代）、鹰窝树城（汉）、马圈村古城（明代）、鹰窝树城（汉唐）、潘家庄城（汉魏）、马行井城（清代）、色勒屯城（明清）、桥湾古城（清代仓储）、布隆吉城（清安西直隶厅城）、百齐堡（清）、踏实堡（清）、双塔堡（清）、东巴兔堡（清）、五道沟堡（清）、头工堡（清）、二工堡（清）、三工堡（清）、四工堡（清）、五工堡（清）、九工堡（清）、安西旧县城（清安西直隶州城）、肃北石包城（唐五代雍归镇城）、党城（西晋昌蒲县、唐紫亭镇城）、明水古城（五个墩古城，汉魏）、玉门赤金堡城（汉唐玉门县、唐玉门军城）、比家滩古城（西汉池头县、东汉沙头县城）、花海北沙窝破城子（汉）、花海西沙窝破城子（汉）、上回庄古城（汉魏）、下回庄古城（汉至清代）、骟马城（东汉延寿县城）、惠回堡（清）、嘉峪关城（明）、石关峡堡（汉、明）、野麻湾堡（明）、新城堡（明）、塔儿湾堡（明）、双井子堡（明清）、十营庄子（明）、红泉堡（明）、酒泉下河清皇城（汉乐涫县城、唐禄福县城）、新墩子城（汉）、金佛寺堡（明）、清水堡（明）、两山口堡（明）、总寨堡（明）、紫金城（明）、下河清堡（明）、金塔大湾城（汉肩水都尉府城）、地湾城

（汉肩水候官城）、金关（汉）、双城子（汉唐）、破城（唐威远守捉）、西古城（汉会水县）、火石滩城（汉唐）、西三角城（汉）、小三角城（汉）、一堵城（汉）、三角城（汉）、北三角城（汉）、下破城（汉）、王子庄城（十六国北朝）、双城（明）、西大湾城（明）、威房城（清）、高台骆驼城（东汉表是县、前凉建康郡、唐建康军城）、许三湾城（汉唐）、羊蹄鼓城（唐祁连戍）、草沟井城（清）、黄沙湾城（汉表是县城）、正义堡（明清）、九坝堡（明清）、暖泉堡（明清）、深沟堡（明清）、双井堡（明清）、红崖堡（明清）、肃南明海子城（唐代）、皇城（元永昌王城）、张掖黑水国北城（汉张掖郡治𤲅得县城）、黑水国南城（唐驿、元西城驿、明小沙河驿）、东古城（汉屋兰县城）、秺侯堡（汉）、安家庄堡（清）、临泽明沙堡（明）、平川城（明）、民乐八卦营城（汉张掖属国城）、永固城（魏晋北朝祁连城）、南古城（十六国、清）、六坝城（明清）、五坝城（明清）、四坝城（清）、洪水城（明清）、山丹双湖古城（汉删丹县城）、五里墩城（汉日勒县城）、仙堤古城（晋）、峡口城（明清）、丰城堡（明清）、新河堡（明清）、暖泉堡（明清）、黑城堡（明清）、花寨堡（明清）、大湖古城（明清）、东乐古城（明清）、大马营城（明清）、肃南明海城（汉唐）、皇城（元）、瓦房城（元明）、南城子（明）、卯来泉堡（明）、西城子（明）、金昌三角城（沙井文化遗址）、高庙古城（唐武安戍）、永昌沙城子（唐嘉麟县城）、西寨古城（汉番和县城）、水泉子城（明清）、上房寨子城（汉）、南古城（汉唐）、北古城（汉唐）、红山窑城（十六国、北魏焉支县城）、六坝回归城（元）、者来寨城（清）、武威三摞城（西汉姑臧县城）、满城（清）、三岔村城（汉休屠县城）、王景寨城（汉张掖县城）、永昌堡（元永昌路城）、高沟堡（明清）、张义堡（汉、明）、大河驿城（明）、沙城（汉、明）、朵浪城（明清）、头墩营堡（汉、明）、民勤连城（汉唐武威县城）、三角城（汉）、文一古城（汉宣威县、唐明威戍城）、端字号柴湾古城（唐白亭军城）、红沙堡（明清）、东安堡（西夏、明清）、永安堡（西夏、明）、青松堡（明清）、南乐堡(明清)、沙山堡(明清)、黑山堡(明)、昌宁堡(明)、蔡旗堡(明清)、古浪土门堡(明清)、大靖堡(明清)、古城头城(汉扑𡎚县、北魏魏安郡、北周白山县、唐白山戍城)、黑松驿城(汉苍松县城、清黑松驿)、三角城(汉)、老城墙(汉揟次县城)、干城(汉、西夏)、裴家营城(明)、天祝松山古城(明)、安远镇城(明清)、红石城(西夏)、岔口驿堡(明)、景泰吊沟古城(汉媪围县、唐新泉军城)、永泰城(明)、索桥堡(明)、兴泉堡(明)、三眼井堡(明)、小芦塘堡(明)、红水堡(明代军事城堡、民国红水县城),等等。

河西走廊古城址不仅数量众多,历史悠久,而且朝代序列完整,保存情况相应较好,这不仅在我国是少有的,即使从世界上来看也是罕有所见的文化奇观。搞清它们的历史面貌及其兴废过程,不仅可以使河西历史上许多重大的政治、经济、军事、文化活动有了准确的空间概念,一些长期若明若暗的重大历史问题得以迎刃而解,而且对于我国城市建筑史和古代城垣建筑技艺的研究亦有重要意义。

例如,位于金昌市双湾乡尚家沟的三角城,系距今约 2800 年前的青铜时代沙井文化遗存的唯一城址,在全国来讲也是现存时代很早的古城。沙井文化的历史面貌如何,反映了什么样的社会经济形态,是当时什么民族、部族的遗存?这些问题的解决除依据有关墓葬出土物品外,三角城本身就成了可资依赖的十分重要的实物资料。经对该城及周围地面的发掘清理,出土各类文物 600 余件,据之并参照有关文献,许多学者认为该城反映出的是以游牧为主的社会经济生活,是游牧活动中一处相对固定的放牧点,且留存农业、手工业的痕迹。有学者直接指认沙井文化是月氏族的遗存。当时筑城方式亦颇为独特,城垣以泥巴垒砌,非如后代的夯土版筑。

又如,唐及归义军时期的瓜州城究竟在哪里?中外一些学者曾多有争论,这一问题的解决不单在于该城本身的定位,而且关乎与之相关的一批城址与地物的位置,如玉门关、阳关、常乐县、墨离军、百帐守捉、豹文山守捉、悬泉镇、雍归镇、会稽镇、新城镇、合河戍、大黄府、阶亭驿、悬泉驿、鱼泉驿、第五道、苦水、冥泽、长城堰、南山、拔河帝山等,进而又关系到这一带许多重大历史事件的发生地域、地望,以及古道走向、民族分布、古今水系改徙、绿洲变迁等问题,这些均是丝绸之路和西北史地研究中的紧要事项,可谓关乎大矣。笔者考得唐瓜州城即今瓜州县锁阳城,由此可进一步解决一系列相关问题,突显了该城在古丝路上的重大意义。2014 年 6 月 22 日,在卡塔尔首都多哈举行的联合国教科文组织第 38 届世界遗产委员会会议上,锁阳城被成功列入世界文化遗产名录。

二、权威性的历史标本

这些古城遗址种类多样,规模不等,形态各异,功能有别,呈现出丰姿丰色的斑斓色彩,从而为丝绸之路和我国古代历史的研究提供了一批真实可见的权威性标本。

依其种类而论,它们既有地方性割据政权的"都城",又有州郡城、县城;既有乡城、里城、民堡,又有置、驿、骑置、站、亭、铺和递运所城;既有都尉府、候官城、军城、守捉城、卫城、千户所城,又有戍城、关城、障城、坞壁。举凡我国历史上的主要城址类型,除国都而外,大都可在这里找到,由此可构成一列完整的古代行政、军事城址序列。

依其规模而论,有的城址十分壮观雄伟,周长达几公里,面积数十万平方米,如锁阳城周长近 3 公里,面积约 50 万平方米;有的则较为小巧,周长仅有百十米。如著名的敦煌小方盘城(汉玉门都尉府治)周长 102 米。依其形制而言,有的城垣设置齐备,有瓮城、马面、角墩、雉堞、龙尾(马道),城周有羊马城、护城壕、弩台等,有的则仅存四壁,结构单调;有的城中有城,垣内套垣,构成二重、三重墙垣,形同"算盘形""回形""品形"等,结构复杂。如锁阳城由北、东、西三城组成,六工破城、羊蹄鼓城等由内城和外城两部分构成,骆驼城、旱湖脑城等由南、北二城构成。有的城址则构筑简单。依其平面形状来看,有的方方正正,十分规整,有的则富有变化,呈现出椭圆形、三角形、梯形、台阶形、不规则形等形状。整个河西走廊犹如一座巨大的光彩夺目的古代城址造型艺术博物馆,向我们展示了两千多年来风云变幻波澜壮阔的中华历史图卷,显现了丝绸之路千年沧桑的不朽风姿。

笔者认为,城址规模、结构、形制上的不同,体现了其等第、时代、功用等方面的差异,借此以前一些搞不清楚或不大明确的问题即可得以解决。如唐代的驿站是什么样子,城有多大,形制如何?文献上没有记载,在我国东部地区也鲜有遗址可寻,但在河西地区却保存了一批唐代的驿址。如敦煌市东北 61 公里处有一座俗称甜涝坝的古城,城址平面呈菱形,每边长 32 米,残高 1—2.2 米,城内出土灰陶罐、棋子、铁箭镞、开元通宝币、石磨等唐代遗物,对照敦煌文书《沙州都督府图经》可以考得,此城即唐悬泉驿址。它如唐黄谷驿、东泉驿、清泉驿、阶亭驿、其头驿、甘草驿、新井驿、广显驿、乌山驿、双泉驿、第五驿、冷泉驿等等均有废址可考,由此使我们看到了实实在在的唐代驿址面貌。据之可总结出驿址平面呈四边形、每边长 30—70 米不等、面积 100—500 平方米、驿侧多有烽燧和驿、戍并置等唐代驿站的特点。

又如,在锁阳城高大城垣外侧 10 余米、护城壕内侧还遗存一道远较主垣低矮的残墙,绕城一周,残高 1.2—1.5 米,残宽 1.5 米许,部分墙段已成颓基或缺失。这种城垣外围的矮墙是一种什么建筑,起何作用?查《通典·兵典》等典籍知,此道矮墙原来是羊马城,它平时可用以安置羊马牲畜,战时为城厢加设一道防线。它是我国唐代城邑建筑中的一种重要设置。文献记载恰可与地表遗迹相印证。羊马城矮小单薄,易于破坏,在我国东部地区恐已很难寻觅。敦煌遗书中一份唐代天宝年间的会计账上记载,唐沙州城亦置羊马城,但今已无存。此外,骆驼城、巴州古城外围亦存断续羊马城残垣。如此河西走廊的这几处遗址尤显得弥足珍贵,有可能是我国稀见的几处羊马城遗迹。

又如,锁阳城外西北约 40 米处,遗存小型土堡两座,当地惯称空心墩。二堡形制相似,墙垣厚实高大,基本方形,边长均约 30 米,高 14 米。令人奇怪的是两堡均未设门,未知人员如何出入,堡作何用?有人推测可能是用以关押战俘、罪犯的土牢。二堡规模甚小,且位处城外,显然不可能用作监牢,其实它们是唐代的弩台。《通典》卷 152《兵五·守拒法附》:"弩台,高下与城等,去城百步,每台相去亦如之。下阔四丈,高五丈,上阔二丈,下建女墙。台内通暗道,安屈胜梯,人上便卷收。中设毡幕,置弩手五人,备干粮水火。"对照锁阳城外二堡的形制,与上述记载颇为相似,故二堡应为弩台一类建筑,其进出上下当以屈胜梯(软梯)为之,堡内应有暗道与锁阳城通连。弩台为城邑防御系统向城外伸延出去的部分,它不仅可以为城邑多增加一道屏障,而且还能变消极防守为积极的进攻,城中兵卒通过暗道升至弩台,出其不意地与城邑共同夹击靠近城垣的敌军。锁阳城外的弩台,也是我们今天所能见到的为数极少的唐代弩台遗址实物。

再如,汉代郡县城究竟有多大,规模怎样?迄今亦无成说。笔者通过对整个河西众多古城遗址的系统考察研究得出,汉县城廓平面多为规整的方形或长方形,每边长度大多 250—300 米,周长多为 1000—1400 米。如敦煌郡渊泉县城周长 1180 米、龙勒县城周长 1140 米,武威郡休屠县城周长 1200 米、鸾鸟县城周长 1176 米、宣威县城周长 1060 米,张掖郡昭武县城周长 1120 米、删丹县城周长 1300 米、日勒县城周长约 1000 米、番和县城周长 1080 米,酒泉郡乐涫县城周长 1298 米、玉门县城周长 1150 米、池头县城周长约 1000 米等。至于汉代郡城则要较一般县城大出许多,周长多为县城的 2 倍以上,面积为县城的 4 倍以上。如敦煌郡治敦煌县城周长 3700 米,武威郡治姑臧县城周长达 4000 多米、酒泉郡治禄福县城周长 3160 米等。城址规模是确定城邑等第、判定城址性质的重要依据,规模较大的城址一般必然是等级较高的军、政机构驻所。如果较县城还要小出许多的城址,那就只能考虑为县级以下的乡、戍、驿一类的居址。

三、富有特色的选址布局

古代城址的选点、布局不会是偶然的,它是在一定历史条件下由特定的空间关系(自然的、经济的、政治军事的等)所规定的,河西古城遗址在地理布局上即是如此,呈现出若干有规律性的特点。揭示这些特点,并进而总结古代西北城镇居民点起源、布局、兴废的一般规律, 这不仅在学术研究上是颇为重要的, 而且还可为今天的城镇规划、布局和改造提供切实的历史借鉴。

即拿汉代河西郡县城址的布局来说,就具有如下特点:

首先,设县之处皆是发展农业生产自然条件较为优越,特别是水资源丰盈的地方, 而一县的首府居地县城则多位于绿洲平原上自然条件最好的山前洪积冲积扇扇缘泉水出露带一线或主要河流近旁。因为绿洲县城的主要职能之一就是管理民户,组织农业生产,农业经济基础乃是决定其兴衰的主要制约因素,汉代如此,后代亦然。

河西绿洲是由疏勒河、黑河、石羊河三大内陆水系的几十条干、支河流冲积形成的一块块小绿洲联合而成,而汉代在河西所设的 30 余座县城大多是一块小绿洲上分布一个。如敦煌郡敦煌县位于党河绿洲中游,效谷县位于党河绿洲下游,龙勒县位于南湖绿洲,冥安县位于古疏勒河(冥水)绿洲,广至县位于榆林河绿洲,渊泉县位于疏勒河中游绿洲;酒泉郡玉门县位于石油河绿洲, 延寿县位于白杨河绿洲,会水县位于北大河下游绿洲,乐涫县位于丰乐河绿洲;张掖郡居延县位于黑河下游绿洲,显美县位于东大河绿洲,番和县位于西大河绿洲;武威郡鸾鸟县位于西营河绿洲,姑臧县位于金塔河绿洲,苍松县位于古浪河绿洲等等。而这些县的县城则又多位于每一块小绿洲平原上自然条件最好的泉水出露带一线或较大河流近侧。这种分布规律在我国西北内陆河流域绿洲地区应是一个通例,河西的例子可以供西北其他地区古城考证和史地研究参考借鉴。

其次,河西多数县城地当沟通古代旧大陆三大洲的国际大通道丝绸之路沿线,且县城间一般相距30—60公里不等,使其成为丝路大动脉的中继站和补给地在所必然。沿走廊平原中部丝绸之路主要干道分布的汉代县城自西向东有:龙勒、敦煌、效谷、广至、冥安、渊泉、乾齐、池头、玉门、延寿、禄福、绥弥、乐涫、表是、昭武、屋兰、氏池、删丹、日勒、番和、显美、鸾鸟、姑臧、张掖、苍松、扑𪊽等等。另外,沿石羊河和黑河干流南北向通道(可视为丝绸之路的支线),又分别设有休屠、宣威、武威、居延等县。这些县城的盛衰与丝绸之路的兴颓可谓息息相关,河西绿洲的开发史与丝绸之路的发展史往往是紧密联系在一起的。

再次,河西走廊北邻匈奴,南毗诸羌,由于地理条件的限制,绿洲河流沿岸水草地带和山区较大河流的谷地往往成为民族往来、交易的主要通路,也是游牧民族前来骚扰的孔道。在这些道口,特别是在较大河流的出山口处设县置城具有重要的军事和经济等方面的意义。如早在太初元年(前104年)李广利征伐大宛时,为防备匈奴趁机而入确保后方安全,即于走廊北部重要道口设置居延、休屠二县以作屏蔽。太初四年(前101年)又在今石羊河北部置武威县,"武威县、张掖日勒皆当北塞,有通谷水草",其军事地位的重要显而易见。

上述这种城址分布格局,不单反映了自然条件对于置郡设县和绿洲开发的制约作用,是汉代河西绿洲开发地域范围的标识,而且亦是汉室将河西作为"以通西域,鬲绝南羌、匈奴"之重要基地来从事经营的政治战略在地理布局上的反映。

同时,河西汉代县城遗址附近甚至城内往往分布有新石器遗址,附近又有汉代墓群,有的城址周围还不止一处,如姑臧、鸾鸟、武威、张掖、媪围、宣威、骊得、氐池、禄福、乐涫、会水、池头、龙勒、冥安、广至等。汉代县城很可能与这些新石器遗址有着渊源关系。因为不论是石器时代的原始公社,抑或后代的文明社会,人们总是要选择一个地区中地理条件理想之处设置居民点,特别是大的居民点。

城邑作为人口的聚居之地,其周围必然会分布有同时代的墓葬,一般情况下墓葬,尤其是成片墓群当不会距死者生前居址太远。如汉龙勒县城周围数公里内分布有山水沟墓群、西头沟墓群和双墩子滩墓群,出土大量汉代陶器、五铢钱以及汉代以后的一些遗物。又如汉冥安县城周围分布有锁阳城墓群和黑水河墓群,总墓数达 8000 座以上,分布在长约 30 公里、宽 5—8 公里的范围内,其结构有砖室和洞穴墓两种,为瓜州县境内规模最大的古墓群,被列为省级文物保护单位。再如汉渊泉县城附近数公里内残存五道沟八队汉墓群、六道沟四队北三棵树汉墓群、桥湾魏晋墓群等。依据汉墓群的分布来探查汉代县城位置,或根据汉县城址来寻索汉墓群的分布,这对于田野考古和城市起源的研究均有参考意义。

河西汉县城址周围还多见较小的卫星式城堡的拱卫,由此形成一组组等第有序、排布有致的城址群落。小城堡面积一般在 900—2500 平方米,约为主城面积的 1/100—1/20,它们或为乡城,或为里城,或为置、驿,或属级别较低的军事驻所。如汉骊得县城周围有小城堡 7 处,分别位于其西南、南、东南和东部;会水县城周围有小城堡 10 余座,即西三角城、北三角城、小三角城、三角城、一堵城、下长城、下破城、西窑破庄、三个锅桩城等；效谷县城周围分布有三道蒙古包古城等小城堡；汉广至县城南有新沟古城；汉敦煌县故城西北有三号桥古城；汉冥安县城周围有转台庄子、半个城等。由河西的例子可以推见，主城周围环列小城堡当为我国古代城邑布局的又一特点。

四、沧桑变迁的历史见证

由于历史上人为的、自然的原因所引起的环境变迁，河西不少古城遗址今天已深处荒漠之中。昔日壮观的伟墙高垒，今日已成颓垣残堞；昔日繁华殷庶的绿洲，今天成了沙浪滚滚的瀚漠。置身其间，足以观沧海桑田的历史变迁。

如位于敦煌南湖绿洲东部的龙勒故城，已成为新月形沙丘的处所；位于瓜州县古冥水下游的锁阳城、冥安故城，红柳灌丛沙堆遍布城址内外；位于石羊河下游的武威故城和宣威故城，今已成为巴丹吉林沙漠西部边缘西沙窝的一部分；位于黑河下游的居延故城、黑城等及其周围的古绿洲，已被茫茫沙海悉数吞噬；位于北大河下游的西古城、东古城、一堵城等，已处于东沙窝的重重包围之中；大湾城、地湾城、沙城子、"黑水国"城、武威高沟堡城等，均沙堆遍布城址内外，甚或流沙高于城垣。城址周围废弃的大片耕地、阡陌、渠道的遗迹大都历历在目，昔日的繁华与今天的荒凉恰成鲜明对比。块块古绿洲的成片分布，成为河西地域文化的又一显著特点。

研究这些古城址的兴废及其地理环境的历史变迁，无疑具有重要的学术价值，同时对于今天绿洲地区的开发整治、防沙治沙和可持续发展亦有积极的史鉴意义。

（原载《丝绸之路·图像与历史》论文集，东华大学出版社，2011年）

"山结""水结""路结"

——对于兰州在丝绸路上重要地位的新认识

　　丝绸之路是古代沟通旧大陆三大洲间最重要的国际通道，数千年来曾为整个人类世界的物质文明和精神文明做出过巨大贡献。兰州位处这条交通大动脉上极为重要的襟带枢纽之地。

　　兰州居于中国内陆几何中心，座中四联，坐落在黄土高原、青藏高原、内蒙古高原三大高原的交汇过渡地带，亦为我国主要农耕区与畜牧区的过渡带，且襟山带河，"紫塞千峰凭栏立，黄河九曲抱城来"，具有极为重要的交通和军事战略地位。通过多年来的实地考察，笔者发现兰州一地恰处于丝绸之路上的一大"山结"，亦为"水结"之处，自然也是"路结"所系之地，丝路东段的五条主要干道在这里交汇。由此看来，兰州在丝绸之路上的重要地位值得我们进一步深入揭示，深刻认识。本文征集有关史料，并特别留意以往较少注意的兰州黄河上游炳灵寺石窟题记等资料，拟对这一问题作一新的剖析和透视。

　　考之横贯欧亚大陆丝绸之路的整个走向和路网布局，可以清楚地看到沿途有两大山结，亦为"水结"，同时也是丝绸之路上最重要的两大枢纽。一大"山结"即帕米尔高原(古葱岭)，昆仑山脉、喀喇昆仑山脉、天山山脉、喜马拉雅山脉、兴都库什山脉等宏大山系皆在这里汇聚，塔里木河、伊犁河、印度河、锡尔河、阿姆河等大河亦发源于这一带。受这些山系、河系走向、流向的控制，沿山麓地带、山间河谷行进的交通路线亦在此附近汇集，形成"路结"。行经天山南麓的西域丝路中道与昆仑山北麓的西域丝路南道西汇于葱岭，由葱岭向南出发可达印度半岛（古天竺），向西南可抵伊朗高原（古波斯），向西直至地中海沿岸，向西北又可与由天山北麓西行的丝路北道相合。另一大"山结""水结"即在兰州附近，由西北而来的祁连山脉，逶迤向东延伸的西秦岭，以及耸立于青藏高原东北边缘的小积石山、达坂山、拉脊山等均在兰州附近汇聚，黄河上游的几条大支流——大夏河、洮河、湟水、大通河、庄浪河亦在这一带相继注入黄河，渭河亦源于兰州东南不远的洮渭分水岭。自然兰州一带也是"路结"所在，沿着这些山麓、河谷而行的丝绸之路东段五条干道，即秦陇南道、羌中道（吐谷浑道）、唐蕃古道、大斗拔谷道、洪池岭（乌鞘岭）道，皆在这一带辐辏相聚。丝绸之路既被誉为世界文化流播的"大运河"，那么这条路上的"山结""水结"和"路结"交通枢纽的所在无疑更是东西方文明的荟萃之处。兰州一地由此可长时期地受丝路惠风熏染，含英咀华，啜饮东西方文明的甘露芳醇，吮吸无限丰美的营养，在丝路交通上、政治军事上、文化传播上的重要地位我们应有充分的认识。

一、兰州一带的黄河渡口

丝路东段 5 条干道汇结兰州一带，无论东来西往、北去南归，都要渡过黄河，黄河渡口也就成了控扼这些道路的喉襟所系。因而首先有必要对兰州一带的黄河渡口做一番考察。

据有关文献记载、前人所做工作和笔者的实地调查，兰州一带的黄河渡口主要有金城关渡、石城津渡和黄河上、下渡。金城关渡口，学界公认在今兰州市中山黄河铁桥北岸西侧 1 公里许，今已辟为金城关文化园区。《隋书·地理志》记，金城郡"有关官"。《新唐书·地理志》云，金城郡治五泉县（今兰州市城关区），"北有金城关"。《元和郡县图志》卷 39"兰州"条："金城关在州城西，周武帝置金城津，隋开皇十八年改津为关。"《宋史·地理志》"兰州"条:"金城关,绍圣四年进筑,南距兰州约二里。"该关其实早自汉代即已设置,宋绍圣四年复以修筑。《读史方舆纪要》卷60"兰州"条:"金城关,州北二里,当黄河西北山要隘处,本汉置。阚骃《十三州记》金城郡有金城关是也,后废。宋绍圣四年,复置关于此,据河山间筑城以为固。崇宁三年,王厚请移关于北境矿龙谷,不果。今设巡司于河南。"据乾隆《皋兰县志》,明洪武十八年(1385年)于这里建成镇远浮桥,桥用大船25艘,横排河面,每船相距1.5丈,以长木连接,两侧围以栏杆。浮桥随波升降,平如坦途,号称"天下第一桥"。1909年耗银30余万两于此建成黄河铁桥,为黄河上最早、最重要的铁桥之一,从而大大便利了祖国内地与新、青、藏边疆地区的联系。

石城津渡口又称为金城渡口,位于汉金城县北,今兰州市西固区河口镇,地处庄浪河注入黄河处,为丝绸之路上必渡之口。《水经注·河水》:"湟水又东流,注于金城河,即积石之黄河也。阚骃曰:河至金城县,谓之金城河,随地为名也。……河水又东经石城南,谓之石城津。阚骃曰:在金城西北矣。河水又东南经金城县故城北。"《读史方舆纪要》卷60:"石城津,(兰)州西境。阚骃曰石城津在金城西北。"今石城废址仍存,位于河口镇北黄河北岸1公里许,东临庄浪河,兰新铁路从城西穿过。城址大体方形,每边残长约100米,残高1米许。《资治通鉴》卷104记,东晋孝武帝太元元年(376年)八月,前秦苟苌率军从石城津渡过黄河,会同梁熙攻克前凉缠缩城,进而军抵姑臧(武威)灭前凉。可见石城津渡口在军事上、交通上的重要性。所云缠缩城,笔者考得即从石城津渡河后不远处位于庄浪河谷的今永登县城北8公里的罗城滩古城①。

---

①李并成:《晋河会城、缠缩城、清塞城考》,《中国历史地理论丛》1999年第2期,第176—177页。

黄河上、下渡分别位处炳灵寺上、下游河段,笔者曾撰文《河州古道》对之做过考证①。黄河上渡位于今积石山保安族东乡族撒拉族自治县大河家(古积石关,亦称临津关)至关门一带,早在西汉时即已辟用。汉宣帝神爵二年(前 60 年)于此置河关县,"盖取河之关塞"为名,其故址亦存,即今积石山大河家西南康吊村古城。置县前一年汉将赵充国率万骑于四望峡附近夜渡河,即应取此渡口而往。隋大业五年(609 年)炀帝出巡河右,出临津关至西平,亦应在此渡河。明代于此口置官船 2 只,水夫 20 名,以通往来,明末船废。黄河下渡位于今临夏县莲花城附近,古名凤林关、安乡关,为大夏河北入黄河河口处,即旧永靖县治莲花城(今为刘家峡水库淹没)。《旧唐书·地理志》记,河州凤林县,"取关名也"。北宋筑安乡关,并"夹河立堡,以护浮梁(浮桥),通湟水漕运,商旅负贩入湟者,始络绎于道"②。笔者实地查得,于此处渡河后,经炳灵寺,沿黄土梁行经今永靖县杨塔、王台、川城、青海民和回族土族自治县古鄯,顺隆治沟至民和下川口;亦可从古鄯向北,顺巴州沟达民和上川口;或由临夏市取向西北,至积石山东麓之临津关渡黄河,经官亭,溯乾河而上,至古鄯,与前道合;再由古鄯或民和县上、下川口沿湟水谷地西行,可接通羌中道、大斗拔谷道和唐蕃古道。这条古道上至今仍存留大量古烽燧、古城址等遗迹。烽燧多耸立于黄土梁峁顶部,一般相距 2.5—4 公里,黄土夯成。如临夏县北塬的孕墩底,积石山自治县的东山坡墩、大墩,青海民和古鄯附近的塔墩、王墩岭、大墩等。

上述四处渡口控扼汇结于兰州一带的丝路东段 5 条主干道,它们不但为中央王室经营西域、青、藏的要津,亦为东西方经济、文化交

---

①李并成:《河州古道》,《丝绸之路》1993 年第 3 期,第 36—38 页。
②《宋史》卷 349《姚雄传》。

流的重要咽喉,其交通地位之高、作用之大不言而喻,兰州一地在丝绸之路上的重要地位由是可观。此外,兰州附近还有其他一些渡口,如永靖小川渡,位于刘家峡下口,今永靖县城小川以东,为兰州至河州(临夏)间的重要渡口;西固新城渡,位于河口正东3公里,今新城黄河公路大桥处,312国道由此通过;七里河浮桥渡口,位于黄峪沟入河口西侧至十里店间,此处河面较窄而岸平,明洪武五年、八年,冯胜、邓愈分别在这一带搭建浮桥,渡军西征。另有钟家河渡、青石嘴渡、八盘峡渡、小寺沟渡、段家湾渡、皋兰什川渡等,其地位较为次要,不赘。

二、秦陇南道

秦陇南道,因位处由长安径向西北,绕过六盘山北麓,经由固原(汉安定郡治高平县,唐原州)、靖远与景泰间的索桥渡口西渡黄河、直趋河西走廊及其以远的大道(可称为北道,其路线居延新简EPT59:582、敦煌悬泉汉简Ⅱ0214①:130有载)之南,故名。该道发自长安,沿渭河西行,越陇关(今甘肃清水县东陇山东麓),过天水(汉代称上邽,唐秦州)、兰州(金城郡),继续西行;或抵临洮(狄道)、河州(枹罕,今临夏市),经永靖、炳灵寺,然后取道湟水谷地至西宁(西平),及其以远。

早自公元前2世纪张骞"凿空"以后,该道即成为丝绸之路上的主干路段之一,使节、商旅、军队、僧侣,经此道不断汇聚兰州,渡过黄河,西去东来。如西汉元狩二年(前121年)霍去病"将万骑出陇西……隃乌盭,讨遬濮,涉狐奴,历五王国……转战六日,过焉支山千有余里"①。笔者考得其进军路线即是从今兰州一带渡过黄河,沿庄

---

①《汉书·霍去病传》。

浪河谷北上,越乌鞘岭进入河西走廊,进抵匈奴浑邪王统治中心焉支山一带的①。又如《周书·文帝纪》载,西魏废帝二年(553 年)四月,"太祖勒锐骑三万,西逾陇,度金城河至姑臧"。这 3 万大军即是沿秦陇南道西行,越过陇山,于兰州渡过黄河,而前往武威的。

我国台湾著名学者严耕望所撰《唐代交通图考》第二卷《河陇碛西区》对唐代的秦陇南道作了系统考证②。考得凉州(武威)东南至长安,或取兰州,或取会州(今靖远黄河东岸)而往,有南北两道。南道取兰州而往,即秦陇南道,经兰、临(今临洮)、渭(今陇西)、秦(今天水)、陇(今陕西陇县)5 州及凤翔府(今凤翔),而至长安,计程约 2000 里。该道发长安都亭驿西出开远门,经临皋驿、望贤宫、咸阳县、温泉驿、始平县、马嵬驿、望苑驿、武功县、扶风县、龙尾驿、岐山县、横水驿、岐州、凤翔府治所雍县、汧阳县(今千阳县),西循汧水河谷而上至陇州治所汧源县(今陇县);又西经安戎关、大震关,越小陇山分水岭,西经弓川寨、清水县,至秦州治所上邽县(今天水)。自陇州以西过大震关越分水岭道,古称陇坻大坂道,盛唐时西出陇右者取此道为多。秦州向西略循渭水而上,经伏羌县(今甘谷)、洛门川、陇西县、渭州治所襄武县、渭源县,西北至临州、临洮军治所狄道县(今临洮)。由此北行,略沿洮水河谷而下,经长城堡,越沃干岭,折入阿干河谷,而北至兰州治所五泉县。

唐代高僧玄奘西行求经,即是经由秦陇南道抵达兰州,而继续西行的。《大慈恩寺三藏法师传》:"贞观三年(629 年)秋八月,将欲首塗……时有秦州僧孝达在京学《涅槃经》,功毕返乡,遂与俱去。至秦州,

---

①李并成:《河西走廊历史地理》,甘肃人民出版社 1995 年版,第 32 页。

②严耕望:《唐代交通图考》卷 2《河陇碛西区》,《台湾"中研院"历史语言研究所专刊》第 83 期,1985 年。

停一宿，逢兰州伴，又遂去至兰州。"唐著名边塞诗人岑参奔赴西域，由其沿途留下的诗作来看亦是沿秦陇南道西行、经由兰州而往的。《初过陇山途中呈宇文判官》："一驿过一驿，驿骑如星流。平明发咸阳，暮及陇山头。陇水不可听，呜咽令人愁。"《西过渭州见渭水思秦川》："渭水东流去，何时到雍州。凭添两行泪，寄向故园流。"《临洮客舍留别祁四》："客舍洮水聒，孤城胡雁飞。"《发临洮将赴北庭留别》："闻说轮台路，连年见雪飞。春风不曾到，汉使亦应稀。白草通疏勒，青山过武威。"《题金城临河驿》："古戍依重险，高楼见五凉。山根盘驿道，河水浸城墙。"由此可见岑参自长安出发，经由咸阳、雍州（今陕西凤翔）、陇山、渭州（今甘肃陇西）、临洮等地而至兰州，所走正是秦陇南道。又由诗作知，当时兰州置有临河驿，该驿即应建在今黄河北岸的金城关之地，驿道即沿岸边山根盘行，其驿楼之高可以远眺"五凉"（今河西）之地。

炳灵寺许多洞窟中保留了大量经由秦陇南道来往的僧人、行旅的有关题记，而尤以秦州（天水）等地的行旅为多，生动地反映了该道红尘走马、客旅络绎的史实。如169窟2号龛佛像背光西侧墨书："天宝十三载（754年）天水郡人康伏涣一心供养。"[1]又题："天宝十三载天水郡人康伏溪一心供养。"3号龛佛像西侧菩萨龛边题："天水郡人康伏涣供养，天宝十二载。"又题："秦州道人法通口供养佛时。"佛像东侧力士龛边题记："大总管泾州四门府折冲都……乾元三年（760年）正月一日。"唐之泾州位于今甘肃泾川县境，据《新唐书·地理志》，该州辖有四门等军府，折冲都尉为该军府最高长官。可见泾州一带的行旅亦在此道往来。

---

①本文所引炳灵寺石窟题记，均引自阎文儒、王万青编著《炳灵寺石窟》一书，甘肃人民出版社1993年版。以下不再一一出注。

12 号龛壁画旁题记"秦州道人道聪供养佛时""秦州陇城县□"等等。陇城县在今甘肃秦安县东北。16 龛题记:"天水郡人支院吕鸾张权朝于此礼拜。"147 号窟窟门外南侧题记:"秦州上邽县杨药师记也。"均为秦州一带行客所题。12 号龛窟壁画旁又题:"衡州人纥奚河曹供养佛早得家保佑华还庞要遇""山西信士王道进香"等等。唐代衡州即今湖南省衡阳市。172 窟北壁五身佛旁题记:"泽州□乐室""山西平阳府赵城县李村里人本楠"等。唐泽州,今山西省晋城市;平阳府赵城县,今山西省洪洞县北赵城。这些礼佛进香者无疑亦沿秦陇南道、途经兰州而来的。

三、羌中道(吐谷浑道)

羌中道,东接由兰州或河州西行的丝路大道,从金城渡口或临津关渡过黄河,取道湟水谷地继续西行,经乐都、西宁等地,翻越赤岭(今日月山),复经青海湖北岸或南岸,穿越柴达木盆地,越阿尔金山噶斯山口可直达若羌,西接西域南道。早在张骞"凿空"返回时"并南山",即曾取该道。汉宣帝神爵元年(前 61 年)赵充国经营西羌,亦由此道往来。魏晋北朝时沿途为吐谷浑居地,故又称其为吐谷浑道。当时河西走廊大道因战乱受阻,该道愈显重要。北魏僧人惠生和宋云等西行求经,即由此道入西域再转赴天竺。《洛阳伽蓝记》卷 5《城北》载,神龟元年(518 年)十一月冬,"初发京师,西行四十日至赤岭,即国之西疆也。……发赤岭,西行二十三日,渡流沙,至吐谷浑国。路中甚寒,多饶风雪,飞沙走砾,举目皆满,唯吐谷浑城左右暖于余处。……从吐谷浑西行三千五百里,至鄯善城,其城自立王,吐谷浑所吞。……从鄯善西行一千六百四十里至左末城。……从左末城西行一千二百七十五里,至末城。"吐谷浑城约在今青海都兰县境内;鄯善城即鄯善国都伊循城,位于今新疆若羌县米兰遗址;左末城即且末城,今新疆且末县；末城即于阗国东境城池。所行正是吐谷浑道。南朝僧人昙无竭亦取此道西行。北周武成初年（559年），犍陀罗人阇那崛多一行则由此道东来。《大藏经》卷2060《续高僧传·阇那崛多传》记："时年二十有七，受戒三夏。师徒结志，游历弘法。初有十人，同契出境。路由迦臂施国，淹留岁序。……使逾大雪山西足，固是天险之峻极也。至厌怛国。……又经渴罗盘陀及于阗等国。……又达吐谷浑国，便至鄯州，于是时即西魏后元年也。……发踪跋涉，三载于兹。十人之中，过半亡没，所余四人，仅存于此。以周明帝武成年初届长安，止草堂寺。"迦臂施国即《大唐西域记》所记迦毕试国，故址在今阿富汗首都喀布尔以北60余公里处的贝格兰姆（Begram）；厌怛即厌哒，在今阿富汗北部；渴罗盘陀即渴盘陀，本为帕米尔古国；于阗即今和田；鄯州即今青海乐都县。可见阇那崛多一行东来正是行经吐谷浑道，其前往长安必经兰州。

炳灵寺题记中与该道有关的记载亦较多。如169窟3号龛佛像西侧菩萨龛边题："大代延昌四年（515年）鄯善镇铠曹掾智南郡书斡陈雷子等诣窟口口。"据《元和郡县图志》卷39鄯州条，"后魏以西平郡为鄯善镇，孝昌二年（526年）改镇立鄯州"，治所在今青海省乐都县。至于智南郡则不见于史载，或许为人名。

四、唐蕃古道

唐蕃古道，由兰州西渡黄河，取道湟水谷地西行，经乐都、西宁等地，翻越日月山，又穿过青海高原腹地，南越昆仑山，再越唐古拉山口，经安多、那曲等地至拉萨（古逻些）。唐道宣《释家方志》所记"东道"即此。义净《大唐西域求法高僧传》中称其为吐蕃路。文成公主、金城公主入藏，唐使节王玄策出使天竺，刘元鼎入蕃会盟均循此道。该道向南可进入尼泊尔、印度等地，故又成为一条唐代对外贸易的重要通道。

炳灵寺下寺区中段崖面之 54 龛题记:"大唐永隆二年（681 年）闰七月八日陇右道巡察使行殿中侍御史王玄策，敬造阿弥陀佛一躯并二菩萨。"王玄策为唐代杰出的外交活动家，从贞观十七年(643年)至麟德二年(665 年)曾四次奉敕出使天竺，在中外文化交流史上建树过不朽的业绩①。54 龛题记为我们研究玄策的事迹提供了新材料。该题记位置显著，字迹刻写清晰，唯"策"字因年久风化，有所剥落，稍显模糊。著名学者阎文儒先生一行于 1963 年 8 月对炳灵寺的系统调查中，即释此字为"策"②。2002 年 9 月 23—25 日笔者在出席"炳灵寺石窟学术研讨会"期间，特就此字在实地细细辨认。其字形虽然有些模糊，但因系石刻，基本笔画仍历历可辨，特别是其上部的"⺾"字头和下部的"木"字较为分明，此字确应为"策"，题记者确为王玄策。玄策西使所走的路线即为西出兰州的唐蕃古道。

与王玄策题记同一年的还有如下题记。51 龛:"大唐永隆二年(681 年)闰七月八日巡察使典雍州醴泉县骆弘爽，敬造救苦观世音菩萨一躯。"52 龛:"大唐永隆二年闰七月八日，御史台令史蒲州河东县张积善奉为过往亡尊及见存眷属、一切法界众生，敬造救苦观世音菩萨一躯。"53 龛:"大唐永隆二年闰七月八日巡察使判官岐州郿县丞轻车都尉崔纯礼为亡考亡妣敬造阿弥陀佛一躯并二菩萨。"这些巡察使无疑均是经由兰州而前往炳灵寺的，魏文斌认为他们在这一带的活动可能与当时的唐、蕃关系有关③，其说颇有见地。兰州为当时邻

①孙修身:《王玄策事迹钩沉》，新疆人民出版社 1998 年版;陆庆夫:《论王玄策对中印交通的贡献》，《丝绸之路史地研究》，兰州大学出版社 1999 年版。

②阎文儒等:《炳灵寺石窟》，甘肃人民出版社 1993 年版，第 66 页。

③魏文斌:《炳灵寺石窟唐"永隆二年"诸龛简论》，《敦煌研究》1999 年第 3期，第 11—19 页。

近吐蕃居地最重要的一大城镇，在唐蕃交通和唐王朝处理与吐蕃的关系上扮演着重要角色。

五、大斗拔谷道

由兰州西渡黄河，取道湟水谷地西行，于西宁附近折向西北，翻越祁连山垭口大斗拔谷（今扁都口），直达张掖，连接河西走廊大道。公元400年法显西行，609年隋炀帝巡行河西，皆经此道。炳灵寺中与该道往来有关的题记亦不少，如12窟留有"敦皇（煌）翟奴"的画像和题记，则此翟奴即应是经由此道从敦煌到达炳灵寺的。尤应引起注意的是，169窟10号龛壁画下层佛像左侧绘有一位颇为醒目的供养僧人画像，并题名"法显供养之像"。该法显是否即晋代著名的遍游五天竺的高僧法显？目前虽不能完全肯定，但笔者认为可能性极大。

能留有供养像和题名的僧人，绝非一般僧侣，应为高僧。查南朝梁释慧皎《高僧传》，所载法显即往天竺求经的法显[1]，别无第二个法显。且法显供养像的位置十分突出，绘于佛像的左上方，紧靠佛像，所绘形体较大，端庄富态，显示出其地位之尊崇。又据《佛国记》载，法显于后秦弘治二年（400年）往天竺求经，"初发迹长安，度陇，至乾归国，夏坐。夏坐讫，前行至耨檀国。度养楼山，至张掖镇"。"度陇"，即翻越陇关；"乾归国"当指西秦乞伏乾归之地，时立都于今兰州市榆中县宛川；"耨檀国"，为南凉秃发傉檀之域，时立都于今青海乐都，"养楼山"，指今扁都口一带所在的祁连山脉东段。可见法显的行程是经由秦陇南道西行的。既过"耨檀国"，必经兰州和炳灵寺，在此一带渡过黄河，然后转由大斗拔谷道至张掖继续西去。因而炳灵寺中自然应

---

①〔梁〕释慧皎：《高僧传》卷3，中华书局点校本1992年版，第87—90页。

留有法显的供养像与题记。也由此可知,炳灵寺及 169 窟的始建年代无疑应早于公元 400 年,远在该窟著名的纪年题记"建弘元年"(420年)之前。炳灵寺当为我国开凿最早的石窟之一。

六、洪池岭(乌鞘岭)道

由兰州石城津或金城关等处渡口渡过黄河,溯庄浪河谷而上,翻越洪池岭(今乌鞘岭),西北行直达武威,接河西大道。《三国志·魏书》卷 15《张既传》载,黄初二年(221 年)凉州卢水胡反,姑臧(武威)危急,帝命张既率军数千人渡过黄河增援武威,张既扬言军从鹯阴口(约在今靖远县城西河包口)过河,实际上大军突然由且次至姑臧,大败卢水胡。且次即凉州揟次县,笔者考得该县县城位于今古浪县土门镇西 3 公里的王家小庄一带①。由且次至姑臧,必是从兰州一带渡河,向北经洪池岭道而往的。已如上考,东晋太元元年(376 年)前秦苟苌率军会同梁熙灭前凉,即是从石城津过河,沿此道而往姑臧的。

及至唐代该条大道更趋繁荣,盛况空前。严耕望《唐代交通图考》第二卷考得,秦陇南道至兰州治所五泉县后,又北渡河出金城关,正北微西略循逆水河谷(今庄浪河)而上,行 220 里至广武县(今永登南),又约 200 里至昌松县(今古浪西),又西北越洪池岭,凡 120 里至凉州治所姑臧县(今武威)。兰、凉间凡置 20 驿,皆无考,而沿途汉晋以来故城堡则颇多可指。严先生这里有一处疏误。先生据《通鉴》胡注、《读史方舆纪要》等所记"姑臧东南有洪池岭",认为该岭在武威东南、古浪县以北。事实上古浪县以北即进入走廊平原地带,古浪与武威之间平原坦荡,并无山岭。洪池岭其实就是今天的乌鞘岭,该岭位

---

① 李并成:《河西走廊历史地理》,甘肃人民出版社 1995 年版,第 42—44 页。

于武威市东南约 85 公里、古浪县南 30 公里处,西接祁连山,余脉向东延至景泰县境,东西横亘,屏蔽天成,为黄河流域与内陆河流域的分水岭。雄居河西走廊东端,控扼我国东南半壁通往西北半壁的襟喉之地,历来被称作古丝路大通道上的"金关铁锁",军事、交通地位十分显要。

《大慈恩寺三藏法师传》载,当年玄奘西行到达兰州后,"遇凉州人送官马归,又随去彼处。停月余日,道俗请开《涅槃》《摄论》及《般若经》,法师皆为开发。凉州为河西都会,襟带西蕃、葱右诸国,商侣往来,无有停绝"。很显然,玄奘即取洪池岭道由兰州而至凉州的。岑参亦取该道前往武威,其诗作《武威送刘单判官赴安西行营》《武军送刘

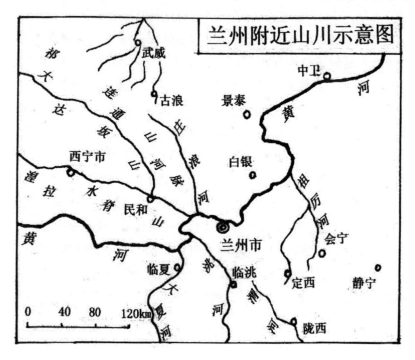

图 1　兰州附近山川示意图

判官赴碛西行军》《凉州馆中与诸判官夜集》《武威春暮闻宇文判官西使还已到晋昌》等均是在武威写的。

炳灵寺 172 窟木阁门两侧及顶部,留有多条与该道有关的题记。如"河州卫凉州换领班把总指挥佥宗信……""西大通都府刻字张样张"。该窟北壁五身佛旁墨书题记:"庄浪卫目云峰徒吴真口"等。明代庄浪卫即今位于庄浪河谷的甘肃永登县城,为翻越乌鞘岭沟通黄河流域与河西走廊内陆河流域的必经通道。

今天兰州依然为欧亚大陆桥新丝绸之路上的咽喉重镇,依然是由我国东中部腹地通往新疆、青海、西藏、宁夏、内蒙古西部等地的必经要地,为陇海、兰新、包兰、兰青、兰渝、西兰高铁、兰新高铁、银兰高铁(在建)八条铁路干线和国道 109、212、213、309、312、316 等公路干线的汇聚之处,依然是我国西部最重要的交通枢纽和政治经济文化中心之一。在新的世纪里,古老而又青春的兰州焕发着勃勃的生机和活力,必将为我国经济社会的发展做出新的更大贡献。

(原载《历史地理》第 24 辑,上海人民出版社,2010年)

丝绸之路：东西方文明交流融汇的创新之路
——以敦煌文化的创新为中心

以往的有些研究中，在论证和评价丝绸之路的历史作用时，学者们大多关注的是丝绸之路作为东西方世界之间的重要通道，在传播和沟通东西方经济文化中所发挥的重大作用和贡献等方面的问题，自然这是没有疑义的。然而笔者认为，丝绸之路对于世界历史的作用和贡献并不仅仅体现在"通道"上，如果只是将其看作"通道"的话，那就会大大低估和矮化其应有的历史意义和价值；而其更重要的作用和贡献在于，这条道路还是东西方文化交流、整合、融汇及其创生衍化和发展嬗变的加工场、孵化器和大舞台，是文化创新的高地。毫无疑问丝绸之路可称之为名副其实的创新之路。

就拿丝绸之路文化中最具有代表性的敦煌文化来说，其交融创新的特点就十分突出和明显。敦煌是丝绸路上的重要枢纽和吐纳口，为"华戎所交"的都会，西方文化传入中国后，大多要通过敦煌、河西等地进行中国"本土化"过程，或与中国传统文化碰撞、交流、整合后再继续东传。同样中原文化向西传播亦是经过河西、敦煌发生文化的交流融汇。敦煌在整合东西方文化资源、创新文化智慧方面有着独具特色的优势，这也从一个方面生动地体现出中国优秀传统文化博大的胸怀与坚定的文化自信。

一、敦煌文化呈现出东西方文化融合创新的亮丽底色与崭新格局

笔者认为，敦煌文化是一种在中原传统文化主导下的多元开放文化，敦煌文化中融入了不少来自中亚、西亚、印度和我国西域、青藏、蒙古等地的民族文化成分和营养，呈现出"你中有我、我中有你、各美其美、美美与共"的文化融合发展的亮丽底色与崭新格局，绽放出一种开放性、多元性、浑融性、创新性的斑斓色彩。例如，敦煌遗书中不仅保存了 5 万多件汉文文献，而且还汇聚有大量中国国内少数民族文字以及一批西方国家民族文字的写本。又如西方传入的"胡文化"，对于敦煌文化的形成和发展即有着十分深刻的影响。

（一）敦煌遗书中汇聚有中外诸多民族文字文献的新史料

敦煌文书中保存的我国少数民族文字以及西方国家民族文字的写本，有吐蕃文、回鹘文、粟特文、于阗文、突厥文、梵文、婆罗迷字母写梵文、佉卢文、希腊文等语言文字的文本。此外莫高窟北区还发现西夏文、蒙古文、八思八文、叙利亚文等文书，可谓兼收并蓄，应有尽有[①]。这么多古代东西方民族、国家的文献汇集一地，本身即表明敦煌在东西方文化交流中的重要地位。这些文献大多为我们以前见所未见、闻所未闻的新资料，它们对于丝绸之路上的文化交流交融和民族关系，以及中古时期的民族学、语音学、文字学的研究贡献重大。

例如，在敦煌少数民族语言文献中，以吐蕃文即古藏文文献为最多，其内容除大量与佛教有关的经典、疏释、愿文祷词外，还有相当多的世俗文献，涉及吐蕃历史上一系列重大问题。由于吐蕃人自己所写的吐蕃时代的文献非常少，而敦煌出土的近万件吐蕃文写本，则反映

[①]荣新江:《敦煌学十八讲》，北京大学出版社 2001 年版，第 280—282 页。

了整个藏人早期的经历和吐蕃王朝的历史进程。如所出《吐蕃大事纪年》《吐蕃赞普传记》等,按年代顺序记载吐蕃王朝会盟、征战、颁赏、联姻、狩猎、税收等大事,可填补研究中的一大片空白①。敦煌本回鹘文文书虽是劫后余孤,但数量仍不少,内容包括各种经文、笔记、医学、天文学、文学作品以及从甘州回鹘和西州回鹘带到敦煌的公私文书、信件等,弥足珍贵②。于阗语是新疆和田地区古代民族使用的语言,公元11世纪以后逐渐消失,成为"死文字",敦煌于阗语文献大部分已获解读,内容主要有佛教经典、文学作品、医药文书、使河西记、双语词表等,对于于阗历史、语言文化以及于阗与敦煌的交往和民族关系的研究意义重大③。粟特语又称作窣利语,为古代中亚粟特地区民族使用的语言,敦煌粟特语文献大多为粟特人来到敦煌后留下的文字材料,内容有信札、账单、诗歌、占卜书、医药文书、译自汉文的佛典、经书等,实可宝贵④。突厥文为公元7至10世纪突厥、黠戛斯等族使用的文字,曾流行于我国西域、河西以及中亚、西亚等地。敦煌文书中保存有突厥文格言残篇、占卜书、军事文书等。⑤

敦煌发现的外来民族文字的文献亦不少。如梵文文献除佛经外,尚有《梵文—于阗文双语对照会话练习簿》、梵字陀罗尼、梵文《观音三

①王尧、陈践译注:《敦煌本吐蕃历史文书》,民族出版社1980年版,第8—10页。

②杨富学:《回鹘文献与回鹘文化》,民族出版社2003年版,第29—31页。

③张广达、荣新江:《于阗史丛考》,上海书店1993年版,第15—19页。

④黄振华:《粟特文及其文献》,《中国史研究动态》1981年第9期,第28—33页。

⑤陈宗振:《突厥文及其文献》,《中国史研究动态》1981年第11期,第26—30页。

字咒》等。又如，莫高窟北区 B53 窟出土两页四面完整的叙利亚文《圣经·诗篇》，据之可大大增加我们对蒙元时期景教（基督教聂斯脱利派）传播的认识①。可以毫不夸张地说，敦煌文献不仅属于中国，也属于世界，是丝路沿线国家共同历史记忆的重要组成部分。

除藏经洞和莫高窟北区庋存的众多民族文字的文献外，莫高窟等石窟中还留下了吐蕃文、西夏文、回鹘文、蒙古文等不少民族文字的题记，敦煌汉代烽燧遗址出土佉卢文帛书，莫高窟北区 B105 窟出土青铜铸造的十字架，表明宋代敦煌地区景教徒的存在。莫高窟还先后 4 次出土回鹘文木活字 1152 枚，为目前所知世界上现存最多、最古老的用于印刷的木活字实物，具有十分重要的研究价值。②

（二）敦煌文化中融入了诸多西方文化的新元素

西方传入的"胡文化"，对于敦煌文化的影响主要表现在古代敦煌的赛祆胡俗、服饰胡风、饮食胡风、乐舞胡风、婚丧胡风、敦煌画塑艺术中所融入的西方元素以及医药学文化、科技文化、体育健身文化等所体现出的中西文化交流融汇等。

以赛祆胡俗为例。赛祆，即祈赛祆神的民俗，为"赛神"活动的一种，唐宋时期的敦煌尤为盛行。所谓"赛神"，即以祭祀来报答神明所降的福泽之意。祆教，即琐罗亚斯德教，又称拜火教，为萨珊波斯的国教，约在魏晋时传入我国。由敦煌遗书《沙州都督府图经》(P.2005)等见，唐代敦煌城东一里处专门建有安置粟特人的聚落——安城及从化乡，该乡辖 3 个里，750 年时全乡约有 300 户、1400 口人，其中大部分居民来自康、安、石、曹、罗、何、米、贺、史等姓的中亚昭武九姓王

---

①彭金章:《敦煌考古大揭秘》,上海人民出版社 2007 年版,第 133—138 页。
②彭金章:《敦煌考古大揭秘》,上海人民出版社 2007 年版,第 118—120 页。

国。①安城中建有祆庙，其规模多达20龛，专门供奉祆神。敦煌归义军官府的《布、纸破用历》(P.4640v)等文书中经常记载为了举办赛祆活动而支出的画纸、灯油、酒、籹面、灌肠及其他食品等，且数额不菲。祆祠赛神已被纳入敦煌当地的传统祭祀习俗中，从官府到普通百姓，无论粟特人，还是汉人和其他少数民族，无不祀祆赛神，藏经洞中亦保存有祆教图像，可见祆教对敦煌文化的重要影响。敦煌赛祆活动的主要仪式有"祆寺燃灯，沿路作福"，供奉神食及酒，幻术表演，零祭求雨等，反映了外来宗教文化传入中国后融入中国传统文化的状况，经过中国传统文化消化、改造了的祆教，已与中亚本土的祆教有诸多不同，呈现出一派新的景象。②

又如饮食胡风。作为国际性都市，敦煌的饮食习俗具有浓郁的汉食胡风特色，来自中亚、西亚、中国西域等地的饮食习惯融入敦煌当地传统的饮食风俗中，成为敦煌饮食文化中新的有机组成部分，体现了丝绸之路上中西饮食文化交流融汇的生动场景。我曾将敦煌饮食文化的特点概括为：包罗宏大、美味俱全，中西饮食习俗汇聚交融，多民族饮食习俗汇聚交融，僧俗饮食习俗汇聚交融，饮食与医疗卫生、保健养身有机结合，饮食与岁时文化密切结合，饮食与歌舞艺术相结合③。据不完全检索，仅敦煌遗书中出现的食物品种名称就达60多种，其中源于"胡食"，又经敦煌当地传统饮食习俗影响和改造过的饮

①[日]池田温：《八世纪中叶敦煌的粟特人聚落》，载《唐研究论文选集》，中国社会科学出版社1999年版，第3—67页。

②李并成：《敦煌文化——丝绸之路文化最杰出的代表》，载《敦煌文化研究》第一辑，甘肃人民出版社2016年版，第52页。

③李并成：《敦煌饮食文化的若干特点论略》，载《丝绸之路民族文献与文化研究》，甘肃教育出版社2015年版，第263—264页。

食品种即有不少,如各类胡饼、炉饼、馓饼、饦饼、馅饼、馎饦、𫗰𬵩、饽饦、胡酒、诃梨勒酒等,不一而足。敦煌还有来自吐蕃的糌粑和灌肠面,至今它们仍是藏族和蒙古族的主要食物之一。至于饮食炊具、餐具,亦有不少是从"胡地"传入的,如鍮石盏、金叵罗、注瓶、𫧃子、犀角杯、珊瑚勺、食刀、胡铁镬子等。饮食礼仪中的胡跪、垂腿坐、列坐而食等,亦深受胡风影响。①

再如,敦煌艺术表现手法中的胡风。敦煌艺术就其品类而言,包括壁画、彩塑、石窟建筑、绢画、版画、纸本画、墓画等,内容十分丰富,数量极其巨大。著名学者姜亮夫先生评价:"敦煌千壁万塑,至今仍能巍然独存,而且还有远在北魏的作品,无一躯一壁不是中国流传的最古的宝迹。一幅顾恺之的《女史箴》引得艺术界如痴如醉;数十躯杨惠之的塑像,使人赞叹欣赏,不可名状。这样大的场面,这样多的种色,这样丰富的画派,安能不令世人惊赏! 它是世界第一座壁画塑像的宝库,是我们大好骄傲的遗产,也是艺术界的宝典,史学上的第一等活材料! 总之,以艺术来说,敦煌的唐代美术,是融合了中国的象征写意图案趣味的古典艺术与印度的写实手法,而发挥出其交融后最美丽的光彩,是中土美术得了新养分成长最为壮健的一个时代⋯⋯它包罗了中国传统的艺术精神,也包罗了中西艺术接触后所发的光辉,表现了高度的技术,及吸收类化的精沉的方式方法,成为人类思想领域中的一种最高表现。它总结了中国自先史以来的艺术创造意识,也吸收了印度艺术的精金美玉,类化之,发恢之,成为中国伟大传统的最高标准,它是人类精神的最高发扬。"②

---

① 高启安:《唐五代敦煌饮食文化研究》,民族出版社 2004 年版,第 227—257 页。

② 姜亮夫:《敦煌——伟大的文化宝藏》,云南人民出版社 1999 年版,第 40—41 页。

二、敦煌文化中突出体现了佛教"中国化"的创新成就

作为外来宗教,佛教欲在中华故土上传播发展,欲融入中国的传统文化,就必须要适应中国原有的文化氛围,适应中国人的思想观念与审美意识,运用中国的语言表达方式,这就需要首先进行一番"中国化"的改造与更新过程。史实表明,敦煌作为佛教进入我国内地的第一站,率先形成了佛经翻译、传播中心,率先成为佛教"中国化"的创新之地。此外,敦煌文献中还保存了大量原已散佚失传的佛教典籍,从中可获得许多新发现、新收获。敦煌文化突出体现了佛教"中国化"的创新成就。

据《高僧传》卷一记载,月氏高僧竺法护,世居敦煌,曾事外国沙门竺高座为师,游历西域诸国,通晓多种语言,率领一批弟子首先在敦煌组织了自己的译场,被人们称为"敦煌菩萨"。竺法护被认为是当时最博学的佛教学者,是佛教东渐时期伟大的佛教翻译家,开创了大乘佛教中国化的新局面,奠定了汉传佛教信仰的基本特色[1]。他"孜孜所务,唯以弘通为业,终身写译,劳不告倦。法经所以广流中华者,护之功也"。《开元录》载其共译经 175 部 354 卷。任继愈主编《中国佛教史》第 2 卷载,竺法护"一生往来于敦煌、长安之间,先后 47 年(266—313),译经 150 余部,除小乘《阿含》中的部分单行本外,大部分是大乘经典……早期大乘佛教各部类的有代表性的经典,都有译介……在沟通西域同内地的早期文化上,做出了卓越的贡献"。正是由于竺法护开创性的贡献,使敦煌实际上成为大乘佛教的发祥地。

又据《高僧传》卷四《晋敦煌竺法乘传》载,竺法护的弟子竺法乘承其师之衣钵,继续在敦煌"立寺延学,忘身为道,诲而不倦",颇有影

①李尚全:《竺法护传略》,甘肃人民出版社 2011 年版,第 1 页。

响。尔后敦煌僧人竺昙猷继续研习光大,成为东晋时代的著名高僧、浙江佛教的六大创始人之一。《高僧传》卷十一记:"竺昙猷,或云法猷,敦煌人。少苦行,习禅定。后游江左,止剡之石城山,乞食坐禅……自遗教东移,禅道亦授,先是世高、法护译出禅经,僧先、昙猷等并依教修心,终成胜业。"可见,竺法护、法乘、昙猷等前后相继,译出并创立大乘佛教的禅学理论,又付诸实践禅修弘法,成就胜业。马德先生认为,昙猷实际上就是中国佛教禅修的创始人[①]。

　　敦煌遗书中约 90% 的卷帙为佛教典籍,总数超过 5 万件,包括正藏、别藏、天台教典、毗尼藏、禅藏、宣教通俗文书、寺院文书、疑伪经等,具有十分重要的补苴佛典、校勘版本和历史研究价值。例如,禅宗为彻底中国化的佛教,且简单易行,8 世纪以来成为中国佛教的主流,受到唐代士大夫及普通民众的欢迎和热衷信仰。然而由于战乱及"会昌灭法"的打击等原因,以至于许多早期的禅籍遗失,其教法也逐渐失传,使我们无法全面了解唐代禅宗发展状况,也难以真正了解中国思想史和中国社会史。欣喜的是敦煌遗书中保存了大量 8 世纪前后禅宗的典籍,主要有初期禅宗思想的语录、禅宗灯史等。例如,据说是禅宗初祖达摩的《二人四行论》、三祖僧璨的《信心铭》,卧伦的《看心法》,法融的《绝命观》《无心论》,五祖弘忍的《修心要论》,北宗六祖神秀的《大乘五方便》《大乘北宗论》《观心论》,南宗六祖慧能的《坛经》,南宗七祖神会的《菩提达摩南宗定是非论》,以及杜朏的《传法宝记》、净觉《楞伽师资记》,保唐宗(净众宗)的《历代法宝记》等等[②]。这些著

————————

　　①马德:《敦煌文化杂谈三题》,载杨利民、范鹏主编:《敦煌哲学》第四辑,甘肃人民出版社 2017 年版,第 156 页。

　　②[日]田中良昭:《敦煌の禅籍》,《禅学研究入门》,大东出版社 1994 年版;邓文宽、荣新江:《敦博本禅籍录校》,江苏古籍出版社 1998 年版。

述填补了禅宗思想史的诸多空白。

又如别藏，是专收中华佛教撰写的中国佛教典籍的集成，但在大多数佛僧眼中其地位远远比不上由域外传入翻译的正藏，故而使大批中华佛教撰著散佚无存，殊为可惜。敦煌藏经洞中则保存了相当多的古逸中华佛教论著，包括经律论疏部、法苑法集部、诸宗部、史传部、礼忏赞颂部、感应兴敬部、目录音义部、释氏杂文部等，从而为我们研究印度佛教是怎样一步步演化为中国佛教的，中国佛教是如何发展演变的等问题，提供了十分丰富的新史料。

再如，疑伪经即非佛祖口授而又妄称为经者，或一时无法确定其真伪的经典，亦大多无存。但这些经典均可反映出中国佛教的某一发展断面，具有很高的研究价值，它们在敦煌遗书中保存了相当多的数量，十分值得庆幸。如《高王观世音经》反映了观世音信仰在中国发展和流传的状况；《大方广华严十恶品经》，反映了梁武帝提倡断屠食素背景下汉传佛教素食传统的形成过程；《十王经》反映了中国人地狱观念的演变；等等。①这些资料已使佛教"中国化"的研究呈现出诸多新的面貌。

三、敦煌壁画中的飞天——极富创新的艺术形象

敦煌石窟（包括莫高窟、榆林窟、西千佛洞、东千佛洞、五个庙石窟、昌马石窟等），保存了公元 4 世纪至 14 世纪的佛窟约 900 座、壁画 50000 多平方米、彩塑 3000 余身，用艺术的图像生动地记录了古代千余年来的历史场景与社会风貌，是世界上现存规模最大、内容最

---

①方广锠：《敦煌遗书中的佛教文献及其价值》，《西域研究》1996 年第 1 期，第 45—48 页。

丰富的历史文化艺术宝库。石窟的营造者们从一开始就进行着再创造,他们适应中国人的审美情趣和艺术追求,按照中国人自己的观念来理解佛教教义,描绘天国的理想境界,创作佛教的神祇;以中国人喜见乐闻的形式宣传佛教思想,以中国民族形式表达佛教内容。他们在创作中发挥出杰出的聪明才智,体现出卓越的创造精神。

就拿敦煌壁画中的飞天来说,其艺术形象源自印度,又名乾闼婆、紧那罗,是佛教天国中的香神和音神,即专施香花和音乐的佛教专职神灵,莫高窟中的飞天多达6000余身。飞天形象传入敦煌后,经不断地交融发展、脱胎换骨、艺术创新,完全摆脱了印度石雕飞天原有的样式,以全新面貌展现于世人面前,美不胜收,与印度的石雕飞天已非同日而语。

早期洞窟(如北凉275窟等)中的飞天,头有圆光,戴印度五珠宝冠;或头束圆髻,上体半裸,身体呈"U"形,大多双脚上翘,做飞舞状,姿势显得笨拙,形体略呈僵硬,似有下沉之感,尚带有印度石雕飞天的较多痕迹。北魏时期飞天加快向中国化方向转变,但仍有较明显的西域样式和风格,其体态普遍较为健壮,略显男性特征,飞动感不强。西魏到隋代是飞天艺术各种风格交融发展的时期,完全中国化意义上的飞天艺术逐渐形成。如西魏285窟飞天形象已趋向于中原秀骨清像形,其身材修长,裸露上身,直鼻秀眼,微笑含情,脖有项链,腰系长裙,肩披彩带,手持各种乐器凌空飞舞。四周天花旋转,云气飘荡,颇显身轻如燕、自由欢乐之状。

隋朝飞天艺术得到进一步发展,一扫呆板拘谨的造型姿态,由于画师工匠不断吸收、模仿中外舞蹈、伎乐、百戏等的精华,进行再创新,克服了早期飞天中蹲踞形和"U"字形的弱点,使得飞天的身姿与飘带完全伸展,体态轻盈、流畅自如,完成了中国化、民族化、女性化、世俗化、歌舞化的历程。如第427窟内四壁天宫栏墙内绕窟一周的飞天,共计108身,皆头戴宝冠,上体半裸,项饰璎珞,手带环镯,腰系长裙,肩披彩带。有的双手合十,有的手持莲花,有的手捧法器,有的扬手散花,有的欢快地演奏着琵琶、长笛等乐器,朝着同一方向(逆时针方向)飞去。飘逸的衣裙,长长的彩带,迎风舒卷。飞天四周流云飞动,天花四散,充满了动感和生气。

唐代是敦煌飞天艺术发展的最高峰,也是其定型化的时代。初盛唐的飞天具有奋发向上、轻盈潇洒、千姿百态、自由奔放的飞动之美,这与唐代前期开明的政治、强大的国力、丰富的文化和奋发进取的时代精神是一致的。例如初唐321窟西壁佛龛两侧飞天,姿态格外优雅,身材修长,昂首挺胸,双腿上扬,双手散花,衣裙巾带随风舒展,由上而下,徐徐飘落,充分表现出其潇洒轻盈的飞行之美。又如盛唐320窟南壁西方净土变中的阿弥陀佛头顶华盖上方两侧的4身飞天,身轻如燕,对称出现,相互追逐,前呼后应,灵动活跃,表现出一种既昂扬向上又轻松自如的精神境界与美感。[①]

唐代大诗人李白描写的"素手把芙蓉,虚步蹑太清。霓裳曳广带,飘拂升天行",正可用来吟哦赞叹敦煌飞天。敦煌飞天不生羽毛,不长翅膀,借助彩云却不依靠彩云,通过长长的飘带,舒展的身姿、欢快的舞动,在鲜花和流云的衬托下翱翔天空,翩翩起舞,把洞窟装扮得满壁风动。诚如著名学者段文杰先生所论:"敦煌飞天不是印度飞天的翻版,也不是中国羽人的完全继承。以歌伎为蓝本,大胆吸收外来艺术营养、促进传统艺术的变改,创造出的表达中国思想意识、风土人情和审美思想的中国飞天,充分展现了新的民族风格。"[②]

----

①赵声良:《敦煌飞天》,载《敦煌与丝路文化学术讲座》第1辑,北京图书馆出版社2003年版,第347—372页。

②段文杰:《飞天——乾闼婆与紧那罗》,载《段文杰敦煌艺术论文集》,甘肃人民出版社1994年版,第438页。

敦煌飞天堪称人类艺术的天才创造，是中国美术史上的一个奇迹，充分体现了中华民族不断突破自我、勇于创新的精神品格。有人说敦煌飞天寄托了人类征服自然、飞跃太空、翱翔宇宙的伟大梦想；也有人认为，敦煌飞天是当代载人航天、宇宙飞船等人类尖端科技的最初灵感来源。

四、敦煌歌舞艺术——融汇中西菁华的全新艺术形象

莫高窟中保存了历时千余年的极其丰富的舞蹈形象，在北区的492个洞窟中，几乎每一窟都有舞蹈绘画。舞蹈是转瞬即逝的时空艺术，在没有古代舞蹈动态资料的情况下，那些凝固在敦煌洞窟壁画中的历代舞蹈图像就成为十分罕见的珍贵舞蹈史料。早在北朝时期许多西域乐舞，包括龟兹（今新疆库车）、高昌（今吐鲁番）、疏勒（今喀什）、安国（今乌兹别克斯坦布哈拉一带）、康国（今乌兹别克斯坦撒马尔罕一带）、悦般国（今阿富汗北部）等的乐舞，即首先经由敦煌而传入中原。这些乐舞与中国传统乐舞交流荟萃，展现出丰富多彩的崭新形象，使得敦煌壁画绚丽多姿，美不胜收。

例如，敦煌壁画中十分引人注目的舞蹈形象天宫伎乐，即壁画中天宫圆券门内奏乐歌舞的天人，计有4000余身，源自印度佛教所描绘的西方极乐世界中供养佛的音乐舞蹈之神。其动作特点是大幅度的扭腰出胯，伸臂扬掌，体态舒展，挺拔昂扬，手指变化也颇为丰富。那些怀抱琵琶、手执管弦等外来乐器边弹边舞的伎乐，吹奏的虽是外来乐器，舞姿却蕴含我国古典舞韵，为中外舞蹈交融的生动表现。在绘画技法上，既有圆券形宫门、服饰和表现主体感的西域式明暗法等，更有满实的构图、遒劲的线描、以动态传神、鲜明的色彩和中原传

统晕染法。①敦煌天宫伎乐不仅是反映佛教内容的优美的艺术形象，而且具有生活的真实性和观赏性。

迨及隋唐，进入各民族、各地区乐舞文化大交流、大融合、大发展、大创新的时代。隋炀帝置九部乐，唐太宗时又增为十部乐，其中西凉乐、龟兹乐、天竺乐、康国乐、疏勒乐、安国乐、高昌乐，皆是经由敦煌传入中原，而盛行于宫廷的。西域百戏、胡旋舞、胡腾舞、柘枝舞、高昌舞等，也是首先在敦煌流行发展继而风靡于内地的。这些舞蹈具有浓厚的西域、中亚风情，传入敦煌后开创一代新风，矫健、明快、活泼、俊俏，舞风优美，气氛热烈，与当时开放、向上的时代精神相吻合。②

就拿西域传入的胡旋舞来说，其源于康国，故而又名康国舞，约北周时传入我国，隋唐时大盛。白居易长诗《胡旋女》描绘其舞蹈场景："胡旋女，胡旋女，心应弦，手应鼓。弦歌一声双袖举，回雪飘摇转蓬舞。左旋右转不知疲，千匝万周无已时。人间物类无可比，奔车轮缓旋风迟。曲终再拜谢天子，天子为之微启齿。胡旋女，出康居，徒劳东来万里余……"胡旋舞的场景在莫高窟壁画中比比可见。例如 220 窟北壁药师经变中的两对伎乐天所跳胡旋舞姿十分优美。第一对舞伎均头戴珠冠，上身着短袄，下身穿裤裙，裸臂着钏，跣足，手舞长巾，一腿立于圆毯上，一腿弯曲抬起，一手举过头顶，一手弯曲下垂，给人以飞速旋转的强烈感觉。第二对舞伎展臂旋转，所着长巾、佩饰卷扬飘绕，动感极强，似乎是同一舞伎两个连续旋转动作的绘制。其舞蹈动

①万庚育：《敦煌早期壁画中的天宫伎乐》，《敦煌研究》1988 年第 2 期，第 24—26 页。

②王克芬：《多元荟萃，归根中华——敦煌舞蹈壁画研究》，《敦煌研究》2005 年第 3 期，第 41—50 页。

势,颇有"蓬断霜根羊角疾,竿戴朱盘火轮炫,骊珠迸珥逐飞星,虹晕轻巾掣流电……万过其谁辩始终,四座安能分背面"的胡旋舞飞旋优雅的姿态。[1]在 12 窟、146 窟、108 窟等窟壁画中还有男性表演的着长袖衣、旋转踏跃的胡腾舞。

又如,著名的《西凉乐》就是以龟兹为主的各族乐舞与流行河西一带的"中原旧乐"(包括清商乐)融合而成的,为西域音乐传入之后融合西方少数民族音乐的代表,是古代敦煌、河西(凉州)各族人民共同创造的乐舞艺术。唯庆善乐"独用西凉乐,最为闲雅"。乐舞表演离不开乐器伴奏,于敦煌壁画中见,主要乐器有琵琶、曲项琵琶、五弦、胡琴、葫芦琴、弯颈琴、阮、花边阮、答腊鼓、腰鼓、羯鼓、毛员鼓、都昙鼓、鸡娄鼓、节鼓、齐鼓、担鼓、军鼓、手鼓、鼗鼓、扁鼓、竖笛、横笛、凤笛、异型笛、筚篥、笙、竽、筝、角、画角、铜角、箜篌、凤首箜篌、方响、排箫、串铃、金刚铃、拍板、钟、钹、铙、海螺等,它们大多出自西域。[2]如《隋书·音乐志》:"今曲项琵琶、竖箜篌之徒,并出自西域,非华夏旧器。"《破阵乐》《大定乐》等,"皆擂大鼓,杂以龟兹之乐"。长寿乐、天授乐等也"皆用龟兹乐"。

著名舞蹈艺术家王克芬研究员认为,唐代频繁的乐舞交流为创作新的舞蹈作品提供了取之不竭的素材,唐舞以传统舞蹈为基础,广泛吸纳许多国家、地区民族的舞蹈艺术,广采博纳,撷取菁华,融化再创,成为当时舞蹈发展的主流,开创中国古代舞蹈艺术的一代新风,取得辉煌成就。其中许多舞蹈就是以中原乐舞为基础,广泛吸取中外

---

[1]柴剑虹:《胡旋舞散论》,《敦煌吐鲁番学论稿》,浙江教育出版社 2000 年版,第 288—297 页。

[2]郑汝中:《壁画乐器》,载季羡林主编:《敦煌学大辞典》,上海辞书出版社 1998 年版,第 250—261 页。

各民族民间乐舞的菁华创作而成的。①

综上可见，丝绸路上的敦煌文化在其长期的历史演进中"海纳百川，有容乃大"，形成了极强的包容性，它并不排斥外来的同质或异质文化，包容不是简单的混合，也不是取消差异，取消民族特色，文化的认同并不等于文化的同化，而是你中有我，我中有你，各美其美，美美与共，是以我为主对外来文化进行的改造与融合，是在更高层次上和更广范围内的优势互补和创新发展。本土文化与外来文化的自由交流，东方文明与西方文明的交融汇合，使得敦煌文化绝非仅仅是本乡本土的产物，而成为整个丝绸之路上东西方文化交流融汇、创新转化的典型代表。

（原载《石河子大学学报》（哲学社会科学版）2020 年第 4 期。《新华文摘》2020 年第 23 期"论点摘编"）

---

① 王克芬：《天上人间舞蹁跹》，上海人民出版社 2007 年版，第 75—83 页。

唐代前期河西走廊的农业开发

河西走廊位处黄土高原、蒙古高原、青藏高原、天山南北盆地等地理单元相互联系的枢纽地位，历史上民族关系复杂，战略地位重要，不仅地当著名的丝绸之路的主要干道，而且又是中原王朝向西经营道路上的重要中继站。如同历代有战略眼光的君王一样，唐代安史之乱前的统治者亦十分重视对河西的经略，于河西推行足兵足食的政策，河西走廊的农业开发遂在前代的基础上获得更大规模的蓬勃发展。

唐室初立，其西北边境面临突厥等的频繁寇扰，社会很不安定，农业开发颇受干扰。武德三年（620 年）、五年（622 年）、七年（624 年）、八年（625 年）、九年（626 年）、贞观三年（629 年），均有突厥袭掠河西的记载①，直到贞观四年（630 年）东突厥被唐灭后，河西才"始就农亩"②。

为抵御游牧民族的袭扰，确保边地安全，唐廷在河西积极布防，苦心经营，建立了强大的保卫力量。景云元年（710）置河西节度使、支度、营田等使③，翌年又从陇右道中分出黄河以西专设河西道④。河西节度使的职责即在于"断隔羌胡"，其"管兵七万三千人，马万九千四

---

① 《资治通鉴》卷 188、卷 190、卷 191、卷 193。

② 《旧唐书》卷 62《李大亮传》。

③ 《资治通鉴》卷 210。

④ 《旧唐书》卷 40《地理三》。

百匹"①。从唐之兵力配设来看,河西节度使在诸节度使和经略使中甚为雄厚,正所谓"猛将精兵皆聚于西北"②,从而有效地保证了河西地区正常的社会秩序和农业开发的顺利进行。

唐代前期河西走廊农业开发的状况可从以下几个方面探讨。

一、水利建设的兴盛

河西走廊干燥少雨,发展农业必以水利举先,唐代大规模的农业开发同样离不开相应规模的水利建设和完善的水利管理设置。笔者曾根据敦煌遗书考出有唐一代敦煌地区曾开有大小灌溉渠道百余条之多,它们有机地构成完整的灌溉网系,滋育着绿洲的大片良田;其工程建设的规模之宏大,渠道堰坝的配套之完备,管水配水的制度之严密,实在是令人赞叹的③。这些渠道在唐时发挥了极重要的作用。如纂于盛唐的敦煌文书《沙州都督府图经》(P.2005)等记载,当时在敦煌城周围绿洲就有宜秋渠、孟授渠、阳开渠、都乡渠、北府渠、三丈渠、阴安渠、神农渠等8条大河母(主要干渠),它们贯通敦煌城周围东南西北4大片绿洲,又有众多的支渠和子渠(斗渠)分列干渠两侧,呈羽状或枝状展布,整齐罗置很有规则。这无疑是经政府有计划、有组织地统一布设,精心开掘的。此外位于县城西南70公里处的南湖绿洲亦开有大渠、长支渠、令狐渠等多条灌溉渠道。

敦煌如此,河西其他地区亦弗瞠乎其后。长安元年(701年)名将郭元振出任凉州都督,"令甘州刺史李汉通开置屯田,尽水陆之利,

①《旧唐书》卷38《地理一》。

②《资治通鉴》卷216。

③李并成:《唐代敦煌绿洲水系考》,《中国史研究》1986年第1期,第159—168页。

稻收丰衍"①。时陈子昂指出："甘州诸屯,皆因水利,浊河灌溉,良沃不待天时,四十余屯并为奥壤。"②近人慕少堂考出,张掖南部黑河上的盈科、大满、小满、大官、永利、加官等渠道皆为唐时所建,可溉田 46.5万亩③。从而表明当时河西地区普遍进行了大规模的水利建设,从而为这一时期大规模的农业开发提供了重要保证。

为保证农田水利的顺利进行和发展,唐代还制定有一套完善的水利管理制度和管水用水法规。从敦煌所出开元《水部式》(P.2507)可见,当时对农田水利的管理组织、渠道堰坝的设置维修、灌水用水的时间和方法以及相应各级管水人员的职责和奖惩等均制订了具体规定。如:"凡浇田皆仰预知顷亩,依次取用。水遍即令闭塞,务使均普,不得偏并";"若用水得所,田畴丰殖,及用水不平,并虚弃水利者,年终录为功过附考";等等。《水部式》还专就河西地区公廨田和职田的灌溉作有规定:"河西诸州用水溉田,其州县府镇官人公廨田及职田,计营顷亩,共百姓均出人功,同修渠堰;若田多水少,亦准百姓量减少营。"

依照《水部式》的指导原则,河西各地还根据当地的实际情况和传统习惯制定有具体的用水章程,盛唐时的《沙州敦煌县地方用水溉田施行细则》(P.3560)即其一种。该细则分干、支、子等各级渠道细列其行水次序,并详述有关浇春水、浇场苗、重浇水、更报重浇水、更报浇麻菜水、正秋水、准丁均给水等的具体规定,贯穿了以"均普""适时"和优先保证主要产粮区用水为核心的灌溉原则。这一细则"古老相传,用为法制",它在当地与政府的其他政令具有同等效力。这一套完整的灌溉制度和用水原则即使在今天仍有重要的借鉴意义。

---

① 《新唐书》卷 122《郭元振传》。
② 〔唐〕陈子昂:《上西蕃边州安危事》,《全唐文》卷 211。
③ 慕少堂:《甘州水利溯源》,《新西北》3 卷 4 期,1940 年。

二、耕地的垦辟

唐代前期河西大规模农业开发的主要经营方式为军屯、民屯、非屯田性质的民田垦辟以及寺院的土地开拓等。

"凡军州边防镇守,转运不给,则设屯田,以益军储。"①陈子昂曰,河西诸州"盖宜屯兵,外得以防盗,内得以营农,取数年之收,可饱士百万。则天兵所临,何求不得哉"②。以军垦为主的屯田遂在河西蓬勃兴起。

早在武后垂拱年间(685—688年)河西的军屯就已具有一定规模,不过此时屯田所获尚少。"顷至凉州,问其仓贮,惟有六万余石,以支兵防,才周今岁。虽云屯田,收者犹在此外,略问其数,得亦不多。今国家欲制河西定戎虏,此州不足,未可速图。……以河西诸州又自守不足,今瓜(今安西)、肃(酒泉)镇防御仰食甘州,一旬不给,便至饥馁。……比者国家所以制其(吐蕃)不得东侵,实由甘、凉素有蓄积,士马强盛,以扼其喉,故其力屈,势不能动。"③正由于河西的盛虚关乎整个西北边境的安危,因而在此之后唐室进一步加强了本区的屯戍建设。长安元年(701年)拜名将郭元振出任凉州都督。元振任凉后斥地拓境,屯田积谷,辛勤治理,很快扭转了昔日的境况。"旧凉州粟斛售数千,至是数年登,至匹缣易数十斛,支庋十年,牛羊被野。"④此后娄师德、唐休璟、王孝杰、王忠嗣、牛仙客等先后经略河西,他们均以善守敢战、足兵足食而闻名边陲。及至开元年间本区的屯垦仍方兴未艾。时"置朔方、陇右、河西、安西、北庭诸节度使以统之,岁发山东丁壮为戍卒,缯帛为军资,开屯田,供糗粮,设监牧,畜马牛,军城戍逻,

---

①南宋本《唐六典》卷7"屯田郎中"条注。
②《新唐书》卷107《陈子昂传》。
③〔唐〕陈子昂:《上西蕃边州安危事》,《全唐文》卷211。
④《新唐书》卷122《郭元振传》。

万里相望"①。诗人王维写道,此时的河西地区"广屯田之蓄,度长府之羡,以赡边人,以弱敌国"②。天宝之世哥舒翰任河西节度使时,"仍屯田馈军,以益封财之用"③。可见经过初唐几十年的辛勤努力,盛唐时河西的屯田已成效大著,发挥了重要作用。

据《唐六典》载,玄宗时河西道计有屯田 154 屯,其中河西走廊境内 98 屯,即赤水 36 屯、甘州 19 屯、大斗 16 屯、建康 15 屯、肃州 7 屯、玉门 5 屯④。这 98 屯约占天下屯总 992 的 9.9%。上述赤水、大斗、建康、玉门皆为军名,知其所领 72 屯当悉属军屯。甘州、肃州的 26 屯则以州名名之,很可能全部或部分属于民屯。唐制"州镇诸军每屯五十顷"⑤。则河西 98 屯计有 49 万亩。唐亩为 6000 平方唐尺,其量地用尺合今 0.3 米⑥,则唐亩约合今 0.81 市亩,则河西屯地共合今 39.7 万市亩。其中 72 屯军屯合今 29.2 万市亩。

由《旧唐书·地理志》和《元和郡县图志》卷 40 等知,本区除六典所载领屯的赤水等 4 军外,尚有宁寇、墨离、豆卢、白亭 4 军和张掖、交城二守捉及其所屯兵员 20200 人,它们虽于河西道诸屯中未入其名,但为就近供应军需其周围亦当有所垦种。开元二十五年(737 年)令曰:"镇戍地可耕者,人给十亩以供粮。"⑦以此率计之,则区内又应开有军屯地 202000 唐亩,合今约 16.4 万市亩。笔者曾在宁寇军遗址(今内蒙古自治区额济纳旗马圈古城)、白亭军遗址(今民勤县端字号

---

①《资治通鉴》卷 223,广德元年条。

②〔唐〕王维:《送李补阙充河西支度营田判官序》,《全唐文》卷 325。

③《陇右河西节度使哥舒翰西平王制》,《唐大诏令集》卷 6。

④南宋本《唐六典》卷 7"屯田郎中"条注。

⑤《新唐书》卷 53《食货志》。

⑥《中国自然地理·历史自然地理》,科学出版社 1982 年版,第 261 页。

⑦《新唐书》卷 53《食货志》。

柴湾古城①)周围所见,散布于灌丛沙堆、片状流沙地之间的风蚀弃耕地及渠道遗迹今仍历历在目,其上还可采到灰陶片、"开元"钱币等唐代遗物。由《新唐书·地理志》等见,本区属于军事屯戍处所的还有明威、武安、白山、通化、合河、祁连6戍和百帐、豹文山、蓼泉、酒泉、威远5守捉;又由敦煌文书P.2862v、P.2626v、P.2803v等知,沙州还置有广明、乌山、双泉、冷泉、第五、八角、众备等戍所。在这些军事戍所的周围亦当有一定面积的开垦。

另外,据有的学者对吐鲁番文书的研究知,唐代西北还有烽铺屯田,平均每烽子、铺人1—3亩,数额甚少,本区恐亦有之。

由上述几项合计,盛唐时河西走廊军屯面积约合今50万市亩左右。民屯面积至少有《唐六典》载甘、肃二州26屯约合今13万市亩。显然河西民屯并非限于上述二州,考之敦煌写卷知,沙、瓜二州即有大量的民屯户存在。如大谷4915号文书载:"浑孝先纳天宝元年(742年)屯田地子青麦贰硕,又纳吕才艺屯田地子青麦壹硕贰斗,又纳浑定先贷种子青麦壹硕贰斗,又纳浑孝先贷种。"毫无疑问上述三户均为承佃国有土地的民屯户。北京萃文斋雒竹筠藏天宝《唐定兴等户残卷》上盖有"河西支度营田使印",韩国磐认定残卷中的户无疑是屯田(营田)户②。再如《唐永泰元年至大历元年(765—766年)河西节度使判集》(P.2942)中有一件《瓜州屯田请取未外均充诸欠》的写卷,所言屯田亦系民屯。至于敦煌文书中常见的"地子"一词,姜伯勤考为系唐代官府抑配予民佃种的屯田、职田、公廨田等土地上的地租③。即使甘

①李并成:《白亭军考》,《西北师大学报》(社会科学版)1994年第1期,第104页。

②韩国磐:《根据敦煌吐鲁番发现的文件略说有关唐代均田制的几个问题》,《历史研究》1962年第4期。

③姜伯勤:《关于〈牛定相辞〉》,《考古》1978年第3期。

州其民屯数也不总是如《唐六典》所载之 19 屯。在垂拱年间就曾有 40 余屯,并由于当时"其所管户不满三千,堪胜兵者不足百数"①,兵员甚少,故可推知其大部分屯当为民屯。由上可见河西地区民屯是普遍存在的,并似曾一度颇为发展。

唐代前期河西非屯田性质的民间农田开发亦呈兴盛。这首先可见于区内农户不断有所增加。早在太宗初年就曾诏归没入突厥的民户及"四夷前后降附者"户口共百余万众②,这些人口肯定有不少是归入河西这样的边境地区的。唐室亦实行徙民实边的政策。高宗时"移高丽户二万八千二百……量配于江淮以南,及山南、并、凉以西诸州空闲处"③。开元十六年(728 年)十月敕:"诸州客户有情愿属缘边州者,至彼给良沃田安置,仍给永年优复。"④除汉族人口外,降服的一些游牧民族亦有被安置在河西弃牧从农的。开元八年(720 年)敕关内、河东、河西"入朝新降蕃酋":"无令田陇废业,含养失所,递相勉谕,以悉朕意。"⑤这些人口使本区农业开发的劳动力资源得以大大补充。

区民间农田开发面积可从区内民户人口数中推得。据两唐书《地理志》,天宝年间河西凉甘肃瓜沙 5 州 13 县共有户 35818,有口 172086。唐代实行均田制,韩国磐依据《敦煌资料》第一辑收录的圣历至大历年间(698—779 年)户籍残卷受田户统计,平均每丁受田 35.77 亩⑥,笔者仍取这一时段户籍计算,户均已受田 51.1 亩(共 45 户,受田 2300 亩)。铃木俊对敦煌天宝时期户籍研究得出,户均既受

①〔唐〕陈子昂:《上西蕃边州安危事》,《全唐文》卷 211。
②《资治通鉴》卷 193,贞观三年十二月条。
③《旧唐书》卷 5《高宗纪》。
④《册府元龟》卷 70。
⑤《赐入朝新降蕃酋敕》,《唐大诏令集》卷 128。
⑥韩国磐:《唐天宝时农民生活之一瞥》,《厦门大学学报》1963 年第 4 期。

田额大体为六七十亩①。敦煌如此,河西其他地区的状况亦相去无几。上引陈子昂言甘州拥有 40 余屯而管户不满三千,40 余屯即 20 余万亩耕地,不足 3000 民户来种,则户均占田约 70 亩上下。实际上河西的户均田亩与当时全国的一般状况亦是比较接近的。《通典》卷 6《食货典·赋税下》载天宝地税数注中曰:"两汉每户所垦田不过七十亩,今亦准此约计数。"比照上述情况,本区即取户均 70 亩计之,则天宝年间区内民田面积为 2507260 亩,合今为 2030880 市亩。

寺院的农田拓垦为唐代前期河西地区又一重要的土地开发方式。法国学者谢和耐(Jacques Gernet)对敦煌文书等的研究指出:"从北魏一直到唐代,佛教很明显地扮演了大拓殖者的作用。那些土地贫瘠和干旱的地区形成了佛教僧众所乐于选择的地带,因为他们可以在那里更容易以其内部组织和管理才能而投资所拥有的财富;此外也可能是由于他们在中国西北地方比该国其他任何地方更容易获得同情。"②唐制僧尼亦可授田。《唐六典》卷 3"户部郎中员外郎"条载:"凡道士给田三十亩,女冠二十亩,僧尼亦如之。"此外寺观还可拥有"常住田"。"开元十年(722 年)正月二十三日敕祠部:天下寺观田,宜准法据僧尼道士合给数外,一切管收,给贫下欠田丁。其寺观常住田,听以僧尼道士女冠退田充。一百人以上不得过十顷,五十人已上不得过七顷,五十人以下不得过五顷。"③如将个人受田和"常住"田亩加在一起,那么出家人人均占有土地可达 40 亩左右。唐代前期河西地区的僧尼总数可由敦煌文书中推其大端。《唐沙州诸寺僧尼名簿》(S.2614v)

---

①[日]铃木俊:《均田租庸调制度的研究·序言》,(日本)刀水书房 1977 年版。

②[法]谢和耐:《中国五—十世纪的寺院经济》,耿升译,甘肃人民出版社 1987 年版,第 139—140 页。

③《唐会要》卷 59"祠部员外郎"条。

载,沙州开元寺等十余所寺院总计僧尼 1140 人,并分寺一一记有他
们的法名。此卷的写作年代在池田温整理的录文中记为公元 9 世纪
末期①,如盛唐时期沙州僧尼数亦准此数,则僧尼人数可占沙州总人
口的 7%(天宝年间沙州人口 16250 人)。准以此率,则天宝时河西僧
尼总数当有 12046 名。以每人 40 亩耕地计之,则河西寺院共有耕地
481840 亩,约合今 390290 市亩。加上上求河西民田面积、军屯面积
和《唐六典》所载民屯田亩则共有耕地约合今 303 万余市亩。如再加
上职田、公廨田、贵族官吏受田面积(此三项田亩无从确计,但由唐制
观之其所占比例在总田亩中不大),盛唐时期河西走廊拥有的耕地总
亩数当合今三百二、三十万亩左右。这一数字已相当于 1944 年本区
耕地面积 565.98 万市亩的 58%,相当于今天河西表报耕地面积约
1000 万亩的 1/3,这已很为可观了,突出地反映了盛唐时代河西农业
开发的成就。

三、粮食生产及对国家的粮食贡献

唐代前期河西的粮食产量较前代有显著增长。武后初年陈子昂
上言,甘州的 40 余屯"每收获常不减二十万"。40 余屯合 20 万亩,共
收 20 万石,可知亩获 1 石,但这是在当时"人功不备,犹有荒芜"情
况下的产量。"今若加兵,务穷地利,岁收三十万不为难得。"②如此则
亩收 1.5 石,这应是在人力所济的正常情况下大面积田亩的平均亩
产量,此可视为盛唐时期河西的亩均产量。这一数量还可与当时吐鲁
番地区的情形相比较。于吐鲁番文书中所见的租额一般一季亩交小

①〔日〕池田温:《中国古代籍账研究》附诸种文书 291 号。
②〔唐〕陈子昂:《上西蕃边州安危事》,《全唐文》卷 211。

麦高昌斗 2—2.2 斛,合汉斗 0.66—0.73 斛(石)[1]。我国封建社会私家租率常为对分,如此吐鲁番一般亩产小麦应为 1.32—1.46 石。其数字较甘州略低,这在于甘州的水资源条件和农功经营可能较吐鲁番略优。甘州大面积田亩的亩均产量当适用于河西地区的普遍情况。唐石合今 0.59 石[2],唐之亩产 1.5 石折合今亩今量为粟 147.6 市斤/市亩,或麦 158.4 市斤/市亩(粟今石 135 市斤,麦今石 145 市斤)。粟、麦亩产量分别比西汉增长了 32.9%、34.2%;比前凉增长了 12.6%、13.1%[3],已接近中华人民共和国成立前的水平了。本区自汉迄唐农业生产水平的逐步提高由是可观。粟、麦平均亩产若取 153 市斤/市亩(以粟、麦面积各占一半计),则盛唐时期河西粮食总产量可达 45400万市斤(取粮食作物占耕地面积的 90%计,今量),即 22.7 万吨,相当于 1992 年河西粮食年总产量 228.5 万吨的 9.93%。本区盛唐农业大规模的开发确乎是卓有成效。

正由于这一成就,因而早在前述郭元振任凉时就出现了"旧凉州粟斛售数千,至是数岁登,至匹缣易数十粟,支廥十年,牛羊被野……令行禁止,道不举遗"的繁荣景象。《册府元龟》卷 503 亦云,长安中凉州"遂斛至数十钱,积军粮可支数十年"。粟斛售价从原来的数千钱降至数十钱,囤积的军粮可支十年,实为历史上所罕见。及至玄宗之世河西的农业发展达到鼎盛,其成果更足以夸富于天下。撰于盛唐的

---

①孔祥星:《唐代前期的土地租佃关系》,《中国历史博物馆馆刊》1982 年第 4期。

②梁方仲:《中国历代户口、田地、田赋统计》,上海人民出版社 1981 年版,第545 页。

③河西西汉、前凉的粮食亩产量见李并成:《河西地区历史上粮食亩产量的研究》,《西北师大学报》(社会科学版)1992 年第 2 期,第 16—21 页。

《沙州都督府图经》记,时敦煌"荷锸成云,决渠降雨……流觞曲水,花草果园,豪族土流,家家自足。土不生棘,鸟则无鸠;五谷皆饶,唯无稻黍"。据《通典》卷 12 载,天宝八载(749 年)天下和籴仓贮粮 1139530 石,其中河西道 371750 石,所占比例竟高达全国的 32.6%!笔者曾疑此数过大,又核之《通志》卷 56、《文献通考》卷 21,所载皆同,则应可信。天宝中高适《送窦侍御知河西和籴还京序》中写道:"天子务西州之实,岁籴以亿计。……我幕府凉公,勤劳王家,常用此道。"①务西州之实即指经营西北边防,和籴以足军食为其重要的经营方略之一;高适当时任河西节度使哥舒翰幕府掌秘书,幕府凉公即指哥舒翰,岁籴以亿计虽不一定是实指,但河西地区和籴之多是毋庸置疑的。

河西和籴数量之多在敦煌文书中亦多有反映。《唐天宝九载(750 年)八月至九月敦煌郡仓纳谷牒》(P.2803v)载有 11 件百姓上交和籴粮文牒,每户交籴数石至数十石不等,最多的交 52 石(唐思贞)。牒中共计 253 户次,扣除交籴 2 次或 3 次的 54 户,实有 199 户,共交籴 3124.79 石,则户均交籴 15.7 石,合今 1250.5 市斤(粟)。这尚是一般农户的纳籴,此外还可见行客(行商)交纳籴粟的记载,其所纳数量更多。《唐天宝六载(747 年)十一月河西豆卢军军仓收纳籴粟牒》(P.3348v)载,行客任哲子交籴粟 108.6 硕(石),王玉芝 200 硕,李庭金 200 硕,常重进 100 硕,康仁稀 50 硕,马思简 60 硕。行客往往把农户手中的粮食收购而来以换取官仓的匹段,然后再用匹段从事其他贸易从中渔利。和籴是政府为满足军需而规定的购粮制度,是农户在完纳正租、地税、义积后向国家交售余粮的举措。和籴数量可以反映一地余粮的多少和富裕程度。上述情形表明如果不是耕地充裕,余粮较多,

①《全唐文》卷 357。

农户在完纳正税等后是无法交纳这许多粟的。而这些数字还仅是就绝对数量而言,尚未考虑进人口因素。天宝年间河西道共有户59427(据《旧唐书·地理志》计算,含伊州、西州和北庭大都护府户数),以上引河西道交粟总数计之,则户均交粟6.26石。此数相当于全国户均交粟数0.21石(当时全国共8973634户)的29.8倍! 河西无疑成了当时全国最为富庶的地区之一。"是时中国盛强,自安远门而尽唐境凡万二千里,闾阎相望,桑麻翳野,天下称富庶者无如陇右。(哥舒)翰每遣使入奏,常乘白橐驼,日驰五百里。"①王忠认为因当时哥舒翰已兼任河西节度使,此处言陇右必兼指河西②。

写到这里,我们还可以再来估算一下河西农户盛唐时对国家的贡献情况。农户每年交纳国家的粮食总量除和粟外,还有正租(含地子)、地税、义积,而这几项纳粮又囤贮在常平仓、正仓、义仓和军仓中。由《通典》(北宋本)卷12并核之《文献通考》卷21《市粜考》知,天宝八载(749年)河西道正仓粮贮702065石,义仓粮贮388403石,常平仓粮贮31090石,军仓粮贮则无载③。其中正仓粮除供给职官粮禄(唐令:"诸给粮禄,皆以当处正仓充。"④)和地方其他支用(如供给役递运输丁夫口粮,供给往来于丝绸之路上大批客贾、使者口粮及其丁夫、客使的牲畜饲料等)外,其余大部分应补给军饷,并有一部分东运关中以实皇家仓廪(详后)。前引P.2803写卷中就有一件沙州豆卢军

①《资治通鉴》卷216,天宝十二载条。

②王忠:《新唐书吐蕃传笺证》,科学出版社1958年版,第84页。

③河西道常平仓贮粮,《通典》通行本误作1663778石,梁方仲先生校改(见前揭梁氏大著287页)。

④《册府元龟》卷636《铨选部·考课》。

向敦煌郡仓支取青麦、豌豆、糜、粟共 1000 石"送冷泉等五成，充马料"的牒文，可知部分军需是由正仓提供的。常平仓粮则主要用以"均贵贱"，即谷贱时增价而籴，谷贵时减价而粜，以平抑物价。义仓则是"唯荒年给粮，不得杂用"①。常平仓和义仓贮粮均系累年所积，非一年之聚。但义仓的当年贮量可由其来源中求得。开元二十五年地税制："亩别纳粟二升，以为义仓。"②以上考盛唐河西户均实有耕地约 70 唐亩计，则户均纳地税 1.4 石，于是河西道每年入义仓的地税总量为83198 石，大约相当于上引义仓总贮量的 1/5 强。若常平仓粮亦准此率计算，则河西道每年可入常平仓粮 6529 石，户均纳常平仓粮 0.11石。军仓贮粮虽无确数，但由上引 P.3348 背文牒中行客任哲子等向豆卢军(驻敦煌城内)军仓大量交纳籴粟的情形观之，敦煌军仓的贮量是相当可观的。《通典》卷 6《赋税下》载，开元、天宝年间每岁军用"籴米粟则三百六十万匹段"，其中河西道籴 88 万匹段(含伊、西、北庭 8 万匹段)。又据《唐天宝四载(745 年)河西豆卢军和籴会计牒》(P.3348 背)和《唐天宝年代敦煌郡会计账》(P.2862v、P.2626v)知，天宝年间主要粮食作物(单位:石)与丝织品(单位:匹)的价格(单位:文)分别为:

粟 270、320、340,床270、310、320,青麦 300、350,小麦 320、370、490;河南府:绝550、620,缦绯 550,缦绿 460,大练 460,陕郡:熟䌷600,大生绢 465。

若取平均值计，则粮食作物每石 332.7 文,丝织品每匹 529.3 文。按此比价，则河西道 88 万匹段可籴粮 1400012 石。当然这一数字并

---

① 〔唐〕《唐六典》卷 3"户部仓部掌固"条。
② 注释内容:〔唐〕《通典》卷 12"食货十二"。

非全系军仓提供,已如前述正仓贮粮亦提供部分军需,若准以上引正仓贮粮的 2/3,即 468046 石供军需,则军仓贮粮应有 931966 石。

以上诸仓贮粮总计(义仓和常平仓只记入当年数)1723758 石。此为河西道农户每年提供给国家的粮食总量,以户均计之,则为 29.01 石,合今约 2396 市斤(以粟麦各占一半计)。

如此大的贡献其数确否?我们还可以另一种算法来加以核验。《新唐书·食货志》云:"京畿田亩税五升。"此为国家所规定的一般民田的正租税额。至于屯田地子等项其租额由敦煌户籍等文书上见,要较一般民田的正租高得多,甚至往往取收获量之半。即以河西农户户均拥有耕地约 70 亩的最低正租额计,户纳正租亦达 3.5 石。加上上考户均交粜 23.56 石、户均地税 1.4 石、户均常平仓粮约 0.11 石,则盛唐时期河西民户户均贡献国家的粮食总量为 28.57 石。实际上,河西户均纳粮还不止此,如上求正租量中并不含较正租高出许多的地子租量,若将此考虑在内,则户均贡献总量应达到 29 石左右,这一数额正与以上通过计算河西诸仓贮粮所算得的河西户均贡献量 29.01 石相吻合,由此可见此数应是征而有信的。

我们还可以换一个角度对此数额再予检核。若以河西户均 70 亩耕地的 90%,即 63 亩种粮,以唐代前期河西粮食平均亩产量 1.5 石计,则户均粮食总产可达 94.5 石,合今 7806 市斤,除去贡献国家的 2396 市斤外,尚余 5410 市斤,则人均尚有余粮 1127 市斤(以天宝年间河西户均 4.8 人计)。尽管当时的粮食加工率较低,但人均占有千余市斤原粮应是可敷其用的了。史实再一次证明,盛唐时期河西农户户均贡献国家粮食高达 29 石许,合今近 2400 市斤这一数额是可信的。

我们无妨再来做一下古今对比。目前河西地区每年约提供给国家商品粮 10 亿多公斤,河西约有农户 66 万余户,则户均贡献约 1515 公斤。盛唐时期的户均贡献量约为今天的 79.2%,与今天的户均贡献量差得并不太多,这亦是完全可能的。因为今天的生产水平虽较盛唐时高出许多(今天河西粮食亩产量近 400 公斤,约为盛唐亩产量的 5 倍),然而今天户均占有耕地数却较盛唐少了许多(今天河西户均有地约 12 市亩,约为唐时的 21%),如此盛唐时的户均贡献量自然可与今日媲美。从而也有力地证明了今天西部大开发中河西地区所从事的商品粮基地建设是有其良好的历史基础的。

盛唐时期河西走廊的农业开发使之发展成了国家所依赖的重要的粮食基地之一。河西的产粮不仅可满足区内军需民食,而且余粮还能源源东运,以实皇廪。《太平广记》卷 458《东城老父传》记:"河州、敦煌道,岁屯田,实边食,余粟转输灵州,漕下黄河,入太原仓,备关中凶年。"对照上考情况可知言之非虚。沈亚子云:"昔户部其在开元,最为治平。当时西有甘、凉六府之饶,东有两河之赋。"[①]《唐语林》卷 3《夙慧》亦曰,开元时"入河湟之赋税,满右藏;东纳河北诸道租庸,充实左藏。财宝山积,不可胜计"。从这些记载中可以生动地反映出当时河陇经济在全国所占有的重要地位。在当时河陇 33 州中"凉州最大,土沃物繁,而人富乐"[②]。安史之乱发生后,中使骆承休还曾建议玄宗迁居凉州。骆说:"姑臧(今武威)一郡,尝霸中原,秦、陇、河、兰皆足征取,且巡陇右,驻跸凉州,剪彼鲸鲵,事将取易。"[③]虽未成行,但也足以说明河西的强盛富足及其之于全国局势的重要地位。

唐代前期河西走廊的农业开发,经一个多世纪的迅速发展,至盛

---

① 〔唐〕沈亚之:《对贤良方正直言极谏策》,《全唐文》卷 734。
② 《新五代史》卷 72《四夷附录三》。
③ 《通鉴考异》引《明皇幸蜀记》,引自《资治通鉴》卷 218。

唐开元、天宝之世达到极盛,以至成了国家倚重的富庶的农业基地之一,其发展的规模和水平前所未有。回顾河西历史上的开发经营状况,总结历史的经验教训,对于今天在西部大开发中本区的建设和发展无疑具有重要的史鉴意义。

（原载《中国农史》1990 年第 1 期）

河西地区历史上粮食亩产量的研究

一

根据考古发掘,早在距今四五千年前的马家窑文化时期,河西走廊就有人类定居及其生产活动。由武威、永昌等地出土的这一时期大量的生产工具,如用于砍伐树木的石斧、用于翻土的石铲、用于收获的石刀,用于加工的石磨盘、磨棒、纺轮等①,可以推测当时绿洲先民们所从事的是以定居农业为主的生产活动,并有一定比重的畜牧和渔猎经济存在。民乐县东灰山遗址中还发现了五千年前的碳化粟、大麦、高粱、稷等粮食品种②,这应是当时栽培的主要谷物。因无史料记载,其粮食亩产量无考。

河西走廊历史上首次大规模农业开发,始于汉武帝反击匈奴、河西归汉之后。西汉王朝为了充实边防,建立制匈奴通西域的强大根据地,河西归汉之初即在这里筑长城、列亭障,设置郡县、移民屯田,由国家有组织、有计划地实施大规模的开发经营。

汉代河西粮食产量史无专文,但可推其大端。为史家所乐道的西汉亩产量最富有概括性的材料为晁错所言:"百亩之收,不过百石"③,

①甘肃省博物馆:《甘肃古文化遗存》,《考古学报》1960 年第 2 期。

②《河西走廊发现 5000 年前的粮食作物》,《人民日报》1987 年 11 月 28 日,第 3 版。

③《汉书》卷 24《食货志》。

即亩产一（小）石。宁可将其折为今亩今量，合今一市亩可产粟 94 市斤，产麦 100 市斤①。这是当时全国的平均情况。如系水利之田可产（合今亩今量）粟 253 市斤/市亩，麦 272 市斤/市亩。如为代田之地则收获"常过缦田（非代田）亩一斛以上，善者倍之。"②河西基本上都是水浇之地，又是实行代田的地区（《汉书·食货志》记，武帝末年赵过发明的代田法"又教边郡及居延城"），理应有较高产量。然而本区又系新辟之地，土广人稀，耕作不可能很精细，代田法也只能是在一部分土地上施行，产量不至过高。统而观之，河西亩产量的低限大约不会低于全国成立亩均一小石的水平，其高限也不至于超出此太多。对照中华人民共和国前夕的情形，1947 年本区粮食亩均产量 170 市斤许，相当于汉亩约 1.7 小石，则西汉时的亩产量达到 1.1—1.2 小石是完全可能的。

上述估计还可与居延汉简中的廪食资料对照。据吴慧的统计，居延戍卒和家属平均大小六口每人月食 2.2662 小石③，则年食约 27.2 小石，合今量约年食粟 740 市斤，或麦 795 市斤（均应为原粮，当时粮食加工率很低，据居延破城子汉简 110·14 云"粟一斗得米六升"，则知其比率为 10:6；麦的加工率应高一些，但不及粟的种随面积广大）。如再加上种子、饲料（汉时边地养马较多）、酿造、仓贮等项用粮以及供给大批往来丝绸之路的使者、商客和与周围游牧民族交换的粮食，区内人均占有原粮应在千斤（合成品粮为 600 余斤）以上（今量）才能敷其所用。笔者曾研究得出，西汉河西人均耕地合今 11.8 市亩④，则平均亩

---

①宁可：《有关汉代农业生产的几个数字》，《北京师院学报》1980 年第 3 期。

②《汉书》卷 24《食货志》。

③吴慧：《中国历代粮食亩产研究》，农业出版社 1985 年版，第 63 页。

④李并成：《武威—民勤绿洲历史时期的土地开发及其沙漠化过程》，北京大学硕士学位论文，1988 年。

产量只有达到百斤左右(今量)或更多,人均才有可能占有千斤(今量)以上的原粮。

由居延汉简所载屯田的地租亦可大体推断当时粮食亩产量。"右第二长官,二处田六十五亩,租廿六石。"①这里的"二处田六十五亩",是指"第二长官"管辖的屯田,六十五亩缴纳地租廿六石,则亩均纳租四斗。"右家五,田六十五(亩),取租大石廿一石八斗。"汉代的石有大小之分,"凡出谷小石十五石为大石九石"②,则大小石比率为 10:6。大石廿一石八斗,折合小石约卅六石四斗,以六十五亩除之,则亩均地租小石五斗六升,较上简所算亩均四斗高出 40%。亩均地租量的不同当主要与土地本身的优劣差异及产量有关。汉代中原地区地租率一般为收获量的 50%,即《汉书·食货志》所云"耕豪民之田,见税什五"。居延汉简中的屯田地租率亦大体如之。亩均交租四斗至五斗六升,则亩产量当在八斗至一石一斗二升之间。汉小亩当今 0.288 市亩,汉(小)石当今 0.2 市石③。今石粟 135 市斤,麦 145 市斤。上述亩产量合今亩今量约每市亩产粮 80 至 110 市斤上下。这与上述根据廪食资料等推算的结果相似。

值得欣喜的是新出居延汉简中还发现了亩产量的直接资料。72.E.J.C:1 简云:"第四长安亲,正月乙卯初作,尽八月戊戌,积二百[廿]四日,用积卒二万七千一百卅三人。率日百廿一人,奇卅九人。垦田卅一顷卅四亩百廿四步,率人田卅四亩,奇卅亩百廿四步。得谷二千九百一十三石一斗一升,率人得廿四石,奇九石。"④首先需要弄清,这里

---

①《居延汉简释文合校》,文物出版社 1987 年版,303·7 简,第 496 页。
②《居延汉简释文合校》,文物出版社 1987 年版,148·15 简,第 245 页。
③吴慧:《中国历代粮食亩产研究》,农业出版社 1985 年版,第 235 页。
④《居延新简释悴》,兰州大学出版社 1988 年版,第 87 页。

的"石"为大石,非小石。田卒人均收获量 24 大石,合 40 小石。这一数量正好等于戍卒人均年口粮际准。如将 24 石当作小石的话,那就是说田卒一年辛劳所获连本人的口粮都不够,这绝非可能。每人垦田 34 亩,得谷 40 小石,则亩产量约 1.18 小石,高于全国亩均一石的水平,合今亩今量为粟 111 市斤/市亩,麦 118 市斤/市亩。如当时粟、麦播种面积取 2:1,则粮食作物平均亩产量合今亩今量为 113 市斤/市亩。这一结果与前述根据全国一般状况和汉简廪食、地租资料估算数字大体吻合,应是比较符合居延以至整个河西地区历史实际的。由此看来,汉代河西地区的粮食亩产量大约在 1.1—1.2 小石左右,合今亩今量(粟、麦平均亩产)当为 110 市斤/市亩上下。

二

东汉后期以来,河西动乱频繁,社会板荡,农业开发趋于衰势。延及曹魏、西晋,均未有太大的起色。限于史料,这时期粮食亩产量状况无考。

迫至前凉,统治者奉行尊晋守土的方略,攘外安内,在动乱中开创了河西地区比较安定的社会环境。前凉课农桑,兴水利,轻敛赋,省园宥,农业生产恢复发展很快。张骏时还拟"治石田",即所谓"徙石为田,运土殖谷"①。可能是开辟绿洲边缘一些砾石地或河漫滩地为田,反映了这一时期耕地面积的扩大。"石田"一名于吐鲁番所出北凉赀簿文书中亦见②,当系西北干旱地区特有的一种土地类型。张骏的护军索孚言,石田每亩所收"不过三石"③。吐鲁番北凉文书载"常田七亩

① 《魏书》卷 99《张骏传》。
② 沙知、孔祥星:《敦煌吐鲁番文书研究》,甘肃人民出版社 1984 年版,第 30 页。
③ 《魏书》卷 99《张骏传》。

赀廿一斛"①,亦恰为每亩三石(石、户可混用),因所言为常田,当指一般土地通常的收获量。可见当时西北绿洲地区无论石田、常田亩产量均为三石许。

根据吴慧的材料,魏晋的亩(240步亩)合今 0.759 市亩②,约为晁错所言汉亩(小亩)的 2.64 倍。又据最近对太康三年(282 年)铜釜的测定推算,知晋石合今 0.245 石③,略大于西汉之石。依此推之,前凉前期的亩三石合今亩今量约为粟 131 市斤/市亩,麦 140 市斤/市亩。若粟、麦播种面积比仍取 2:1,则当时粮食作物平均亩产为 134 市斤/市亩,约高出西汉时亩产 1/5。

考之前凉河西粮食亩产量增长的原因,除了当时社会安定、统治者重农外,还应归功于自汉武帝开发以后的数百年来绿洲人民劳动素养和耕作经验的日益提高,特别是魏晋以后河西耕作机具和农业技术的突出进步。据《三国志·魏书·仓慈传》引《魏略》,楼播和衍溉技术当时已传入河西走廊西部,以至"岁终率计,其所省庸力过半,得谷加五"。于嘉峪关魏晋墓的壁画中见④,河西农业已大量使用牛拼,作二牛抬杠式,整个机具全由一人操作,较之西汉赵过的二牛三人耦耕式已显有进步。耕犁犁铧系全铁制成,且后脊抬起,破土较深。畜拉铁齿耪、耙大量可见,这两种碎土保墒新农具的运用反映了人们对"河右少雨"的地理特点已有深刻认识,体现了河西土地开发的深入和进步。更值得重视的是,墓画中还见耕—播—耙(碎土)—耪(掩盖籽种,

①沙知、孔祥星:《敦煌吐鲁番文书研究》,甘肃人民出版社 1984 年版,第 27 页。

②吴慧:《中国历代粮食亩产研究》,农业出版社 1985 年版,第 236 页。

③吴慧:《中国历代粮食亩产研究》,农业出版社 1985 年版,第 235 页。

④《嘉峪关壁画墓发掘报告》,文物出版社 1985 年版。

糖平土地）一整套适应干旱地区的耕播保墒技术和制度已经形成运用，这对于土地利用集约程度的提高和作物增产效果显著。即使今日河西农村，虽然耕播工具早已今非昔比，但就其基本程序而言，仍不脱此窠臼。可知今天仍流行于河西的这套耕作制度早在1600多年前即已定型并大量运用。

三

隋唐以降，河西农业开发进入了又一个迅速发展时期。特别是唐代前期，统治者尤为重视西北边政，于边郡推行足兵足食的政策，对于"境控三边冲要，屏蔽关陇"的河西更是实施了大规模的屯防、屯粮、屯牧之举，河西农业经济遂在前代的基础上获得了更大规模的蓬勃发展，迨至盛唐达到鼎盛。

唐代前期河西的粮食亩产量较前代又有显著增长。敦煌遗书《乙亥年索黑奴等租地契》（S.6063）曰："……遂租种□。其地断作价值，每亩一硕二斗，不拣诸杂色，□并总收纳。"这份佃租土地契约的租额为每亩1.2石（硕），与当时陆贽所说"私家收租，殆有亩至一石者……降及中等，租犹半之"[1]的较重租率的情形近之。唐代私家租额亦常为对分，如"泾大将焦令湛，取人田自占，给与农，约熟归其半"[2]。以此计之，索黑奴佃租地的亩产量应为2.4石，这应属于较好土地的较高产量。吐鲁番所出唐代文书中见到租额一般一季亩交小麦"高昌斗"2至2.2斛，合汉斗0.66至0.73斛（石）[3]，则知亩产小麦1.32至

---

①陆贽《均节赋税恤百姓》，《唐陆宣公文集》卷22。

②《新唐书》卷153《段秀实传》。

③沙知、孔祥星：《敦煌吐鲁番文书研究》，甘肃人民出版社1984年版，第256页。

1.46 石,这大致属于吐鲁番地区的一般情况。武则天执政初年陈子昂
上言:"甘州诸屯皆因水利,浊河灌溉,良沃不待天时,四十余屯,并为
奥壤,故每收获常不减二十万。"①唐制"州镇诸军每屯五十顷'②,四十
屯合二十万亩,收获二十万石,则亩收一石。这尚是在"人功不备,犹有
荒芜"情况下的产量,"今若加兵,务穷地利,岁收三十万不为难得"③。
如此则亩收一石半,这应是在人力所济的正常情况下大面积田亩的
平均亩产量。这一数字较吐鲁番地区稍高,这在于甘州的水资源条件
和经营状况要较吐鲁番略优。甘州大面积田亩的亩均产量当适用于
河西地区的普遍情形。唐石合今 0.59 石④,唐亩为 6000 平方唐尺,其
量地用尺合今 0.3 米⑤,则唐亩约当今 0.81 市亩。唐之亩产 1.5 石折
合今亩今量为粟 147.5 市斤/市亩,或麦 158.4 市斤/市亩。粟、麦亩产
量分别比西汉增长 32.9%、34.2%;比前凉增长 12.6%、13.1%,已接近
中华人民共和国成立之前的水平了。本区自汉迄唐农业生产水平的
逐步提高由是可观。若以粟、麦播种面积各占一半计,则当时粮食作
物平均亩产为 153 市斤/市亩。

　　唐代前期河西走廊农业的长足发展还使之成了国家所依赖的重
要的粮食墓地之一。河西的产粮不仅可满足区内之需,而且余粮还能
源源东运,以实皇廪。笔者曾算得,当时河西每个农户年均可给国家
提供琅食 30.85 石,合今约 2548 市斤,较今天的户均贡献量还要略

---

①〔唐〕陈子昂:《上西蓄边州安危事》,《全唐文》卷 211。

②《新唐书》卷 53《食货志》。

③陈子昂:《上西蓄边州安危事》,《全唐文》卷 211。

④梁方仲:《中国历代户口、田地、田赋统计》附录二,上海人民出版社 1981 年
版,第 545 页。

⑤《中国自然地理·历史自然地理》,科学出版社 1982 年版,第 261 页。

多，从而有力地证明了今天河西地区正在从事的商品粮基地建设是有其良好的历史基础的①。

唐代前期河西粮食产量的增长除政治、社会等方面原因外，也与这一时期农业机具和技术的显著进步相关。于敦煌莫高窟唐代壁画中可以看到一批耕犁的形象，绝大部分为二牛抬杠式的长辕无床犁。傅玖认为这种犁对于河西地区比魏晋北朝的有床犁更为适用有效，已接近今日河西仍沿用的一些犁了②。更值得一提的是于莫高窟盛唐445窟弥勒经变画中出现了曲辕犁。韩国磐、王进玉等认为这种犁与唐人陆龟蒙《耒耜经》中记载的曲辕犁颇似③，表明当时这种最先进的耕具已在河西使用，这对于本区农业开发的进行无疑具有巨大的促进作用。

四

明代以降，河西属九边地区之一，因而军防建设和开发经营受到重视。明初本区再振移民屯田之举，绿洲的劳动力资源遂又有较多增加。区内农业开垦自洪武初期起一直在大规模进行，且成就显著。洪武三十年（1397年）"……凉州、西宁、永昌、肃州、庄浪累岁丰熟"④。万历时"时和岁稔，民庶兵强"⑤。时人张雨《边政考》载："屯修

———————

①李并成：《唐代前期河西走廊的农业开发》，《中国农史》1990年第1期，第19页。

②傅玖：《河西的犁》，载《丝路访古》，甘肃人民出版社1983年版，第130页。

③韩国磐：《隋唐五代史论集》，生活·读书·新知三联书店1979年版，第91页；王进玉：《敦煌壁画中农作图实地调查》，《农业考古》1985年第2期。

④《明太祖实录》卷249，"三十年一月戊辰"条。

⑤张澍：《凉州府志备考》，三秦出版社1988年版，第802页。

于甘,(河西)四郡半给;屯修于甘、凉,四郡粗给;屯修于四郡,则内地称苏矣。"

明代河西的粮食亩产量较汉、唐又有增加。建文四年(1402年)边地"始定屯田科则,每军田一分,正粮十二石,收贮屯仓,听本军支用;余粮十二石,给本卫官库俸粮"①。明制,每军(人)受田五十亩为一分②。正、余粮共收24石,则亩均产量0.48石。永乐二十年(1422年),"诏各都司卫所,屯军艰苦,子粒不敷,除自用十二石外,余粮免半,止征六石"③。仍每分地收24石,亩收0.48石。此为明代全国边地屯田的平均亩产量。九边之中宁夏、河西(甘肃)二边几乎全系水浇之田,产量无疑高于边地平均之数。如《明会要》卷53载,永乐二年(1404年),"定屯田官军赏罚例:岁食米十二石,外余六石为率。多者赏钞,缺者罚俸"……太原左卫千户陈淮所种样田,每军余粮二十三石。帝命重赏之。宁夏总兵官何福积谷尤多,赐敕褒美"。宁夏如此,河西的收获量亦当为数不少。

查继佐《罪惟录》志卷11《屯田志》载,洪武六年(1373年),"太仆寺丞梁野先帖木儿言,黄河以北,宁夏所辖及四川西南至川城,东北至塔滩,宜集流亡民屯。十一税之,并行中盐之法。上从之"。《明史》卷77《食货一》亦载此言,但漏税率。李洵认为文中"四川"为"银川"之误,所云区域为银川以西至武威一带④,是之。则"十一"税率当行于河西。由《甘肃通志稿》卷36《财赋一》引《陕西通志》载河西全境十三

①《续文献通考》卷5《田赋考·屯田》。
②《明史》卷《食货志》。
③《续文献通考》卷5《田赋考·屯田》。
④李洵:《〈明史·食货志〉校注》,中华书局1982年版,第28页。

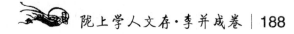

卫、所资料合计，嘉靖时河西共有屯地 168.885 万亩，共税屯粮 178829.96 石，则每亩税粮 0.1059 石。依上述税率求之则亩产量为 1.059 石。明亩当今 0.9216 市亩，明石当今 1.025 市石[1]，其亩产量合今亩今量为 167.2 市斤/市亩（麦、杂粮七三开），较唐代前期亩产量又增长了 9.28%，已和本区中华人民共和国成立前夕的亩产量大略持平。

明代河西粮食亩产量增长的原因，亦有政治、社会、技术等几个重要方面。明廷既重边政，明代河西又未发生过大的战事，经过较长时日的休养生息，劳动者的耕作技术亦日趋精细、成熟。由当地的方志、奏章、杂录等史料见，当时的耕作程序和机具已和中华人民共和国成立前夕的相去无二，不赘。

五

清代前、中期，作为经略新疆"军需总汇"的战略基地的河西，其农业开发继续受到重视。河西实行了"宽租招垦"、徙民实边、改编成军为屯丁、"行镯免，薄赋敛"等一系列有利于土地开发和生产发展的措施，并进行土地关系的某些调整，加速了开发进程。

清代河西的粮食亩产量与明代的情形大体相当或稍高。乾隆二年纂《重修肃州新志》第 4 册《附载》所记镇番（今民勤）县柳林湖地区新开的 12 万亩屯地的收获量为："雍正十二年（开种首年），下小麦、苑豆、糜、粟四种一万五百石，秋收除种，官民平分，各二万七千四百四十四石三升五合。十三年，下麦、糜、粟三种一万一千五百六十五石

---

①吴慧：《中国历代粮食亩产研究》，农业出版社 1985 年版，第 63 页。

九斗九升。秋收除种,官民各分三万六千五百八十二石九斗七升九合六勺七抄九撮。"12 万亩准以 90%为粮播面积,即 10.8 万亩,由上述播种量计,则每亩播种约 0.1 石。雍正十二年(1734 年)共收获 66454 石(官民所得加籽种),则亩产 0.615 石。清亩亦当今 0.9216 市亩,清石当今 1.0355 市石①,则合今亩今量为 98.1 市斤/市亩(麦、杂粮面积七三开)。雍正十三年(1735 年)共收获 84732 石,则亩产 0.7845 石,合今亩今量为 125.2 市斤/市亩。柳林湖地区系滨湖滩地,地下水位较高,土质含盐较重,又系新开之地,故其产量较低。

《重修肃州新志·高台县志》第二册《屯田》载,雍正十一年(1733 年)该县三清湾、柔远堡、平川堡、毛目城、双树墩、九坝等地新开屯地 44314 亩,次年下麦、稞、豆、糜、粟五种共 3935.7 石(柔远堡为十三年数),共收获 21497.5 石,如仍准以 90%为粮田面积,即 39883 亩,则亩下种亦约 0.1 石,亩产量 0.54 石,合今亩今量为 86.2 市斤/市亩(麦、杂粮面积七三开)。这亦系新辟田亩,产量自然亦低。

《皇朝政典类纂》卷 2《田赋》载,康熙五十五年(1716 年)"肃州(酒泉)迄北地方可以开垦之处甚多,酌量河水灌溉",在西吉木、达里图、方城子三地共可种 1730 余石种子,而当年共获粮 14000 余石。以亩种一斗计,1730 余石可种 17300 余亩,获粮 14000 余石,则亩产量为 0.81 石,合今亩今量为 129.2 市斤/市亩(麦、杂粮面积七三开),较柳休湖地区雍正十三年的亩产量略高。由上观之,清代河西走廊新垦土地的亩产量大约在 0.54 至 0.81 石之间,合今亩今量约 86.2 至 130 市斤/市亩。

①吴慧:《中国历代粮食亩产研究》,农业出版社 1985 年版,第 235 页。

清乾隆初年黄文纬《广济堂记》载,时人郭林承垦王子庄东坝之田(位于今金塔县),"种五石,岁可得京斗麦五十石"[①]。种五石即约50亩,则亩获一石,合今亩今量159.6市斤/市亩。这大概系一般民田偏低的产量,和明代的情形近之。

清石之瑛《开设沙州记》载,沙州(敦煌)自雍正七年(1729年)重新开垦以来,"屯种既广,树艺益繁。所种小麦、青稞、粟、谷、糜子等项,计下种一斗,收至一石三四斗不等,共收粮一十二万余石"[②]。亦准以亩种一斗,则亩产为1.3至1.4石,合今亩今量为207—223市斤/市亩。这当系较好地亩的收获量。

综上可见,清代河西新垦土地的亩产量大约合今亩今量在百市斤上下,一般不至超过130市斤;一般民田亩产量合今亩今量大约160至170市斤,和明代大略持平;较好土地的亩产量合今亩今量可达200市斤以上或更高。

由以上的探讨可知,河西走廊自西汉中期开发以来迄至清代,粮食作物亩产量呈缓慢增长趋势。以今亩今量计,汉代约110市斤,前凉为134市斤,盛唐增至153市斤,明代达167市斤,清代则大体与明代相当或稍高。历经两千年许,亩产量增长了约60市斤(今量),即54.5%。增长的原因除政治、政策等方面外,还在于农业生产技艺和机具的缓慢进步,同时也与作物品种的变化与改良相关(汉代以粟为主,唐代粟、麦并重,明清以麦为主)。史实表明,社会的安定、国家的重视、政策的有利、技艺的进步,乃是粮食产量增长的一般制约因素。

与封建社会形成明显对照的是,中华人民共和国成立以来河西亩产量从之前的170市斤增至1990年的820市斤许,短短40年增

---

①《重修肃州新志》,1981年酒泉重印本,第298页。
②《重修肃州新志》,1981年酒泉重印本,第543页。

长了650市斤,即3.82倍!40年所增数量比封建社会长达2000年的增长数量还要多出近10倍!更有甚者,1990年临泽县全县亩均产量高达1272市斤,成为闻名全国的粮食单产"冠军县"①。由此充分显示了社会主义制度的优越性。

(原载《西北师大学报》(社会科学版)1992年第2期)

---

① 《甘肃日报》,1991年6月12日。

沙漠历史地理研究

我国历史上的沙漠化问题及其警示

　　土地沙漠化,是指干旱、半干旱(含部分半湿润)地区由于人类不合理的开发经营活动,破坏其原有的脆弱生态平衡,使原非沙漠地区出现了以风沙活动为主要特征的类似沙质荒漠环境的退化过程。时值世纪之交的今天,人类面临着严峻的生态环境问题,土地沙漠化(或称为荒漠化)及其造成的环境恶化和经济贫困,被国际社会列为威胁人类生存的重大问题之一。研究、解决今天的沙漠化问题,走可持续发展之路,就极有必要探究沙漠化形成的历史过程和产生的根源。

　　多年来,我国学者致力于历史上沙漠化的调查和研究,取得了一批重要收获,为国际社会沙漠化的防治做出重大贡献。

　　我国境内历史上的沙漠化过程,主要发生在下列地区:

一、干旱地区的沙漠化

　　干旱地区的沙漠分布在西北地区, 它们绝大多数在地质时代即已形成。但在沙漠边缘的一些绿洲地带,由于历史上人为的滥垦、滥牧、滥樵、水资源的不合理利用(中上游大量引灌,下游水量不济),或受战争等的影响,加之自然因素的作用,使其环境发生变化,一些城镇和居民地被迫迁移或废弃,固沙植被破坏,风沙作用加剧,流沙壅起,农田荒弃,从而形成沙漠化土地,使绿洲演变为荒漠。此种景况主要见于塔克拉玛干沙漠南北边缘、乌兰布和沙漠北部、河西走廊和内蒙古西部阿拉善的一些地区。

塔克拉玛干沙漠南缘，因有源自昆仑山脉的车尔臣河、尼雅河、克里雅河、和田河、叶尔羌河等河流的滋育，遂发育了沿山麓地带如串珠状分布的绿洲。该沙漠北缘，在塔里木河及其支流孔雀河等的滋育下，亦发育了沿天山南麓分布的片片绿洲。汉武帝派张骞通使西域后不久，这些地区即统一于中央王朝管辖下，发展屯田，兴修水利。作为丝绸之路南道所经的楼兰（罗布泊西）、且末（今且末）、精绝（今民丰县北）、渠勒（今于田南）、于阗（今和田）、莎车（今莎车）等地，和丝绸之路北道所经的车师（天山东部）、尉犁（今焉耆南）、渠犁（今库尔勒）、焉耆（今焉耆）、轮台（今轮台）、龟兹（今库车）、故墨（今阿克苏）、疏勒（今喀什）等地均有一定规模农牧业的发展。

《汉书·西域传》等史料记载，当时鄯善（楼兰）有居民 14100 人，其地伊循城，土肥美，遂设屯田；且末有人口 6010，皆种五谷，盛产葡萄诸果；精绝有人口 3000 余，于阗有人口 19300，皮山有人口 3500；轮台及其以东渠犁等地有溉田 5000 顷以上；车师、莎车、疏勒亦皆开屯田。1959 年新疆考古工作者在民丰县征集到一枚从尼雅遗址出土的"司禾府印"，该府即是东汉在精绝设立的管理屯田的机构。《大唐西域记》记，当年玄奘西行所经，精绝周围还是一处难以通行的植物茂盛的沼泽地带。然而今日楼兰遗址早已被流沙吞噬，精绝所在的尼雅河下游三角洲，干涸的河床沿岸稀疏分布着枯死的胡杨，古城被 3 至 5 米高的新月形沙丘所包围。汉唐轮台故城、焉耆故城、龟兹故城等亦均荒弃。

依考古发掘和文献考证，楼兰古城及其周围古绿洲大约于公元 4 世纪后期废弃；尼雅河下游的精绝古绿洲约在唐代以后废弃，发生沙漠化。克里雅河下游的喀拉屯废墟与和田河下游的阿克斯比尔遗址中均发现 5—8 世纪的陶片、铜钱，表明这些古城及绿洲至少保存至唐中叶。上述古城址废弃和古绿洲沙漠化的主因,大多在于内陆河流中游一带绿洲开发规模的扩大而导致注入下游的水量减少,以及破坏固沙植被促使沙丘活化之故。至于轮台、渠犁等地的汉代垦区,也由于固沙灌木、草被的破坏招致沙漠北侵而废弃。

乌兰布和沙漠北部,曾发现被流沙掩埋的汉朔方郡临戎、窳浑和三封县故城遗址、数以千计的汉墓及其大量出土遗物。据我国著名学者侯仁之院士研究,今乌兰布和沙漠北部从陶升井直到太阳庙一带,西汉时曾是一片很大的农垦区域,当时非但没有关于流沙危害的记载,而且在西汉后期的半个世纪间,其农事的经营还相当繁荣。由于东汉后期以来的战乱和汉族人口的内迁,这里被迫弃耕,大片田野荒芜,地表无任何作物的覆盖,遂大大助长了强烈的风蚀作用,致使大面积表土破坏,覆沙飞扬,逐渐导致了该地区沙漠的形成。据北宋初年王延德等出使高昌(今吐鲁番)途经此处的行记等史料知,这里的沙漠化土地在千余年前就已形成[1]。

河西走廊及其北部的阿拉善地区亦是干旱地区历史上沙漠化作用的典型区域。我曾考得,该地区仅汉唐时期的古绿洲形成的沙漠化区域就有 10 大块,即民勤县西沙窝、民乐县李寨菊花地、张掖"黑水国"、黑河下游古居延绿洲、马营河摆浪河下游、金塔县东沙窝、玉门市比家滩、疏勒河洪积冲积扇西缘(锁阳城及其周围一带)、芦草沟下游、敦煌古阳关绿洲,其总面积约 4700 平方公里。至于宋元以后形成的沙漠化土地,则有民勤红沙堡沙窝、青松堡沙山堡南乐堡一带、武威高沟堡沙窝、永昌乱墩子滩、六坝滩、山丹壕北滩、临泽平川北等处[2]。

①侯仁之:《沙漠历史地理考察》,《侯仁之文集》,北京大学出版社 1998 年版。
②李并成:《河西走廊汉唐古绿洲沙漠化的调查研究》,《地理学报》53 卷 2 期,1998 年。

即拿民勤西沙窝来说，原为汉唐时期的一块古绿洲，位于今甘肃民勤县现代绿洲西部，南北斜长75公里，东西宽10—18公里，总面积约1000平方公里。今地表景观为成片分布的半固定吹扬灌丛沙堆，亦见流动的新月形沙垄和沙丘链。在茫茫的沙堆、沙垄中残存着沙井柳湖墩、黄蒿井、黄土槽等沙井文化（距今约2700年）聚落遗址和三角城（汉）、连城（汉唐武威县城）、文一古城（汉宣威县城）、古城（汉至唐代）、端字号柴湾城（唐白亭军城）等多座古城废墟，并随处可见废弃的古耕地、渠堤、堰坝遗迹，古城址内外和古耕地上多有陶片、砖块、钱币等汉唐时代遗物散落。这片古绿洲的沙漠化过程发生在唐代后期，沙漠化的原因主要在于石羊河流域中游平原大规模开发、大量引水灌溉，致使流入下游西沙窝绿洲的水量越来越少，绿洲中、下游的土地开发和生产发展出现了此消彼长相互制约的严重环境后果，加之下游绿洲位处风沙前沿，固沙植被大量破坏，沙漠化过程遂接踵而至。可以说这一时期中游地区土地大规模开发所带来的经济繁荣在一定程度上是以下游地区的土地荒芜作为代价的，中游开垦愈烈，注入下游的水量愈少，则下游荒芜愈甚。同时，也有气候方面的一些原因，对于沙漠化过程起着诱发作用。

位于黑河下游额济纳旗的古居延绿洲，在历史上曾一度繁荣。西汉设居延县，从内地移民万余人来此屯田，开凿了纵横交织的灌溉网络，并建造了环卫整个下游绿洲垦区的南、西、北三条烽燧塞垣，以护卫屯田的顺利进行。唐在这里设宁寇军，西夏于此处置黑水镇燕军司，元代又设亦集乃路总管府，开辟屯田数十万亩。由于明代初年以来长城以南、嘉峪关以内河西地区的大规模开垦，黑河中游大量引灌，直接影响到输入下游地区的水源，加之明廷无暇北顾，亦集乃城丧失了在政治上军事上的重要地位，从而使这片绿洲沦为荒漠。今天在这一带茫茫的沙海中仍残存着古居延城、乌兰德勒布井城、温特根博日格城、亚布赖城、绿城、小方城、破城子、大方城、宗间阿玛城、黑城、马圈城等多座古城废墟和汉长城遗迹，以及历历在目的大面积风蚀弃耕地。

二、半干旱地区的沙漠化

此种类型的沙漠化主要发生在我国华北、东北的草原、干草原地带。历史上对自然资源的掠夺性破坏，农业与放牧经营方式的频繁更迭，过量的樵柴、放牧、开垦以及战争摧残等，都能造成原有植被退化，地面覆盖物减少，在风力作用下使下覆沙质沉积物被吹扬搬运，从而在草原和干草原地带出现连绵的沙丘。其中尤以毛乌素沙地和科尔沁沙地的沙漠化过程最为典型。

位于鄂尔多斯高原南部的毛乌素沙地，秦汉时代曾"水草丰美""群羊塞道""仓稼殷积"，公元413年赫连勃勃于此筑夏王朝都城统万城，该城"临广泽而带清流"。唐代在此设夏州、宥州等，进行屯垦。然而唐中后期民族间纷争频繁，军事行动每每引起生产破坏，战火焚烧林草、战马践踏草地屡屡发生，遂招致风蚀作用强化，流沙壅起。唐宪宗（806—820）时诗人李益《登夏州城观送行人》诗吟"沙头牧马孤雁飞"。唐咸通（860—874）时诗人许棠《夏州道中》诗吟"茫茫沙漠广，渐远赫连城"。公元914年宋朝诏夏州，已明确称其在沙漠中。

位于内蒙古东南部西拉木伦河和西辽河流域的科尔沁沙地，曾是公元10世纪辽国都城上京临潢府的所在，"负山抱海，天险足以为固，地沃宜耕植，水草便畜"，还有"平地松林"。辽在此设军、府、州城25，统县10，发展农垦，以广积粟。迨至公元12世纪末，由于过垦过牧和过度砍伐植被，下覆沙质沉积物随风而起，出现沙害。降及19世纪后期，清政府为增加财源推行放荒招垦政策，由此造成对草场更大规模的破坏。放垦荒地因土质瘠薄，一般经过二三年即因沙害而放弃，继而开垦新草地。旋垦旋弃，遂使草皮成片成片地接连遭到破坏，

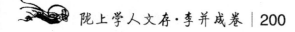

致使草原退化为沙漠化土地。

三、历史上沙漠化的警示

综上所述不难看出，历史时期我国干旱、半干旱地区沙漠化的形成和发展，人为的不合理的开发经营活动对自然的破坏在其中起着特殊的作用。脆弱的干旱生态系统，要求人们必须遵循自然生态规律，从事合理的开发利用。要解决今天的沙漠化问题，也必须重视历史的经验教训，追根溯源，考究其形成发展的历史过程和原因，以科学地认识在人类活动作用下其演变的历史规律，预测其今后的发展方向，制定科学的土地开发和生态环境建设的可持续发展战略。

汲取历史的经验教训，我国干旱、半干旱地区今后土地利用以及沙漠化治理应特别注意以下几方面的问题：

第一，应该清醒地认识到，干旱半干旱地区为"脆弱的生态系统"，对其自然资源的开发必须持慎重的科学态度，应十分注意自然承载力与开发利用强度的平衡关系，注意生态系统的弹性范围，掌握适度利用的原则，并适当留有余地，即在开发的过程中不致发生环境退化和达到永续利用的目的，开辟其可持续发展的科学途径。应针对不同地段的生态特点和开发利用的类型确定其适度利用的范围和指标。

第二，应从整个流域出发，综合平衡上中下游、农林牧工矿各业以及生态环境方面的用水，加大配水用水的立法执法，建立权威性的统管整个流域的水资源管理机构，对全流域水资源实行统一规划、统一管理、优化调度，彻底改变用水的无政府状态，以保证科学合理地调配使用山、泉水和地下水。上中游地区绝不应不顾下游地区的用水而盲目扩大灌溉。应科学地进行机井布局，严禁超采地下水，提高水资源利用的经济、生态效益。大力推广适用本地区的节水灌溉新技术，走节水农业的新路子。在规划整个水利方案时，还应特别重视以往被人们忽视的生态用水,在农田灌溉的同时,应考虑到对护渠护田林带林网以及绿洲边缘防风固沙天然植被的供水。

第三,贯彻开发利用和资源保护并举的原则,积极保护、恢复祁连山、天山、昆仑山、阴山等山脉的水源涵养林草,积极保护、恢复绿洲边缘的固沙植被,运用法律手段,采取坚决果断措施,严禁现有植被破坏,扩大封禁区域,大大加强林草管护方面的建设,并封育结合,积极营造防护林草,人工固定沙丘,促使沙漠化过程逆转。建立绿洲外围封沙育草、绿洲边缘营育防护林带、绿洲内部营造护田林网相结合的防护体系。

第四,严格遵循以水定地、量水种植的原则,土地开发利用的强度要与水资源实际可能承担的灌溉能力相适应,以确定合理的绿洲容量,切不可"超载"滥垦,超规模发展绿洲,否则就很容易招致沙漠化的发生发展。山区、半山区应弃农还林还牧。坚持集约使用土地,以提高单位面积产量和效益为主要途径,争取对国家有更大贡献。要以草定畜,沙化、退化草场应封禁育草。要把土地资源的开发利用与保护、培育、改造有机结合起来。应坚决克服决策上急功近利式的短期行为。

第五,干旱地区应以水为中心,建立绿洲合理的经济结构与生产布局,实现光、热、水、土资源合理、高效的利用。树立大农业、商品经济、世界市场的观念,因地制宜地发展绿洲优势产品。应以农养牧,以牧促农,以林护农,建设一个农林牧综合发展的、有机与无机相结合、生物技术与工程技术相结合的不断扩大物资能量循环的高效稳定的绿洲大农业生态系统,并按照生态规律与经济规律的要求对系统进行有效的调控。

(原载《求是》2002 年第 15 期)

猪野泽及其历史变迁考

　　猪野泽又名潴野泽或都野泽,系发源于河西走廊东端、祁连山北麓的石羊河的古终端湖泊,历史上曾颇有一些名气。早在《尚书·禹贡》就有"原隰底绩,至于猪野"的记载。学术界历来认为《禹贡》的"潴野"即指此终端湖泊。《汉书·地理志》"武威县"条曰:"休屠泽在东北,古文以为猪野泽。"汉武威县位今甘肃民勤县泉山镇西北的连城遗址[①],其东北数十公里之外正当石羊河古终端湖区的所在。《水经注》(王先谦合校本)卷 40 亦云:"都野泽在武威县东北……古文以为猪野也。"直到清代、现代的许多学者仍取此说。胡渭《禹贡锥指》卷 10 云,猪野泽即镇番县(今民勤县)北部白亭海的地方。顾颉刚先生指出:"猪野泽在今民勤县东北长城外……今名渔海子,又名白亭海,即古休屠泽。或以为原隰即不专指一地,猪野亦非独谓一泽……猪是水所聚,史记夏本纪作'都',意义相象。"[②]

　　对于古猪野泽的范围及其历史变迁,冯绳武先生曾撰文专论[③],

---

　　①王宗元、李并成:《武威绿洲城镇的形成与变迁》,《西北师院学报》(社会科学版)1983 年第 4 期,第 103—111 页。

　　②顾颉刚:《禹贡》(注),载《中国古代地理名著选读》(第一辑),科学出版社1961 年版。

　　③冯绳武:《民勤绿洲的水系演变》,《地理学报》1963 年第 3 期,第 241—249页。

王宗元①、李玉寿先生②亦作过若干探讨,他们的工作对笔者颇有启迪。然而这一问题尚需进一步研究,笔者拟采用一些现代手段从事工作,以求得出科学的结论。

一、西汉大规模开发前猪野泽范围之复原

石羊河绿洲大规模的农业开发始于汉武帝开拓河西走廊、设立河西四郡之际。此前本区河湖水系较少受人类活动的干预,可名之为自然水系时代。此时期猪野泽范围之复原从以下几方面进行:

(一)卫星影像判析

甘肃省农垦局荒地资源考察队近年编成《河西走廊卫星图像图解》一书,他们经实地调查建立了一套适合于该地区的卫片解译标志。笔者运用他们的解译标志,并利用《东镇》幅 1/500000 假彩色合成卫片,着手解译工作。

古湖区今虽已干涸,且部分已被沙层覆盖,但因其地势低下,地下水埋藏较浅,荒漠植被也较周围沙区生长良好,因而在影像上表现为浅蓝灰色底带黄色影斑(沙丘),并有晕状粉乳色(荒漠植被)和白色块(积盐处)构成的特征,与周围以黄灰色调为主的沙丘分布区影像有较明显的区别。这一特征影像有东西两大块:①东块,面积约 35km² 的黑色杏仁状图形,为当时白碱湖水面,其外围为带有灰绿、赭红色花斑的分布区,应为沼泽化草甸和盐渍草甸,植被状况良好,面积约 105km²;其东端和西端有几块较大的白色图像,中部亦有较细的白色条带,应为盐碱集聚之处。东块近似不规则的哑铃形,东西长约

① 王宗元:《〈水经注·都野泽〉考疏》,《西北师院学报》1986年(增刊),第70—76页。

② 李玉寿:《猪野泽小考》,《西北史地》1986年第4期,第95—98页。

35km,南北宽 2.5 至 15km,总面积约 405km²;②西块,略呈斧形,北端亦有一处积盐白块,总面积约 120km²。东西两块之间为灰黄色调的区域相隔,查大比例尺地形图知这里为西红山、黄毛井山、驴尾巴梁、大马冈、黑马冈组成的一片剥蚀残山,高出湖区 15—70m 不等。东、西湖区总面积约 525km²(见图 1)。

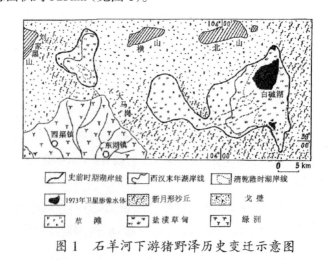

图 1 石羊河下游猪野泽历史变迁示意图

(二)水量均衡概算

通过石羊河流域水资源总量的收支均衡来概算其终端湖的面积,并可在大例尺地形图上根据等高线的分布将这一面积落入图中,从而画出终端湖的区域。

流入绿洲的水资源各补给项有:各条山水河径流补给(Q 河补)、沿山小河沟径流补给(Q 小河入)、山区地下水向平原区的侧向径流(Q 山前入)、绿洲边缘包括沙漠地区流人绿洲中的侧向地下径流(Q 侧入)、绿洲地区降水对于地下水的有益渗入量(Q 降入)、绿洲地区大气凝结水量(含融冻水)(Q 凝入)。由绿洲地区逸散的水资源各支出项有:绿洲水面蒸发 F(mm)、绿洲地面潜水蒸发和植物蒸腾水量

（Q 蒸）、绿洲排出区外的地下径流（向西流至昌马湖盆地）（Q 侧出）（地表径流无流出区外者）。考虑到水量平衡的各个因子，笔者拟定下列均衡公式：

$$S = \frac{Q_{河补} + Q_{小河入} + Q_{山前入} + Q_{侧入} + Q_{降入} + Q_{凝入} - Q_{蒸} - Q_{侧出}}{F - P}$$

式中 S 为绿洲水面面积，P 绿洲降水量（mm），F-P 表示绿洲水面实际蒸发损耗量（mm）。由于自然水系时代较少人类活动干扰，故绿洲地表水补给绿洲地下水的总量应与地下水的自然总溢出量相等，因而地表水与地下水的转化量可不计入公式。

暂依今天的气候水文条件计算。据中国科学院兰州沙漠所资料[1]，Q 河补为 $13.33 \times 10^8 \mathrm{m}^3/\mathrm{a}$（包括古浪河、黄羊河、杂木河、金塔河、西营河、东大河 6 大支流，不含属于昌宁湖水系的西大河及下游金川河）。据甘肃省水利厅资料[2]，Q 小河入、Q 侧入、Q 山前入，共计 $1.44 \times 10^8 \mathrm{m}^3/\mathrm{a}$，Q 蒸 $2.07 \times 10^8 \mathrm{m}^3/\mathrm{a}$。据武威、民勤、古浪等县水电局资料统计[3]，Q 降入 $0.3428 \times 10^8 \mathrm{m}^3/\mathrm{a}$，Q 凝入 $0.1897 \times 10^8 \mathrm{m}^3/\mathrm{a}$，Q 侧出 $0.11 \times 10^8 \mathrm{m}^3/\mathrm{a}$。F 和 P 值取武威、民勤二县平原区平均值的平均数，分别为 2332.5mm，135.6mm。各项数值代人公式得：$S \approx 597.3 (\mathrm{km}^2)$。

这一结果是就现在的气候水文条件，在绿洲水系未受人类活动显著干扰情况下所算得的流域绿洲应保持的总的水面面积，即是说

---

[1] 中科院兰州沙漠所：《甘肃河西地区水土资源极其合理开发利用》，1985 年。

[2] 甘肃省水利厅：《石羊河流域水资源论文集》，1983 年。

[3] 武威县水电局：《武威县水资源调查及区划报告》，1982 年；民勤县水电局：《民勤县水资源调查和水利化区划报告》，1985 年；古浪县水电局：《古浪县水资源调查评价及水利区划报告》，1986 年。

只有达到这一水面面积区内水资源的消耗和补给才能达到动态平衡。笔者曾研究得出,虽然今天这里的气候条件与历史时期的气候条件是有差异的,但就干湿状况来看这种差异不大,汉晋时期的湿润指数($l=F/F+D$)为 0.24(依史料统计该时期本区共发生涝灾 6 次,旱涝 19 次),近 40a 湿润指数 0.22[①]。因而依今天气候条件得出的数据可用于自然水系时代参考。这一结果如扣除流域绿洲内其他泉、湖水面和河面面积即为终端湖面积。绿洲内虽泉湖较多,但除终端湖外其他泉湖面积均很小,如史籍上一再提到的武始大泽(今海藏寺湖),笔者实测其湖盆面积仅 1km² 左右,其他一些"小泽"当面积更小。笔者又据 1/50000 地形图统计,区内历史上遗留下来的今天仍称为"××湖"的地方有 40 余处,即使取其高限,每一湖面以 1km² 计,也不过数十平方公里。事实上上述 Q 蒸一项中就已经包括了一部分称之为湖,实际上是积水沼泽的水量。至于河面面积亦较有限。笔者由上述武威、民勤、古浪等县"水资源调查及水利区划报告"统计,本区内天然河流大小共 55 条(多被改造成人工引灌的干支渠道),计长 728km。笔者又据实地观测,本区中游平原天然河床一般宽 30 至 100m,下游平原河床宽 80 至 150m 左右;若准以平均宽为 80m 计,则河面面积约为 50 至 60km²,其数不大。因而在以上所求 597.3km² 的总水面中,终端湖的面积应占大部分,当不会小于 500km²。这一结果可与上述 MSS 影像解译的湖盆面积对照。同时,由这一对照又反过来可以说明本区历史上气候干湿状况变迁的幅度是不大的。

---

①李并成:《武威—民勤绿洲历史时期的土地开发及其沙漠化过程》(北京大学硕士论文),1988 年。

（三）地形和沉积物剖面分析

由 1/100000 地形图见，湖盆最低一圈等高线标高为 1300m，它环围着今日已成潮水碱滩的东部的白碱湖和西部的硝池两大块，这无疑是当年猪野泽的腹心部分。在其北侧 2 至 6km 自东向西横亘着北山、黑尖山、横山、刘家黑山等剥蚀残山，海拔均在 1470m 以上，由此形成湖区的北部屏蔽。湖区东部为红马冈、磕头糊北梁等 1340m 以上的梁冈所阻隔，湖区西部斜列着黑山、毛条山、红山梁等 1370—1530m 的山梁，湖区南部则为民勤绿洲，东西湖区中间如前述又为黄毛井山、西红山等隔开。两大湖盆形势宛然。

为了更准确地划定湖区范围，笔者还选择了一条由民勤县中渠乡驻地向北直插西湖盆中心硝池的考察路线实地踏勘。由沿途所作剖面看，中渠乡八卦庙村北沿为一套亚黏土、沙土、黏土的交替沉积，水平层理，总厚度达 5m 以上。剖面中黄色锈斑和灰绿色土层普遍存在，表明这一带地下水的升降活动很频繁，氧化还原过程比较强烈，具有滨湖三角洲的层次特点，并发现芦苇根残迹。由八卦庙村北沿再向北去，地势陡降 7 至 8m，地层沉积特征也发生了变化。其表层 20cm 为含碱的粉沙土，松散，片状结构，有结壳现象，含小螺壳残体；其下为一层厚 9cm 的带锈斑的橘黄色沙层，再其下为厚 2m 以上的黑色淤泥层，含苇根。可见这一剖面应属于湖滨浅水带的一套沉积。由此再北行 2.5km 直到湖盆中心，湖相的灰绿色或黑色淤泥层直接裸露地表，含小螺壳，这里无疑为湖区腹地。清代这里被称作青土湖即因湖底遍布这种黑色（青色）的湖相淤泥而得名。

由此可见，从八卦庙村北沿向北当已进入了湖区范围。此处海拔高度为 1309m，于是自然水系时代古湖面海拔亦当在 1309m 左右。按这一高程于地形图上圈之，得西湖区面积 125km²，东湖区面积 415km²，古终端湖总面积 540km²。其结果与 MSS 影像解译和水量均衡匡算结果大体相符，且图形与 MSS 图像亦颇吻合（图形不另画出）。综上可见自然水系时代古猪野泽面积约在 540km² 左右。

今天东西二湖均已干涸，但在这里如白碱湖、东平湖、西硝池、东硝池、野马湖、硝坑井湖、马王庙湖等名称依然保留了下来。实际上依据这些名称的所在亦可粗略勾勒出古终端湖范围。中渠乡珠明村刘大娘（75岁）介绍说，50多年前东平湖还曾一度有水，且有芦苇生长。

二、猪野泽的历史变迁

自石羊河绿洲西汉大规模开发以来，在人类活动强烈干预下古猪野泽经历了巨大变化。

随着两汉大规模开发的展开，区内人口的大量涌入，大片绿洲原野被辟为耕地，地表径流被大量地用于农田灌溉，由此破坏了石羊河与终端湖泊天然的水量平衡关系，入湖流量大减，从而导致湖区面积萎缩。《水经注》（王先谦合校本）卷 40 云："地理志曰，谷水出姑臧南山，北至武威入海。届此水流两分，一水北入休屠泽，俗谓之为西海；一水又东径百五十里，入猪野，世谓之东海。通谓之都野矣。"此段论述系桑钦《水经》原文，所言当为东汉或三国时的情形。谷水即今石羊河水系，东西二海即东西两大湖区，其面积虽然无载，但由其所言里数可以勾勒出东海湖沿。东汉和曹魏的 150 里约合今 65km，由汉武威县（连城遗址）向东 65km，当今梭梭门子的地方（104°E）。于是这一带可看作东海的西缘所在，并由其所在的高程可划出该时期东海的轮廓，求得其面积约 240km²，较自然水系时代约减少了 44%；104°E 以西的古东海地势较高的一些地方，如大红沙滩、北沙窝道、梧桐井（皆今名）一带当已干涸。西海的萎缩情形无以确知，但对照东海的高程推测，其西部较高的今名白沙窝一带滩地亦当干涸。

汉代以后本区的土地开发经历了多次的农牧交替，在以农业为主的时期终端湖泊面积缩小，当牧业经营为主的时期终端湖泊又趋扩大，湖泊面积的大小随人类土地利用方式的差异和开发规模的大小而变迁。魏晋北朝为本区农业衰退时期，绿洲灌溉用水大减，原来农田分用的水流又大都集中于河道而输入下游湖区。北魏太武帝太延五年(439年)伐北凉时见，"姑臧城东西门外，涌泉合于城北，其大如河。自余沟渠流人泽中……"①此时期终端湖当趋于扩大。

隋唐大规模开发时期的到来，本区耕地面积较西汉近乎翻了一番②，灌溉需水自然倍而于前，加之人类破坏固沙植被的加剧引起风沙壅塞湖区等原因，终端湖萎缩较汉代更甚。唐代东海仍称猪野泽或名狄廻海，西海称白亭海或仍名休屠泽③，二海面积虽无以查考，但由盛唐时石羊河下游绿洲因水源不济而迫使农田大片荒弃④的史实可以推知，这时注入湖中的水量可能只有当时人们所无法控制的洪水、冬春农闲余水和地下径流了，古终端湖大部当已干涸。

唐安史乱后以迄元代，本区先后被吐蕃、西凉六谷族、党项、蒙古等民族统治，战乱频多，社会动荡，农业生产复呈衰势⑤，终端湖当又趋扩大。造及明清，本区进入又一次大规模开发时期，耕殖面积较盛唐又近乎翻了一番⑥，人为活动对水系的影响更是空前显著，入湖水

①魏收：《魏书·世祖纪》，中华书局1979年版，第108页。

②李并成：《唐代前期河西走廊的农业开发》，《中国农史》1990年第1期，第15—16页。

③刘昫等：《旧唐书·地理志》，中华书局1979年版，第1040页。

④李并成：《残存在民勤县西沙窝中的古遗址》，《中国沙漠》1990年第2期，第39—41页。

⑤王宗元、李并成：《武威绿洲城镇的形成与变迁》，《西北师院学报》(社会科学版)，1983年第4期，第103—111页。

⑥王宗元、李并成：《武威绿洲城镇的形成与变迁》，《西北师院学报》(社会科学版)，1983年第4期，第103—111页。

量复趋减少。明时西海仍保持一定水面。《嘉庆一统志》卷267引明代《陕西行都司志》曰:"白亭海一名小阔端海子,五涧谷水流人此海。"五涧谷水即今石羊河。清乾隆时西海始称青土湖,这显然是因湖底黑色淤泥层大面积出露而得名。不仅其面积大减,而且西海还变成了间歇性湖泊,湖中大片地面成为刍牧之所并有屯田开辟[1]。东海此时则水面尚较大。乾隆本《大清一统志》卷206曰:"今三岔河(石羊河)自镇番东北出边,又三百里潴为泽,方广数十里,俗名渔海子。"成书于乾隆辛巳年(1761年)的齐召南《水道提纲》卷5称东海为大池,记其周长"六十余里"。这一长度落在地形图上相当于1295米等高线框定的范围,则其面积约140平方千米,较汉代又减少了100平方千米。降及清末,由于区内人口流亡和部分耕地抛荒,也由于风沙患起壅阻河道,失陷之水往往经西河故道流人湖区,致使青土湖一度水量复增,"湖蓄水既多,竟成巨壑"[2]。

笔者访之当地,知青土湖自1924年以来再无洪水注入,但中华人民共和国成立之初尚有部分积水,1953年完全干涸。东海今日亦几近干涸,1980年考察时见湖面已很小, 湖水矿化度高达375.6495g/l,化学类型为$Cl-Mg-N$型,表明该湖已进入盐湖晚期[3]。今日古猪野泽不仅"上下天光,一碧万顷"早已成为往事,而且湖区腹地已有新月形沙丘的侵入,绿洲的北部边缘已直接暴露在风沙威胁的前沿。

(原载《地理学报》48卷1期,科学出版社,1993年)

---

①许协:《镇番县志》卷1,1749年(清乾隆十四年修)。
②常孝义:《镇番县志》卷4,1909(清宣统元年修)。
③刘亚传:《民勤绿洲生态环境演变的初步研究》,《生态学杂志》1984年第3期。

瓜沙二州间一块消失了的绿洲

古沙州（治今敦煌市沙州故城）与古瓜州（治今安西县城东南约50公里的锁阳城）相距约140公里，其周围由于党河、疏勒河水的滋润，发育了河西走廊最西的两大块绿洲，面积各约400平方公里许。这两块绿洲边缘相距约95—100公里，其间为一片茫茫的戈壁、沙漠和荒滩所阻隔，使瓜沙绿洲成为河西地区相距最远的两块相邻绿洲。瓜沙绿洲间自古就是这样一片荒漠景观吗？古人又是如何跨越这片近百公里的戈壁沙海沟通二州的联系呢？笔者在研究敦煌遗书和近年多次在古瓜沙地区实地考察中，发现在今天瓜沙绿洲间还有一块早已消失了的汉唐古绿洲，这即是唐代苦水（今芦草沟）下游绿洲。这一古绿洲的发现不仅可据此揭示长期以来瓜沙史地研究中的一些悬案，而且对于今天敦煌、河西的开发建设和防沙治沙有着十分重要的切实的历史借鉴意义。

一、古绿洲复原

《沙州都督府图经》（P.2005）载："苦水，右源出瓜州东北十五里，名卤涧水；直西流至瓜州城北十余里，西南流一百廿里至瓜州常乐县南山南，号为苦水。又西行卅里入沙州东界故鱼泉驿南，西北流十五里入常乐山；又北流至沙州阶亭驿南，即向西北流，至廉迁烽西北廿余里，散入沙卤。"由其所述源头、河流流行情势以及与瓜州城、常乐县南山等的位置观之，笔者曾考得唐代苦水正是今之芦草沟，其上游卤涧水即今之黄水沟,而瓜州城即今之瓜州县锁阳城,常乐县南山即今横亘于瓜州县中部的截山子,其西段即著名的三危山①。该河源自锁阳城东北约 8 公里处的昌马河(疏勒河)洪积冲积扇边缘泉水出露带,自东向西流经锁阳城北约 5.5 公里处的张家庄北侧、平头树国营牧场以北,穿过乱泉湖、银湖、西大湖,沿程接纳诸多泉流,水势渐大,至天生泉、拐弯泉折而西南行,沿截山子(唐常乐县南山)南麓经石板盐池、八龙墩、营盘泉、牛桥子、土墩子,至锁阳城西北 70 公里许的谢家圈折而西北流,又行约 7 公里切穿截山子,从该山北麓流出,继续西北流,约行数公里没入沙砾之中。这一流程与 P.2005 所记唐之苦水完全吻合,只是今天的流量远不及唐时丰盈,出山后仅数里即行消失。

P.2005 又云:"独利河水,右源出瓜州东南三百里,流至沙州敦煌县东南界。雨多即流,无雨竭涸。"有学者认为此河即汉代的籍端水、冥水,元明名布隆吉河,今疏勒河。依所记位置,独利河属于疏勒河水系是肯定的,但并非疏勒河干流,不能指认为疏勒河,其水流情势与疏勒河干流大相径庭。疏勒河为河西三大内陆河流之一,年出山径流量达 10.6 亿立方米,系常流河,而绝非"雨多即流,无雨竭涸"的间歇性河流。由《元和郡县图志》卷 40 等史籍知,疏勒河在唐代仍称冥水,而未有独利河之名。那么,唐之独利河究竟应是今天的哪条河呢? 考之今地,疏勒河自祁连山北麓流出后,在今昌马大坝(洪积冲积扇顶端)散为数十条沟道,呈放射状排布向扇缘延伸,干流河道仅为其一。这些沟道今天大多早已竭涸(少部分尚有水流,今称头道沟、二道沟……十

---

①李并成:《唐代瓜州(晋昌郡)治所及其有关城址的调查与考证》,《敦煌研究》1990 年 3 期,第 24—31 页。

道沟），但在历史上却都有过水流，有的曾有地下水补给，有的曾用作洪汛时的排洪沟渠。其中扇缘西侧的一些干沟可与黄水沟（唐卤涧水）上源相通，历史上其水流可排入今黄水沟中而流至敦煌东南界。"雨多即流，无雨竭涸"的独利河水当即此种沟道。通过独利河引入的疏勒河水，遂成为唐苦水下游绿洲的又一重要补给水源。

此外，当时的苦水又可接纳大量的锁阳城周围绿洲的灌溉回归水，其水量远较今之芦草沟为大。笔者曾研究得出，今日一片荒芜、沙浪滚滚的锁阳城周围一带，汉唐时期却阡陌纵横，河渠网织，古绿洲面积约 50 万亩左右[①]。当时的冥水（疏勒河）即主要浇灌这片绿洲。《汉书·地理志》敦煌郡冥安县条："南籍端水出南羌中，西北入其泽溉民田。"汉冥安县即锁阳城北 4.5 千米的古城，而源于县南南羌中西北入泽的南籍端水唯有今昌马河与之相当。该水即古冥水，冥安县因此得名。《元和郡县图志》卷 40 瓜州晋昌县条："本汉冥安县，属敦煌郡，因县界冥水为名也。……冥水，自吐谷浑界流入大泽。"同书又记："雪山，在（晋昌）县南一百六十里……南连吐谷浑界。"锁阳城南 160 唐里的雪山正指今祁连山西段主脉大雪山，源于其南吐谷浑界的冥水正是今昌马河。可见古冥水确曾流溉锁阳城周围绿洲。笔者于1983、1988 年两次在这一带考察中见。锁阳城东南 8 公里许尚残存古拦水坝址一道，坝长百米许，其上源有古河道与昌马河出山口相连，下流则分出三、四条灌溉干渠至锁阳城周围。其中从城址东北面穿过的一条，渠口阔约 200 米，低于现在的风蚀弃耕地面 3 米许，当为主干渠。每一干渠又分若干支渠、斗渠、呈树枝状展布。从锁阳城南穿过的一条支渠，底宽约 16 米，口阔 20 米。这片 50 万亩古绿洲庞大

---

①李并成：《锁阳城遗址及其周围古垦区沙漠化过程考》，《中国沙漠》，1991年第 2 期，第 11 卷第 20—26 页。

水系的农田灌溉水,下渗后成为地下潜流,至绿洲北部边缘低洼处重新出露,从而大量补给古苦水。

正由于上述水流的滋润,遂在唐苦水下游发育了大片的绿洲。笔者在这一带几次踏勘,并辅之以航空照片和大比例尺地形图查之,这一古绿洲南起今截山子芦草沟出山口,北至北路井及汉长城一线,东达 95°30′E 经线附近,西抵西沙窝,南北宽 13 千米,东西长 30 千米许,总面积约 360 平方千米。今天其地表景观为:成片的弃耕地伴有疏密不等分布的吹扬灌丛沙堆,弃耕地皆呈遭受严重风蚀的光板硬质地面,风蚀垄槽比高 0.8 至 1.2 米,垄槽皆作东西向条带状排布,与当地主风向方向同;灌丛沙堆一般高 1—1.7 米许,覆盖少许白刺。古河道遗迹贯穿其间,河堤、堰坝仍可辨认。受地势制约,河道主方向先由南向北,再由东向西延展,并切穿西沙窝一直西伸至沙窝以西约 15 千米远的一棵树井子一带,主河道两翼又分出许多支渠,呈较齐整的羽状排列。由此显示了昔日这里亦曾是一片河曲萦绕,田连阡陌的繁荣绿洲。

P.2005 云:"长城堰,高一丈五尺,长三丈,阔二丈。右在州东北一百七十里,堰苦水以溉田。承前造堰不成,百姓不得溉灌,刺史李无亏造成,百姓欣庆。……大周圣神皇帝赐无亏长城县开国子,故时人名此堰为长城堰。"依其位置,州东北 170 唐里的长城堰恰在唐苦水下游绿洲。于这里建造堰堤,以控苦水水流,灌溉农田,百姓欢欣,其水利发展生产兴旺的景象由是可观。《沙州都督府图经》将长城堰与马圈口堰并列,为当时敦煌地区的主要两所堰堤。

二、古遗址的调查考证

芦草沟下游古绿洲,至今仍残存着汉唐时期的五棵树井古城(甜水井二号遗址)、甜水井一号遗址、甜涝坝古城、巴州古城、唐阶亭驿址等多处废墟遗址。这些古遗址虽然身陷沙海之中,早已无声无息地退出了历史的舞台,但它们存在的本身即是古绿洲最好的历史见证。揭示它们的存在,恢复其历史面貌,探究环境变化的原因,无疑具有重要的学术和现实意义。

1. 五棵树井古城(甜水井二号遗址)

位于古绿洲西部,即今敦煌市城东北约 60 千米的五棵树井以北 1.5 千米处,北距汉长城遗址 12 千米,南距安敦公路甜水井道班亦 12 千米。其东北 3.8 千米处又有一座较小的同时代城址。前敦煌文物研究所考古组、敦煌县文化馆联合调查清理,分别将其命名为甜水井二号、一号(较小的)遗址[①]。据调查,五棵树井古城地势稍高,四面低平,城址近于方形,东垣长约 120 米,南垣 133 米,西垣 110 米,西北角内凹,成直角转折,东面长 20 米,南面长 28 米,北垣约 120 米。城址近中心处存一座近似圆形的土台,直径约 16 米,高出附近地表 0.7 米;土台中央有下凹圆形坑,直径约 5 米;土台东又有三个相连的方形坑,南北排列,每坑约 3 米见方。城西南隅有三处大体相连的烧土痕迹。城垣大部倾圮,毁坏严重,并多被吹扬灌丛沙堆埋压,城周亦环列沙堆,沙堆间多见浅黄色澄板土地表,有明显被风蚀和水冲刷的痕迹,其间田垄、阡陌隐约可辨。五棵树井城内采集到残损的铜器、铁器、陶器等多达百余件遗物。主要有铜镞、铁锸形器、铁镰、铁环、铁锥形器、弩机、铜刀、轮制夹细砂灰陶片、陶纺轮等。此外,群众又交来该城中拣到的不少铜铁器物,有铜镞、带具、弩机、饰物、铁锛、矛头等,还有"五铢"2 枚、"开元通宝"2 枚。城内还发现了几块近似元代的瓷片。笔者在敦煌市博物馆展室中亦见该城中及其附近出土的铁锸、铁

----

①敦煌文物研究所考古组、敦煌县文化馆:《敦煌甜水井汉代遗址的调查》,《文物》1975 年第 2 期。

犁、铁锛、铁锄等物。前敦煌文物研究所考古组和敦煌县文化馆推测，五棵树井古城与甜水井一号遗址中均发现了大量铜镞、弩机等兵器，表明二者都是军事上的驻守城址；与武器一起发现了农具，又表明还兼有农业生产的性质，二城可能是汉代进行屯田的戍卒居住的城堡；并认为两处遗址与汉敦煌郡效谷县故址的位置是大体接近的。

笔者认为，将二城定为汉代屯田戍卒的驻所是可取的，但由二城出土遗物观之，并不限于汉代，汉代以后城址亦被利用。所出一些所谓"汉代"遗物，笔者与敦煌辛店台、佛爷庙湾西晋至北朝墓葬的东西对比，极为相似，实系同一时期的物品；并有少量唐代，甚至元代的东西出土。由此证明二城当系汉至北朝的城址，迨及唐代、元代亦有人们在这里活动。至于汉代效谷县城，笔者曾依据汉简、敦煌遗书和考古资料并经实地踏察，考得在今敦煌市城东北 17 千米的墩墩湾古城①，位于五棵树井西约 45 千米，并非在这一古绿洲上。笔者撰文考得五棵树井古城为北魏、西魏的东乡县城②。

2. 甜水井一号城址

位于五棵树井古城东北 3.8 公里。城址地势稍高，四周低平。墙垣皆已倒塌，多被沙堆埋压，东西长约 80 米，南北宽 60 米许。城周亦多沙堆和弃耕地遗迹，城北约 100 米处有一条干涸的河道，系当年引灌水渠。城址中心偏北存一座近似圆形的土台，南北 12.5 米，东西 19.7 米，土台中心凹陷，四周向上凸起，土质松软，有深褐色烧土灰

①李并成：《汉敦煌郡效谷县城考》，《敦煌学辑刊》1991 年第 1 期，第 57—62 页。

②李并成：《北魏瓜州敦煌郡鸣沙、平康、东乡三县城址考》，《社科纵横》1995 年第 2 期，第 29—32 页。

烬。城内东北部亦见烧土痕迹。城址东面紧连平地一片,南北约 30 米,东西约 80 米,边缘较齐整。城中散落遗物俯拾即是,以铁块、铁片、陶片居多。采集到铁质残锄形器、锸形器、釜形器、穿孔铁片、轮制夹砂灰陶片等。陶片多系盆、罐、碗等的碎片,有的见竖行绳纹。并有铜镞、五铢钱和黄白色胎的瓷器残片。前已言及,笔者同意该城为汉代屯田兵卒驻所的看法;在北魏、西魏则应是东乡县下辖的某乡的乡城,亦或仍为驻军之所。

3. 甜涝坝古城

位于五棵树井古城东南 4 公里、甜水井一号城址正南 2.9 千米处,也即是近年新发现的汉悬泉置遗址(在芦草沟出山口西南 14 千米的吊吊水,即汉唐悬泉水,或名贰师泉侧)正北 9 千米的地方。这里地势较为低平。位处芦草沟洪积冲积扇西缘古泉水出露带上,昔日当泉流充盈,积水成泊,"坝"河西方言即为"池塘"之意。城址在其北侧,因名甜涝坝古城。城垣多坍,平面呈菱形,每垣长 32 米,周长 128 米。敦煌市博物馆展厅中陈列有该城中采集到的灰陶罐、铁箭头、铜饰件、石纺轮、陶纺轮、棋子、开元通宝币、石磨等物品,全系唐代遗物,证明该城为唐代城址。笔者撰文考得该城即唐悬泉驿址[1]。需要指出,唐悬泉驿与汉悬泉置,虽都以悬泉命名,但驿址不在一地。汉悬泉置位于古悬泉水(贰师泉)、今吊吊水侧。该水曾颇有名气,《凉州异物志》《十三州志》《元和郡县图志》《太平寰宇记》和敦煌遗书 P.2005、S.0788、S.0367、S.5448、S.6167、P.2488、P.2690、P.2691、P.2712 等卷均有记载。P.2005 所云:"悬泉水,右在州东一百卅里,出于石崖腹中。其泉傍出细流,一里许即绝……"亦源自截山子北麓,水自崖壁渗出,汇

---

[1]李并成:《唐代瓜沙二州间驿站考》,《历史地理》第 13 辑,1996 年,第 93—101 页。

为细流,出山数百米后即全部渗入砾石戈壁里。"悬泉"之名恰可形象地反映出其水出石岩,径流细弱的情形。1990—1991 年,甘肃考古工作者对水侧的一处废墟发掘清理,出土各类遗物 17650 件,仅汉简即达 15000 余枚。由简文内容知,其地为汉悬泉置,该置接受敦煌郡效谷县节制。据纪年简和其他遗物判定,该遗址时代上限始于西汉武帝太始五年(前 94 年),下限可至魏晋时期,前后延续近 400 年①。现在的问题是,该置何以魏晋时即废弃?其原因何在?笔者认为这主要是在于悬泉水过于细弱,大队行旅过往难以敷其所用,且其地地处洪积扇顶端,砾面粗糙参差,行走不便,到了唐代随着丝路交通的更大发展,悬泉驿就自然移到了水源和路况条件优越的今甜涝坝附近,悬泉置旧址遂废。

4. 唐阶亭驿址

位于甜水井一号遗址东北 11 千米、甜涝坝古城东北 13 千米处,东距六工破城 15 千米。驿址墙垣已很残破,大段仅余颓基。平面呈方形,周长 120 米许,与甜涝坝古城规模略等。驿侧存高大烽燧一座,覆斗形,底基每边长 8 米;下部夯土版筑,上部大土坯垒砌,顶部尚见房屋遗迹。烽燧通高 9 米,于 10 余里之外即可显见。烽周散落灰陶片、残铁片、碎砖块等物。驿址周围暴露的古耕地、古渠堤遗迹甚多,尤以驿址南部、东部集中连片,这里还发现了残石磨、开元通宝币等遗物,证明系唐代废址。笔者考得,敦煌遗书 P.2005 所载之阶亭驿恰是此处废址,位于其侧的高大烽燧正是唐阶亭峰。阶亭驿系武后天授二年(691 年)新辟的联结瓜沙二州间的新驿路上的重要驿站②。

---

①《汉代悬泉置遗址考古发掘收获惊人》,《甘肃日报》1991 年 12 月 13 日。

②李并成:《唐代瓜沙二州间驿站考》,《历史地理》第 13 辑,1996 年,第 93—101 页。

5. 巴州古城

位于唐阶亭驿址西略偏南约 2 千米许的古绿洲风蚀弃耕地上，北距汉长城遗迹约 4 千米。"巴州"一名系当地俗称，访之本地老乡，皆不知因何而名，史籍中亦从未有在这一带置过巴州的记载。该城墙垣在航空照片上显见，安西县博物馆李宏伟先生量得，其南北长 460 米，东西宽 380 米，墙体坍塌严重，照片上未见马面、瓮城等设施，亦不明何方开门。为搞清其遗存情况和历史面貌，1995 年 8 月下旬，笔者与李正宇、李春元、李宏伟、李旭东等依航空照片所标位置，赴这一带实地查找，尽管竭尽全力，但未能找到此城。1996 年 8 月李正宇先生与安西县博物馆的同志再次实地查找，仍未如愿。笔者疑因此城破坏残重，其断墉残壁与周围古绿洲风蚀弃耕地的风蚀垄槽颇为相似，尽管在航片上可以宏观地显现出来，但在实地却不易辨认，有可能两次查找均已到了城中，但不识"庐山真面目"，误以为未到城中。这有待于以后的继续工作。

在这一带实地所见，风蚀弃耕地遗迹连陌成片，一望无际，风蚀垄槽大体呈东西条带状排布，与当地盛行风向一致，垄槽比高 1.2—3 米。其间古渠道遗迹明显，可分为主渠和支渠两种遗迹形式：主渠渠堤由砂石堆起，堤面高于风蚀地面 15 米许，渠底基部坍宽 30—40 米（横截面），堤间河槽残深仅 0.2—0.5 米，甚至全被夷平；支渠呈低槽式，低于风蚀地表 0.5—1 米，口阔 1.5—3 米，穿行于古绿洲间。这一带地表不时可见散落的灰陶片、残铁片，并有破碎的灰陶罐和少许五铢钱、开元通宝币等物。约在巴州古城西不远，方圆 1 平方千米范围内发现 8 座用砂石堆成的似墓葬封土堆状的圆丘，其底径 20 米许，高 1.5—2.5 米，可能为墓葬。这片古绿洲上发现聚落遗址 6 处，其周围暴露大量陶片，并捡到五铢钱、开元通宝币、贝壳等。其中位于芦草沟口北 10 公里许的一处居址，墙垣倒塌严重，南北 42 米，东西 39

米,残高 1.5 米,安西县博物馆编号为巴州一号房址。笔者撰文考得,该城即魏晋所置"寄理敦煌北界"的伊吾县城,属敦煌郡辖①。

三、古绿洲沙漠化过程探讨

繁荣一时的苦水下游绿洲,何以变成今天这种沙荒不毛的景象? 偌大一块绿洲是如何变为荒漠的,是何时变为荒漠的? 这一变化对于我们今天的开发建设有何启示? 这是摆在我们敦煌学工作者面前不能不予回答的问题。由以上考论可以得识,这一古绿洲繁兴于汉唐时期,准确地说应为繁兴于汉至唐代前期(安史之乱前),因为未发现唐代后期有关文献对其记载,但其留存遗物尚有零星唐代以后直至元代的东西,说明直到元代这里仍有人们的少许活动。由此看来本区由绿洲变为荒漠曾前后经历过两个时期,唐代后期为第一个重大变动时期,使绿洲由繁荣急剧衰落,本区大部分地域发生了根本性的环境转变,沙漠化现象十分普遍;元代中期又是一次环境变迁重要时期,终使绿洲彻底废弃,演变为荒漠。考其变迁的原因,不外乎与当时瓜沙地区政治、军事形势的剧烈变动以及由此带来的对社会生产的巨大影响和河流改道有关。笔者在研究河西走廊锁阳城周围以及马营河、摆浪河下游沙漠化历史过程时得出,唐天宝十四载(755 年)安史之乱后,河西各地相继沦丧于吐蕃,除沙州而外,河西其他州县原有人口或殒于兵燹,或逃亡流逸,或倾城而徙,急剧锐减;更加以吐蕃奴隶主统治集团在河西实施残酷的民族和阶级压迫,并以落后的以游牧为主的土地利用方式取代原来较先进的封建制的以农业为主的土

①李并成:《魏晋时期寄理敦煌郡北界之伊吾县城考》,《敦煌研究》2003 年第 3 期,第 39—42 页。

地利用方式,对河西农业经济的破坏创巨痛深,河西大片良田沃野随之弃耕抛荒,沦为荒壤①。正如《文献通考》卷322所载,河西"自唐中叶以后一沦异域,顿化为龙荒沙漠之区,无复昔之殷富繁华矣"。锁阳城周围和马营河、摆浪河下游绿洲如此,芦草沟下游绿洲亦如此。正是在这种大的历史变动背景下,本区由繁荣急剧转向衰落。大面积农田弃耕荒芜,疏松地表直接裸露,在失去农田植被保护的情况下,地表风沙活动迅速加强,就地起沙、流沙侵入、地表粗化等过程接踵而至,进而出现灌丛沙堆或形成流动沙丘,绿洲逐渐向荒漠演化。更加以其上源锁阳城地区亦在这一时期受到沙漠化影响,这样不仅给下游苦水绿洲带来直接的风沙威胁,而且补给苦水的农田灌溉回归水大量减少,使得苦水绿洲水量衰减,更加剧了风沙物理活动的进行,从而使这片绿洲大部地区沦为荒漠。此为本区沙漠化过程的第一个阶段,也是其发生发展的最重要,影响最剧烈,变动最显著的一个时期。

迨及宋元,本区一直处于衰颓荒芜过程中,但尚未彻底变为沙漠,仍有人们活动的少许遗物可觅。据《元史·地理志》,世祖至元十四年(1277年)复立瓜、沙二州,"十七年(1280年),升为沙州路总管府,瓜州隶焉"。但不久又将瓜沙民户徙往甘、肃二州,瓜沙仅留空名。《元史·世祖纪》云,至元二十五年(1288年)"沙州、瓜州民徙甘州,诏于甘肃两界划地使耕"。《元史·地理志》:"瓜州……二十八年(1291年)徙居民于肃州,但名存而已。"经过世祖末年的这几次大的迁徙,瓜沙地区居民已极稀少。至于本来就沙化十分严重的苦水下游绿洲,自必更

①李并成:《河西走廊马营河、摆浪河下游的古城遗址及沙漠化过程初探》,《北京大学学报》(历史地理专号),1992年,第95—101页。

趋荒芜，以至彻底废弃，整个绿洲完全演变为沙漠化地区。本区未发现元代以后的遗物，说明元代后朝，这片一度繁荣的古绿洲即完全消失，仅余空城废址，任其风霜剥蚀，去今已有七百年左右。

综上可见，芦草沟下游绿洲的沙漠化过程始于唐安史之乱以后，盛于唐代后期，而终于元代中后期，前后延续了五个多世纪。人为因素乃是其沙漠化的主因，人为作用造成的社会的剧烈动荡和社会生产的极大破坏，以及土地利用方式的变更、河流改道和水流状况的变化是本区沙漠化过程的直接触发因素。

（原载《敦煌研究》1994 年第 3 期。《中国人民大学复印报刊资料·中国古代史（一）》1994 年第 12 期全文转载）

石羊河下游绿洲早在唐代中期就已演变成了"第二个楼兰"

　　石羊河下游地处河西走廊东部，行政区划上隶属今甘肃省民勤县所辖，总面积约 1.67 万平方公里，现有人口 32 万。本区为我国历史上生态环境变迁及沙漠化危害的典型地区，今天又再次面临着沙害肆虐、绿洲毁灭的极其严峻的生态问题。温家宝总理对之高度重视，先后针对石羊河流域及民勤的生态问题作出 13 次重要批示。许多有识之士也大声疾呼，绝不能让民勤变成第二个"楼兰"！

　　事实上，经笔者的实地考察研究发现，石羊河下游绿洲早在唐代中期就已经遭受了一次毁灭，早已变成了第二个"楼兰"，其教训凿凿可鉴！今天的民勤绿洲是在元代以后，特别是明代以来重新开发的新绿洲，已非唐代以前绿洲的原址。早自 1980 年起，笔者即对这一地区进行实地考察调研，先后凡 20 余次，摸清了其基本情况，发表了若干研究成果。①最近笔者再次深入这一地区，又获得一些新收获。今就其生态环境变迁及沙漠化有关问题作一综合性论述，以就教于学界。

---

　　①如李并成：《残存在民勤县西沙窝中的古代遗址》，《中国沙漠》1990 年第 2 期；《石羊河下游绿洲明清时期的土地开发及其沙漠化过程》，《西北师大学报》（自然科学版）1989 年 4 期；《河西走廊汉唐古绿洲沙漠化的调查研究》，《地理学报》1998 年第 2 期；《河西走廊历史时期沙漠化研究》，科学出版社 2003 年版；等。

唐代中期石羊河下游绿洲演变为沙漠化区域,形成了今民勤县西沙窝和端字号–风字号沙窝两大沙窝,沙漠化总面积达915平方公里。

一、西沙窝古绿洲

西沙窝古绿洲紧靠今石羊河下游现代绿洲西部,南北斜长约75公里、东西宽7—13公里,地跨红沙梁、泉山镇、大滩、三雷等乡镇的西部,大坝乡和勤锋农场的西部、北部,古绿洲范围约800平方公里。这是我国历史时期形成的沙漠化区域中面积较大、形态典型的一处地域。

西沙窝地表景观上见,为成片的半固定白刺灌丛沙堆与废弃的古耕地相间分布,沙堆高约2—3米,白刺覆盖度30%—70%,其间散布少许裸露的新月形沙垄;当接近其东部现代绿洲边缘处则绵延着一条宽约1公里许的柽柳灌丛沙堆带,沙堆高3—5米,柽柳生长良好,覆盖度60%—70%,株高1.5—2.5米。古耕地皆遭受过强烈风蚀,破碎严重,少许较完整的地块外观上呈现为灰白色的板状硬地面,带有明显的风蚀擦痕,风蚀垄槽比高约0.6—1.8米。这一古绿洲东北10公里许,即为石羊河古终间湖–猪野泽。

这片古绿洲上,昔日河道水系因废弃年代太久,且多被沙丘隐埋,实地考察中仅可看到一些断断续续的残迹。笔者曾借助美国高分辨率(30米)卫星影像(1994年9月5日摄),辨析出该地区主要河道走向、分布及河网水系概况,发现贯穿西沙窝古绿洲南北有一条全长超过60公里的河道形迹,为古绿洲当年的主要灌溉干渠,也应为昔日古石羊河的主道。该河道两侧多有支河道和更次一级的河道分出,整个水系图形呈现为树枝状,尤其是在古城遗址南部至连城遗址北部段河道密集，支津纷出，并可看到明显的三角洲影像。①

　　西沙窝中残存着沙井柳湖墩、黄蒿井、黄土槽等沙井文化聚落遗址和三角城、连城、古城、文一古城等多座古城废墟以及若干宅舍、建筑基址等。古遗址、城址内外和古耕地上散落着疏密不等的各色陶片、砖块、钱币等遗物。

　　三角城位于西沙窝古绿洲北部，南（略偏西）距民勤县城 50 公里许（鸟道），西南距连城遗址约 9 公里。整座城址筑于一座高 8.5 米的夯土台上，台之东北部倾坍，使城垣看上去略呈三角形，该城因之得名。城垣东西长约 180 米，南北宽近 100 米，已大段倒塌，存者不足 1/3，残墙高出台面 2—4 米。城内及周围散落大量灰陶片（绳纹的居多）、红陶片、碎砖瓦等，多系汉代遗物，亦可见沙井文化期的夹砂红陶片、石纺轮等。阎文儒 1945 年初在这里还发现汉五铢钱、漆木片、铜镞等物，并断定此城至迟在汉末即成废墟②。三角城地处石羊河古绿洲北端，正当防范匈奴之前哨，其地位的重要恰相当于著名的居延绿洲前沿的遮虏障，故三角城亦应为障城。该城之所以筑于台上，除因其地位重要便于固守外，还由于距石羊河终间湖-猪野泽较近，当时地面较为潮湿之故。

　　三角城周围遍布白刺灌丛沙堆，亦见新月形沙丘链，丘间地上出露成片风蚀古耕地，其范围向北可达城台以北 2 公里许，向南可与连城以北的弃耕地断续相连。这里当为汉代军屯垦区无疑。

　　连城，位于西沙窝中部偏北，东南距民勤县泉山镇约 10 公里。墙

---

①李并成：《河西走廊历史时期沙漠化研究》，科学出版社 2003 年版。
②阎文儒：《河西考古杂记》（下），《社会科学战线》1987 年第 1 期。

体残破,大部墙段被沙丘埋压,但轮廓仍十分清晰。南北420米,东西370米,夯土版筑,残高一般2—3米,最高6米。四壁各筑马面2座,西、南二垣各开1门,门阔10米许,均设瓮城。由西南角墩西延,亦有一段长370米的墙垣,较厚,其内地面平整,似为练兵校场。城址及周围地面暴露大量灰陶片、红陶片、蓝釉硬陶片、碎砖块、石磨残块等物。城内西门南侧铜甲、铁甲残片、铁箭头等物甚多,似为兵器库。城内东部铜质残渣集中,似铜器作坊。西南隅玛瑙碎片较多,似玛瑙作坊。阎文儒等于1945年在这里发现开元通宝9枚和唐三彩残片等。1987年武威地区文物普查时还在城中采到石刀残件、陶纺轮、石刮削器、汉五铢钱等。据其形制和出土遗物,该城当系汉至唐代城址,新石器时代亦有人类在这一带活动。笔者考得,连城为汉唐时期的武威县城,约在武周证圣元年(695年)废弃①。

古城,位于西沙窝中部,连城遗址西南10公里处。平面正方形,每边长110米许。墙垣亦甚残破,表土疏松,基部残宽5—6米,残高一般1.5—2米,最高7米许。四角筑角墩,多已倒坍,东西北3垣各置马面3座。南垣中部开门,设瓮城。城东北角盔甲残铁片堆积甚多,似一兵器库。西北角堆有腐烂的谷物粉末,似为粮库。城址内外暴露大量灰陶片、黄釉和绿釉陶片、铁箭头、碎砖块、礧石等物,还曾发现五铢、开元等汉唐钱币、铁犁、残石磨、铜饰件等。该城亦为汉唐城址,其规模较小,面积不足连城的1/10,且形制较为简单,城内又建有兵器库和粮库,当属汉唐时期的一处军事据点,很可能即是汉魏时期的平泽亭,或晏然亭。

---

①李并成:《残存在民勤县西沙窝中的古代遗址》,《中国沙漠》1990年第2期。

文一古城,位于西沙窝南部,民勤大坝乡文一农科队北部、古城西南 23 公里处。墙垣大部已成颓垄,唯北垣被明长城所利用,保存较好。南北 250 米许,东西约 280 米。城址内外散落大量汉唐时期的灰陶片、釉彩陶片、铁片、石磨块、砖块等,并有明代青瓷片、粗缸瓷片(明代筑长城时遗留)。笔者考得,该城为汉武威郡宣威县城,又为唐之明威戍城①。

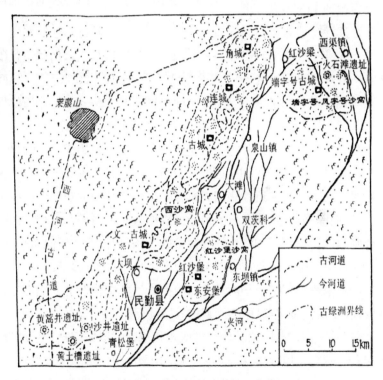

图 1　石羊河下游古绿洲沙漠化区域示意图

①李并成:《残存在民勤县西沙窝中的古代遗址》,《中国沙漠》1990 年第 2 期。

二、端字号–风字号沙窝古绿洲

该沙窝位于石羊河下游今民勤县城东北约 50 公里处的西渠镇西南部，东起西渠镇爱恒村西，西至建立村端字号西，北抵大坝村北，南到凤政村、大号村一带。端字号沙窝居西，风字号沙窝位东，中间被外渠(顺成沟)隔开。其东西长 10—14 公里，南北宽约 8—10 公里，沙窝总面积约 115 平方公里。

这片沙窝遍布较高大的白刺灌丛沙堆，间有新月形沙丘和流动沙梁。沙堆一般高 1.5—4 米，亦有高达 5 米或其以上者，白刺覆盖度 40%—70%。新月形沙丘多呈复合型沙丘链，长 10—20 米不等。丘间地上暴露成片风蚀古耕地遗迹，风蚀垄槽比高 1.5—2 米，并随处可见散落的灰陶片、夹砂红陶片、粗红陶片、碎砖块、残铁片等物，还发现沙井文化时期的彩陶片等。于美国高分辨率卫星影像（1994 年 9 月 5 日摄)1/10 万增强图上，可以较清晰分辨出这块古绿洲中几条被沙丘埋压隐伏的古河道，它们在影像上呈现为较深的粉红色曲线条状，与其周围褐黄色、浅白色的沙丘区别明显。古河道约自今红柳园乡合盛沟、对悦沟一带伸出，计有并排的 5 条，均由西南延向东北，流入这片古绿洲中。这些古河道无疑为当年绿洲的灌溉渠系。

沙窝中遗存端字号柴湾和火石滩两处沙井文化遗址、端字号柴湾城址，以及包家坑墓群、柴湾墓群等遗迹。

端字号柴湾古城，位于建立村西 4 公里许。该城原被沙丘埋没，不为人们所知。1987 年风刮沙移，城址始被吹出。笔者实地所见，该城结构为南北二城相连，南半城较大，东西 85 米，南北 73 米；北半城较小，东西 36 米，南北 32 米。二城东垣连为一体，通长 105 米。夯筑，夯层厚 14 厘米。墙体经长期风蚀已成土垄状，墙基残宽 3 米许，残高仅 0.5—1.3 米。城内及城周遗落大量灰陶片(绳纹、弦纹、雨点纹、素面）、碎砖块等物,并捡到唐开元通宝钱币,亦见较晚时期的豆绿瓷片、白瓷片、褐釉瓷片等。尤可值得注意的是这一带遗存残铁片较多,并不时可捡到残铁刀、铁戟、铁铠甲片等,表明该城很有可能为军事城堡。当地文物部门的同志还在这里发现沙井文化时期的骨铲、骨珠、石器残件和汉五铢钱币。笔者考得该城为唐白亭军城,唐代前后亦有人们在这一带活动①。白亭军位处石羊河绿洲北端,它的设置自然是为了防御突厥沿石羊河谷南下对绿洲的袭扰。

三、古绿洲的沙漠化

（一）汉代后期的沙漠化

汉代,是河西第一次大规模农业开发时期。武帝开拓河西,置郡设县,大规模移徙兵民屯田实边,使河西社会经济获得迅速发展,一跃崛为我国西北的富庶之区。随着大批移民的进入,大片的绿洲原野被逐渐辟为农田,绿洲天然水资源被大量纳入人工农田垦区之中,从而大大改变了原有绿洲水资源的自然分布格局和平衡状态,绿洲自然生态系统在很大程度上被人类的活动所影响,所控制。随着大规模开发的进展和深入,农田灌溉用水量不断增大,使得离水源较远的绿洲下游尾闾地区(如三角城等地)首先受到水源不足的影响,加之这里正处于风沙侵袭的最前沿,人工开发破坏固沙植被,流沙活动加剧,遂使这些地段首先遭受沙患之害,出现沙漠化过程,其周围的垦区被迫废弃,以致逐渐向荒漠演替。

三角城及其周围垦区内未发现汉代以后的遗物,因而可以推定城址的废弃及其周围垦区沙漠化发生的时间应在汉代大规模开发的

---

①李并成:《白亭军考》,《西北师大学报》(社会科学版)1994 年第 1 期。

后期。三角城废弃的原因,考虑到政治军事方面,虽然东汉后期国势陵替,边境一带的绿洲开发趋于衰势,但有汉一代北部边境一直为最重要的军防前线,尤其是如弱水下游的遮虏障、石羊河下游的三角城这样的位处绿洲北部最前冲的军事驻地,其地位更是极为重要,这里的驻防军队于史料上未见有主动撤防的记载。西汉一代于北部边界汉匈斗争的剧烈程度以及东汉前期河西郡县抗击北匈奴侵扰的紧张局势自不消说,即使是在东汉后期安帝、顺帝、桓帝之世,对北方游牧民族侵扰的防范亦未见松懈。如桓帝元嘉元年(151年)遣河西兵马4000余"出塞至蒲类海"击匈奴呼衍王①;延熹九年(166年)夏,鲜卑招结南匈奴、乌桓数道入塞,或五六千骑,或三四千骑,寇掠沿边九郡,杀略百姓,同年秋又诱引东羌"共寇武威、张掖,缘边大被其毒"。不得已,汉室复拜名将张奂督幽、并、凉三州,"匈奴、乌桓闻奂至,因相率还降,凡二十万口"②。

在上述这种情势下,将三角城这一重要的军事据点主动放弃,任其荒废殆无可能。三角城垦区的废弃沙漠化,主要应由于这一时期其上源地区的大量开垦,遂导致绿洲最北部水源不及,以及因薪柴、饲料、建筑材料等所需而大量破坏绿洲边缘固沙植被引起风沙之患等人类活动之故。当时人们调控、利用水资源的能力尚弱,水源利用率较低,虽然汉代的开垦面积并不为太大,但绿洲最北部地区仍然受到了水源不足的威胁。笔者实测,三角城一带沙漠化的范围南北约9公里,东西7公里许,计约60平方公里。

汉代发生沙漠化的区域除三角城周围外,还有西沙窝西南部一

---

①《后汉书》卷88《西域传》。
②《后汉书》卷65《张奂列传》。

带。这里分布着沙井文化期(距今 2725±100 年)的沙井柳湖墩、黄蒿井和黄土槽遗址等。其东西长约 16 公里,南北宽 5 公里许,面积近 80 平方公里。沙井文化是一种含有少量彩陶铜石器共存的青铜时代文化。这里虽未发现汉代城址遗存,亦非汉代较大面积的垦区所在(不排除汉代有小片军屯区存在的可能),但从汉代以前沙井期遗址及汉代大量墓葬的集中分布来看,此地显然原非沙漠景观。其地沙漠化的发生亦当在汉代大规模开发之时或其后期。由于绿洲水源被大量地纳入垦区农田之中,遂使流经这里的原有水流大大减少甚或断流,位于西沙窝汉唐垦区西侧,流经黄土槽、黄蒿井一带的大西河故道(排洪河道)平时亦少有水流通过,再加之这里荒漠植被的大片破坏,从而导致了其沙漠化过程的发生。从这一带沙丘的形态和分布高度来看,其沙漠化程度似较三角城地区更烈,其发生的时间也似较三角城地区稍早。

石羊河下游绿洲汉代后期发生沙漠化的地域计约 140 平方公里。

(二)唐代中期的沙漠化

唐代中期石羊河下游的沙漠化过程,出现在西沙窝古绿洲除三角城和沙井文化遗址等外的大部分地区(约 660 平方公里)和端字号–风字号沙窝。

唐代以降,于河西推行足兵足食的政策,实施屯防、屯粮、屯牧之举,绿洲的土地开发遂在前代的基础上获得前所未有的发展,河西成了国家所倚重的富庶的农业基地之一。[①]

唐代石羊河流域的开发地域,主要集中在中游地区。中游绿洲的

---

①李并成:《唐代前期河西走廊的农业开发》,《中国农史》1990 年第 1 期。

大规模开发，封建经济的高度发展，大量引水灌溉，必然使流入下游平原的水量越来越少，绿洲中、下游间的土地开发出现了相互制约的环境后果，加之下游绿洲位处风沙前沿，较之中游绿洲其生态环境更为脆弱，潜在沙漠化因素更强，很容易招致沙漠化的发生发展。同时，从气候上看唐代河西可能处于相应的干旱期，因而水源总量恐相对较少，易于诱发沙漠化过程。①

笔者考得唐代凉州辖6县，其中5县即设在石羊河中游绿洲平原：姑臧，州治，河西节度使治所，位于今武威市城东部；神乌，位于今武威市城西部；嘉麟，位于今永昌县水源乡北地村沙城子；昌松，位于今古浪县城；天宝，位于今永昌县焦家庄乡西寨古城。仅有武威1县置于下游绿洲平原（仍置于汉武威县故城，今连城遗址），并且该县仅仅存在了27年即行废弃。②两唐书《地理志》、《元和郡县图志》《通典》所记凉州领县均不列武威之名。《旧唐书·地理志》神乌县条记："总章元年（668年）复于汉武威城置武威县，神龙元年（705年）改为神乌。"《新唐书·地理志》亦云："神乌……总章元年复置，曰武威，神龙元年复故名。"《太平寰宇记》卷152神乌县条："神乌县……周证圣元年（695年）改为武威县，取废武威之额以名之。唐神龙元年复旧为神乌县，仍于汉鸾鸟古城置。"《唐会要》卷71《州县改置》："神乌县，证圣元年改为武威县。神龙元年二月复为神乌县。"综上可见，武威县设于总章元年（668年），较唐姑臧等县的设置晚了近半个世纪，其废弃的时间由上引《太平寰宇记》知为证圣元年（695年）或其以前，即该县最

①李并成：《河西走廊历史时期气候干湿状况变迁考略》，《西北师范大学学报》（自然科学版）1996年第4期。

②李并成：《唐代凉州（武威郡）诸县城址的调查与考证》，《敦煌研究》1990年第1期。

多存在了 27 年。武威县废后,遂将神乌县改名武威以代之,到了神龙元年仍复神乌旧名,武威与神乌关系如是。上引《新唐书·地理志》所谓"总章元年复置,曰武威",未将神乌何时名武威,何以名武威讲清楚。

唐武威县何以仅仅存在了 27 年即废弃?此外下游绿洲何以再无别的县设置?考其原因正在于这一时期下游绿洲地区强烈沙漠化过程的恶果。唐代前期河西走廊为唐室屯兵的主要地区之一,唐政府在这里集结有大量兵力以对付突厥、吐蕃等的侵扰。武威县正当凉州前冲,战略地位十分重要,它的废弃绝非唐军主动撤退所致,也不会是由于游牧民族的侵扰势力强大而被迫撤离,因为构成对本区北部主要威胁的东突厥早已于公元 630 年被唐所灭,此后其势力虽又曾一度复兴,并对本区仍有骚扰,但其焉可迫使精兵猛将云集的唐军从河西北部后撤!武威县废弃的主要原因在于中游地区的盲目开垦,超规模发展绿洲,从而使流入下游地区的水量不足之故,并与下游地区固沙植被的大量破坏有关。绿洲中、下游间的土地开发和生产发展可谓此消彼长、互相制约,导致严重的环境后果。

唐代前期石羊河中游一带,不仅集中了整个流域几乎全部的属县(除下游武威县设过 27 年外),而且大兴垦耕,封建经济高度发展。武后长安元年(701 年)郭元振出任凉州都督时,"旧凉州粟斛售数千,至是数岁登,至匹缣易数十斛,支廥十年"[①]。《册府元龟》卷 503 亦云,长安中凉州"遂斛至数十钱,积军粮可支数十年"。粟斛售价从原来的数千钱降至数十钱,囤积的军粮可支十年乃至数十年,实为历史上所罕见。沈亚子云:"昔户部其在开元,最为治平。当时西有甘、凉六

---

①《新唐书》卷 122《郭元振传》。

府之饶,东有两河之赋。"①河陇 33 州中"凉州最大,土沃物繁,而人富乐"②。唐人诗吟"凉州七城十万家,胡人半解弹琵琶"③;"吾闻昔日西凉州,人烟扑地桑柘稠"④。安史之乱发生后,中使骆承休还曾建议玄宗避居凉州。骆承休说:"姑臧一郡,尝霸中原,秦、陇、河、兰皆足征取,且巡河右,驻跸凉州,剪彼鲸鲵,事将取易。"⑤虽未成行,但也足以说明凉州的富足强盛及其之于全国局势的重要地位。

中游绿洲凉州一带的这种惊人发展,必然大量耗用灌溉水源,严重影响流灌下游地区的水量。可以说这一时期中游地区土地大规模开发所带来的经济繁荣在一定程度上是以下游地区的土地荒芜作为代价的。从这一点说,中游开垦愈烈,注入下游的水量愈少,则下游荒芜愈甚。同时由于唐代前期相应干旱,流域水源总量相对较少,有利于沙漠化过程的产生。

唐武威县废弃的结果,使得凉州城直接暴露在游牧民族的铁蹄面前,以至于他们一度可以"频岁奄至城下,百姓苦之"。为抵御侵扰,长安元年郭元振任凉州都督后即于凉州北 300 里的"北碛置白亭军"(实际为白亭守捉,天宝十载始改置军),可见凉州的北部防线不容弃置不顾。值得注意的是,武威县的荒弃与白亭守捉的新建其间虽不过数年,但白亭守捉并未置于武威县原址,而是于武威县以东另辟新址,设于今端字号—风字号沙窝古绿洲的端字号柴湾古城。由此证明当时西沙窝古绿洲武威县一带的沙漠化情形已十分严重,那里已不

①〔唐〕沈亚子:《对贤良方正直言极谏策》,《全唐文》卷 734。
②《新五代史》卷 74《四夷附录三》。
③〔唐〕岑参:《凉州馆中与诸判官夜集》,《全唐诗》卷 199。
④〔唐〕元稹:《西凉伎》,《全唐诗》卷 419。
⑤《资治通鉴》卷 218。

适宜于人们建立城堡驻军屯防,同时该地也无继续屯防的必要。既然武威县的废弃是迫于沙漠化,白亭守捉当然也无法于原址新建。从连城、端字号柴湾古城一带散落的遗物来看,无唐代以后的东西,可知沙漠化过程即出现在唐代大规模开发之际或其稍后。

除白亭守捉(军)外,石羊河下游绿洲还置有另一处军事据点明威戌。《元和郡县图志》卷 40:"明威戌,在(姑臧)县北一百八十里。"《新唐书·地理志》亦曰,姑臧"北百八十里有明威戌"。乾隆《大清一统志》卷 206 则云,唐明威戌"在镇番县南"。乾隆《甘肃通志》卷 23、1936 年刊《甘肃通志稿》卷 15、道光《镇番县志·古迹》等均认为,唐明威戌即汉武威郡宣威县故城,位于镇番县南。由上引《元和郡县图志》等所记方位里程求之,姑臧城北 180 里许,恰是如前所考的汉宣威县所居的今西沙窝南部的文一古城,该城亦即唐明威戌城。该城由汉代的县降格为唐代的戌,亦反映了其周围的大片耕地当已荒芜、沙漠化过程强烈进行的史实。因戌的周围仅可能开有小片农田,而绝不能和一个县所拥有的耕地规模相提并论。位处西沙窝中部的古城遗址,亦属唐代军事据点,其地亦未发现唐代以后的遗物,表明这里亦在盛唐或其以后发生沙漠化。从南徂北,由连城、端字号柴湾城到文一古城,唐代后期下游绿洲的大片田亩均已荒芜废弃。沙质平原上弃耕的农田在水源不及又缺乏植被保护的情况下受风力的强烈吹扬,发生地面风蚀,并提供大量沙源,干涸的河床亦成为沙物资的源地,使得下游绿洲很快流沙壅起,出现吹扬灌丛沙堆,或形成流动沙丘和沙丘链,整个西沙窝古绿洲终于演变为荒漠。乾隆《镇番县志》载"今飞沙流走,沃壤忽成丘墟",这种情况同样适应于唐代中期的石羊河下游绿洲。

由上考知,自汉迄唐石羊河下游古绿洲沙漠化发生的过程有两个阶段:初期发生在下游绿洲最北部的三角城周围和西南部沙井柳

湖墩一带,后期(唐代)则发生在从北到南的整个下游绿洲平原(西沙窝大部以及端字号–风字号沙窝),昔日田连阡陌的绿洲彻底演变成了荒漠。反映在沙漠化土地景观的变化上则呈现出由北而南带状差异的特色,即:(1)新月形沙丘与沙丘链(三角城以北、以西);(2)半固定白刺灌丛沙堆(白刺覆盖度30%左右)间有部分新月形沙丘和沙丘链(三角城附近其南部、东部);(3)固定、半固定白刺灌丛沙堆(白刺覆盖度50%~70%,西沙窝中、南部和端字号–风字号沙窝)。这种变化反映了受沙漠化作用时间长短的不同所表现出的沙漠化程度的差异,以及由此所影响的地下水状况的差别。

四、元代以来石羊河下游开发地域的转移

元代以降,石羊河流域农垦再兴。元于今民勤县城置小河滩城,标志着重新向荒弃的下游绿洲垦辟。《明一统志》卷37:"镇番卫……元号小河滩城,本朝洪武中置镇番卫。"明镇番卫城即今民勤县城。《嘉庆重修一统志》卷267《凉州府》亦曰:"小河滩城,今镇番县治,元筑。"《甘肃通志稿》卷15《古迹》亦云:"元小河滩城,今县治,元筑,元季存空城。"可见元代曾在今民勤县城之地置小河滩城,这是自唐代中期以来下游地区建置荒弃数百年后首次重置城堡。"小河,(镇番卫)南十五里,自凉州五涧谷来"[1],知小河源自石羊河,应为当时下游的主要引灌渠道。元时下游绿洲虽建城堡,但始终未有设县,且"元季存空城",可见其开垦规模不大。

同时这里还特别值得引起我们注意的是,元代小河滩城一带垦区,已偏处于西沙窝汉唐古绿洲之东,位于今民勤县坝区绿洲,而西

①顾祖禹:《读史方舆纪要》卷63。

沙窝汉唐绿洲则早已成为沙漠,不能被重新开垦利用,后代的垦区只能另辟它处。

明代,石羊河下游又有较大规模的屯田兵民移徙之举。笔者根据明代镇番卫所建屯堡的布局分析,其开垦范围限于明长城以内,即农田集中在镇番卫南部的坝区绿洲范围内,而长城以北的广大地域尚未得到垦辟。①至万历年间武威、镇番两地的耕地面积已达 120 余万亩,亩产量合今亩今量为 75 公斤/市亩;总产量洪、永时为 4.95 万吨,明代后期为 8.68 万吨。②清代进行了更大规模的水利建设,开垦地域较明代大为扩展,不仅下游坝区绿洲的开垦范围已突破明长城一线,而且还利用石羊河的冬春农闲余水,开发湖区绿洲,新辟耕地近 25 万余亩。清代中叶武威、镇番二县粮食亩产量合今亩今量达 78.1 公斤/市亩,总产量达 10.98 万吨,人口的增加更为迅速。然而绿洲生态系统的环境容量是有一定限度的,耕地和人口的大规模增加,过度开垦,过度樵采,较之汉唐有过之而无不及,使本区水土资源利用方面的矛盾又日趋尖锐起来。尽管当时人们对水资源的利用率已有较大程度提高(如利用冬春农闲水开发柳林湖区),绿洲的水利管理制度也颇为严格,然而有限的水资源终难满足日趋膨胀的人口负担及不断增大的农田面积的需要,绿洲生态环境不堪重负,沙漠化的再度发生也就在所难免。③并且明清代以来沙漠化的恶果又直接影响到了今

---

①李并成:《石羊河下游绿洲明清时期的土地开发及其沙漠化过程》,《西北师范大学学报》(自然科学版)1989 年 4 期。

②李并成:《河西地区历史上粮食亩产量的研究》,《西北师大学报》(社会科学版)1992 年第 2 期。

③李并成:《石羊河下游绿洲明清时期的土地开发及其沙漠化过程》,《西北师范大学学报》(自然科学版)1989 年 4 期。

天石羊河下游绿洲生态环境的状况。

由上可见，石羊河下游绿洲早在汉唐时期就已经出现了沙漠化过程，迨及唐代中期遂使整个下游绿洲遭到毁灭。并且因其自然生境严酷，这一古绿洲形成的沙漠化土地千余年来一直未能逆转，当元代重新向下游开垦时只能另择他处，在西沙窝的东侧另辟新绿洲，这即是今天仍在利用的现代民勤绿洲，而这一新绿洲今天又面临着再次毁灭的严重威胁！

历史的教训岂可罔闻！研究历史上的沙漠化过程，追根溯源，对于我们今天的开发建设和可持续发展，具有重要的史鉴意义。

（原载《开发研究》2007 年第 2 期）

新疆渭干河下游古绿洲沙漠化考

一、古绿洲概况

渭干河,源自天山山脉南麓支脉哈尔克山,穿越拜城盆地,汇聚木扎提河、克孜尔河等支流,流经新疆维吾尔自治区新和、库车、沙雅等县境内,注入塔里木河,全长 300 余公里,出山年径流量约 10 亿立方米,为塔里木河北岸的大支流。《水经注》卷 2《河水》称该河为龟兹川水,"北河又东径龟兹国南,又东,左合龟兹川水,有二源,西源出北大山南"。北河即塔里木河干流,西源即木扎提河。唐代又称其为白马河。《新唐书》卷 43《地理志》:"安西西出柘厥关,渡白马河,百八十里西入俱毗罗碛。"西出柘厥关(今新和县夏合土尔遗址①)所渡的白马河正是渭干河。渭干河两岸绿洲为塔里木盆地最富庶的地区之一。

近年来,笔者因承担国家社会科学基金项目,多次到塔里木盆地一带实地考察,于渭干河下游发现大面积遭受沙漠化的古绿洲及较多的废弃古城址、遗址。古绿洲位于现代新和绿洲西南、南部以迄沙雅西部部分地域,东西长约 35 公里,南北宽 20—23 公里,总面积约

---

①唐柘厥关址学界看法尚不一致。笔者赞同王炳华、陈国灿、张平等先生的观点,认为即今夏合土尔遗址。如见王炳华:《新疆库车玉其土尔遗址与唐安西柘厥关》,《新疆社会科学》1987 年第 2 期。

800平方公里。其地表景观为大面积废弃的古耕地与半固定吹扬灌丛沙堆相间分布。古耕地皆遭受强烈风蚀,破碎严重,一些地段可见条带状的风蚀垄槽,垄槽比高0.3—0.7米。少许较完整的地块外观上呈现为灰白色的板状硬地面,带有明显的风蚀擦痕。沙堆高约1.5—3米,白刺、柽柳覆盖度30%—60%,其间散布若干裸露的新月形沙梁和盾状流沙地。

古绿洲上渠道、阡陌的遗迹依稀可辨。早在20世纪二三十年代黄文弼先生等即对这一带做过考古调查,发现"长达二百华里之古渠……""维吾尔语称为黑太也拉克,即汉人渠"①。该渠从西北延向东南,最后消失于沙雅县南之草湖,为古绿洲东部的一条主干渠,今仍隐约可见,渠堤高出风蚀地表0.3米许,宽约6米,断续相连,其下游又分出三条支渠。古绿洲北部渠道遗迹较为破碎,似风蚀更甚,如来合曼协海尔成堡(详后)北侧约200米处存东西向古渠道残迹,口宽1.2米,残深0.6米;该堡南墙外约20米处又有东西向古渠道遗迹,残宽1.5米,残深亦0.6米。古绿洲西部、南部亦见古渠遗迹,一些渠道呈低槽式,走向较顺直,渠底低于风蚀地表0.3—0.5米,口宽2—4米。

近30多年来,通过打井提灌等现代技术,这块古绿洲部分地段又被重新开发利用。

二、古绿洲上遗存的古城堡、烽燧等遗址

渭干河下游古绿洲遗存多座古城址、烽燧、佛寺等遗址,其数量之多,分布之密集,建筑形制和类型之丰富,不仅居全疆之冠,而且也

---

①黄文弼:《塔里木盆地考古记》,科学出版社1958年版,第25页。

为整个西北地区古绿洲所罕见。当年黄文弼先生等即对之进行了系统调查,中华人民共和国成立以后三次文物普查以及王炳华、张平等先生和近年来邢春林先生对其进一步细致考察,笔者于 2006、2008、2010 年几次来这一带踏查,亦收获良多。古绿洲上的主要城堡、烽燧等遗址有:

通古斯巴西古城　位于新和县城西南约 44 公里处的荒漠中,40°15′10″N,82°21′50″E,全国重点文物保护单位。笔者于 2008 年 7 月 8 日,在新和县邢春林副县长陪同下,与武汉大学陈国灿教授等一道前来考察。所见城垣夯土版筑,部分墙段上部以大土坯垒砌,南北230 米,东西 250 米。经千余年来的风蚀破坏城垣倒塌严重,底部坍宽 8 米许,顶宽 1—1.5 米,残高 1.5—5 米。四角置角墩,东西二垣各有马面 4 座、南北二垣各有马面 2 座,马面突出墙体外约 4 米,宽亦4 米许。开南北二门,门宽约 13 米,皆置瓮城。城内存不少坍圮的略呈圆形的土阜台基,当为房屋基址。全城到处散落灰陶片、红陶片、碎砖快等物,俯拾即是。黄文弼先生 1928 年 9 月对该城调查试掘时,出土唐大历年号纸文书、木器、石磨、鞋、布巾、箭袋、胡麻籽、油饼以及唐代钱币等物。黄先生认为该城为龟兹大城之一,属唐城无疑[①]。近年来当地文物部门又在城内发现琉璃釉陶质的缸、瓮、罐、钵、盆,唐代龙马纹陶灯,铺地方砖,石磨盘,残铜、铁器物,开元通宝、乾元重宝、建中通宝、大历元宝等唐代钱币,特别是于城内东北隅发现窖藏唐币,一次就出土三千余枚[②]。靠北城门近处堆积厚约 1.5 米许的马粪,

---

① 黄文弼:《塔里木盆地考古记》,科学出版社 1958 年版,第 21—23 页。

② 张平:《新和县通古孜巴什古城调查与研究》,《吐鲁番学研究》2003 年第 2 期;又辑入张平:《龟兹文明—龟兹史地考古研究》,中国人民大学出版社 2010 年版,第 203—220 页。

可见当年城中军马众多，该城具有军事城堡的特色。城内外地面泛碱，随处可见吹扬灌丛沙堆，柽柳、梭梭、骆驼刺、白刺等旱生、沙生植物生长良好，柽柳、梭梭高者逾2米以上。访之当地，"通古斯巴西"一名维语意为"九个城中的最大者"。该城规模较大，墙垣厚实，构建坚实，角墩、马面、瓮城等设施齐备，且其周围一带戍堡、烽燧遗址分布密集，对该城形成众星拱月之势，城周古耕地、渠道遗迹范围也颇为广阔，无疑应为当年唐军主力布防之地，屯田区也主要在这一带，其遗迹不下十数万亩。据之笔者认为，该城很可能为唐安西四镇之一的龟兹镇城。

依两《唐书》、《资治通鉴》等有关记载，贞观二十二年（648年）昆丘道行军大总管阿史那社尔率大军十万平定龟兹，遂于其地置龟兹都督府；迨及显庆三年（658年）平定了西突厥阿史那贺鲁及龟兹羯猎颠叛乱后，遂将安西都护府由西州移治龟兹，并设龟兹、疏勒、于阗、焉耆四军镇。《旧唐书》卷198《西戎传·龟兹》："太宗既破龟兹，移置安西都护府于其国城。以郭孝恪为都护，兼统于阗、疏勒、碎叶，谓之四镇。"《新唐书》卷221上《西域传·龟兹》亦有相同记载。《旧唐书》卷40《地理志》"安西都护所统四镇"条载："龟兹都督府，本龟兹国。其王姓白，理白山之南。去瓜州三千里，胜兵数千。贞观二十二年，阿史那社尔破之，虏龟兹王而还，乃于其地置都督府，领蕃州之九。至显庆三年，破贺鲁，仍自西州移安西府置于龟兹国城。"安西都护府移治龟兹以及安西四镇的设置，对于唐朝经营西域具有十分重大的意义。唐经营西域主要面对的是西突厥和吐蕃、突骑施的军事挑战，安西都护府的主要职责即在于安定西域，维护西北边疆的稳定和丝绸之路的畅通。其府治从西州移治龟兹，表明唐王朝西进战略的稳步推进和胜利实施。龟兹位处西域中部，东连焉耆、西州和伊州，西接疏勒及葱岭以西，南达于阗，北通天山以北，诚为枢纽之地。四镇的分布则分别控制了塔里木盆地北、西、南等几面的战略要冲,而且各镇之间又能遥相呼应,龟兹则居中驭远,可以有效地统协其他三镇乃至整个西域地区,自此龟兹成为唐朝统治西域的中心,这一带也随之展开了大规模的军事布防和屯田。然而安西四镇设立之初并不太平,吐蕃与唐朝在西域反复争夺,甚至四镇易手,由此使唐室深刻认识到,要保持对四镇和西域的稳定统治,必须要有足够的兵力才能保障。于是长寿二年(693年)王孝杰率军大破吐蕃后,"复于龟兹置安西都护府,用汉兵三万人以镇之。既征发内地精兵,远逾沙碛,并资遣衣粮等,甚为百姓所苦。言事者多请弃之,则天竟不许"①。从而以更加坚实的军事驻防实力,保证了四镇及整个西域地区的稳定和发展。

博提巴什古城　位于通古斯巴西古城西南约5.6公里处,略呈方形,每边长约80米,底部坍宽约10米,顶宽3米许,大部墙段残高4—5米,矮者1.5米许。基部夯筑,上部土坯垒砌。四角筑角墩,角墩伸出城垣外4米许。门一,北开,宽约12米,有瓮城。南垣中部耸立烽燧一座,残高约5米,顶宽6米许。城周暴露大面积古代耕地遗迹,地面较平整,柽柳、白刺、骆驼刺等旱生植被生长较好。城内城周随处可见散落的碎陶片等物,曾出土残铁器、钱币、陶瓮等,瓮中残存麦、粟等粮食颗粒。依其规模和位置,该城应为唐代龟兹镇外围的一处戍堡。笔者在河西一带的田野考察中所见,唐代戍堡大略均呈方形,周长大多250—400米(如民勤县西沙窝古城、瓜州县肖家地小城、高台县羊蹄鼓城、金昌市岳家沟高庙古城、额济纳旗小方城等②),河西如

①《旧唐书》卷198《西戎传·龟兹》。

②李并成:《唐代河西戍所城址考》,《敦煌学辑刊》1992年第1—2期,第6—11页。

此,西域亦应与之近似。近年博提巴什古城周围一带又在大面积重新开垦。

玉奇喀特协海尔古城　位于新和县城西南约 17.2 公里处,规模较大,东西长约 1450 米,南北 800 米许,有宫城、内城、外城三重城垣,互相环套。内城南北 450 米,东西 410 米,残高 4 米许。底部坍宽约 8 米,顶宽 2.5—3 米,残高 1.5—2.2 米。城内杂草丛生,许多地段今天已被辟为大片农田。笔者认为,似如此规模庞大、结构复杂的城址,不会是级别、等第较低的军政机构的驻所。余曾依田野工作的实践总结出:"城址规模是确定城市等第、判定城址性质的重要依据,规模较大的城址必然是等级较高的军、政机构的驻所。"①由之判定该城有可能为唐安西都护府城。安西都护府从西州(今吐鲁番高昌古城)迁至龟兹,其庞大的军政机构随行,不可能挤占原龟兹王城(即伊逻卢城,多数学者认为此城即今库车县城西皮朗古城),况且唐已于该城内置龟兹都督府,属羁縻州府,没有史料表明龟兹都督府"附郭"于安西都护府,二者显然不应在一城,安西都护府城更有可能在其附近择地新建。

尤勒滚协海尔古城　位于新和县玉奇喀特乡玉尔滚村西南约 4 公里处,东南距克孜勒协海尔古城 11.5 公里,东西长约 450 米,南北宽 360 米,城垣筑马面,城内东北角有一长宽各约 100 米的内城。据上引《旧唐书》卷 40《地理志》"安西都护所统四镇"条,龟兹都督府"领蕃州之九"。《新唐书》卷 43 下《地理志》亦记,龟兹都督府"领州九"。尤勒滚协海尔古城规模较一般唐代戍堡大出许多倍,应系级别更高的机构驻所,很可能为龟兹的一处州城。

① 李并成:《河西走廊历史地理》,甘肃人民出版社 1995 年版,第 150 页。

克孜勒协海尔古城 位于新和县城南偏西 22 公里、克孜勒协村境内。黄文弼先生曾于 1928 年 9 月对该城调查①，张平、邢春林等先生亦对其做过多次考察②。城址分作不连续的南北二城，二城间距 110 米许。一条南北向的水渠和通往大尤都斯乡（玉奇喀特乡）的大道从二城东部穿过，城内大部分地面亦被辟为农田。城垣下部夯筑，上部土坯垒砌。南城平面略呈方形，南北 161 米，东西 151 米，西垣北段、中段和北垣西段保存较好，基宽 5 米，上宽 3 米，残高 2—4 米，最高 6 米。东、南二垣仅余颓基，部分墙段今被用为田埂。四角设角墩，西垣筑马面 3 座，北垣筑马面 1 座。城内今有民居两处。北城亦略呈正方形，南北 95 米许，东西残长超过 100 米，西、北二垣较完整，南、东二垣存部分墙段，残高大多 2 米。南、北二垣中段开门，均遗留瓮城残迹。城内曾出土绿釉三耳陶罐、大陶缸、陶质排水管等物，城外有烽燧一座。该城亦规模较大，张平先生推断应为龟兹的一个州城，当是。

苏盖提古城 位于克孜勒协海尔古城西北约 2.5 公里处，平面呈不规则方形，周长约 350 米，墙基坍宽 15 米许，残高 3—4 米。地表散落唐代灰陶片、红陶片、碎砖块等物。该城应为另一处唐代军防戍堡。

萨里塘古城 位于克孜勒协海尔古城西北约 9.5 公里处，平面呈方形，每边长约 70 米，周长约 280 米，残高 2—6 米，地表亦散落唐代灰陶片、碎铁片、砖块等物。城西有窑址一处。该城规模、形制类似

①黄文弼遗著、黄烈整理：《黄文弼蒙新考察日记(1927—1930)》，文物出版社 1990 年版，第 275 页。

②张平：《新和县克孜勒协海尔古城调查与研究》，《丝路重镇话新和》，新疆人民出版社 2008 年版；邢春林：《唐代安西都护府渭干河西岸遗址群的调查与研究》，《新疆师范大学学报》(社会科学版)2010 年第 1 期，第 121 页。

于博提巴什古城，应为又一唐代戍堡。

托帕墩古城 位于新和县排先巴扎乡托帕墩村，西北距克孜勒协海尔古城 11 公里。城址呈不规则圆形，由内外二城组成，外城南北长约 400 米，东西宽 270 米许。内城位于外城东北部，南北 146 米，东西 125 米。依其规模亦可能为龟兹的又一处州城。

艾格迈利羊达克协海尔古城 又名小央达克古城，位于沙雅县西北约 35 公里处的英买力镇羊达克协海尔村，西距通古斯巴西古城约 15 公里。由于自然风化和盐碱侵蚀，城垣毁坏严重，残高 1 米许，南北约 100 米，东西 85 米，曾出土铜质图章、刻字板、开元通宝钱币等。城内发现多处排列的大陶瓮，其中一口陶瓮腹部墨书"薛行军""监军"字样，显然该城系唐代驻军之所。吴疆查得，"薛行军"应为当年随阿史那社尔伐龟兹的行军长史薛万备。[1]依其规模，亦应为戍堡。

除上述城址外，据新和、沙雅两县文物普查及邢春林先生等的调查，在这片古绿洲上尚有一些较小的古城遗址，它们大多围绕通古斯巴西古城西北、北、东北、南、东南分布，可能大多为屯堡、戍堡一类城址，或为乡城或驿站。主要城址有：且热克协海尔古城，又名恰日克协海尔古城，位于新和县通古斯巴西古城西北约 6 公里处，仅余少许残迹，长 25 米，宽约 20 米，散露夹砂红陶片、残铁镰、石磨等物。阿克提坎戍堡，位于通古斯巴西古城西北约 8 公里，平面略呈方形，每边长约 60 米，墙基坍宽约 10 米，残高 5—6 米，南垣开门，有瓮城，其余三垣各筑马面一座。吐格曼塘木古城，位于通古斯巴西古城西北约 13 公里，残存部分墙基，南北 40 米，东西 34 米，散见陶片等物。来合曼协海尔戍堡，位于通古斯巴西古城西北约 15 公里，城垣平面呈正方形，每边长约 55 米，基宽 3 米许，残高 2—6 米，戍堡北面约 200 米、

①吴疆：《"薛行军"陶罐考》，《新建社会科学》1986 年第 1 期。

南墙外约 20 米处均见东西向古渠道遗迹,戍堡内外随处散落夹砂红陶片、绿釉陶片、陶纺轮等。色格孜协海尔古城,位于通古斯巴西古城北 11 公里,破损残重,残长约 30 米,残宽 10 米许。克孜勒协戍堡,位于通古斯巴西古城东北约 8 公里,平面呈正方形,每边长约 81 米,基宽约 3 米,残高 25 米许,四角筑角墩,东西二垣各设马面一座,散落夹砂红陶片等物。乔拉克协海尔古城,位于新和县塔什艾日克乡南部约 25 公里、通古斯巴西古城东北约 9 公里处,南北 55 米,东西 49 米,南垣开门,有瓮城,其余三垣各设马面一座,残高 3 米许,散落夹砂红陶片、铺地方砖、木炭等物,并在城内灰层中掘出碳化麦粒。格勒格里戍堡,位于通古斯巴西古城南 6.5 公里处的沙雅县英买力镇铁力克协尔三大队境内,甚为残破。铁热克协尔戍堡,位于通古斯巴西古城东南 9 公里处的沙雅县英买力镇坡托格拉克村,甚为残破。这些小城堡似群星般地拱围在通古斯巴西古城周围,也由此可见通古斯巴西古城在这一带地域中的重要地位。

另需提及,沙雅县城北略偏西约 22 公里处的英迈力镇博斯坦村旁还有一座龟兹地区最大的古城址,名乌什喀特(玉奇喀特)古城,笔者实地所见全城周长约 3500 米,由外城、内城、宫城三部分组成,部分墙段仍保存较好。黄文弼先生当年考得,该城为北魏时期的龟兹都城①,甚当。因该城已出古绿洲范围,不赘。

除上述众多的古城址外,渭干河下游还保存了许多唐代烽燧遗址。据邢春林先生考查,渭干河西岸今存唐代烽燧 17 座,沿两条路线分布。一条烽线东起渭干河畔西岸的柘厥关,西至央达库都克,长约

---

① 黄文弼:《略述龟兹都城》,《文物》1962 年第 7、8 期,辑入黄文弼:《西北史地论丛》,上海人民出版社 1981 年版,第 261—267 页。

120公里,沿唐代丝绸之路西域中道路线展布,由9座烽燧组成,基本上与国道314线平行。另一条烽线北起吐尔拉,南至塔里木河北岸,长约38公里,位于唐代驻军屯田遗址群西侧和西南侧,由8座烽燧组成。两条烽线交汇于吐孜吐尔烽燧遗址①。这两组烽燧又与延伸于本区之外的苏巴什、盐水沟、大龙池、伊西哈拉、拉伊苏、伊斯塔纳、柯西吐尔等关戍、烽燧,一道构成更大范围的军防体系。

上述这些众多的古城址、遗址,为我们探讨唐代西域经营方略、军事部署、军事制度、边防体系、农业开发以及古绿洲环境变迁等,提供了弥足珍贵的实物资料,渭干河下游古绿洲示意图见文后所附图1。

三、唐代前期渭干河下游绿洲的土地开发

唐代前期,即指从唐王朝经营龟兹始,直到本区陷落吐蕃的这一历史时段,历时约150年。

由于渭干河水量充足,绿洲富庶,早在西汉神爵二年(前60年)西域归汉时, 位于该河流域的龟兹国即为西域36国中的大国。《汉书·西域传》:"龟兹国,王治延城,去长安七千四百八十里。户六千九百七十,口八万一千三百一十七,胜兵两万一千七十六人。……能铸冶,有铅。东至都护治所乌垒城三百五十里。"龟兹国不仅人口众多,物产丰饶,而且冶铁等业发达。《水经注》卷2《河水》:"释氏《西域记》曰,屈茨北二百里有山,夜则火光,昼日但烟,人取此山石炭,冶此山铁,恒充三十六国用。故郭义恭《广志》云,龟兹能冶铸。"屈茨,即龟兹。由于国力强盛,其周围一带的尉头国、姑墨国、温宿国亦役属于龟

---

①邢春林:《新疆渭干河西岸唐代烽燧遗址的调查与研究》,汉唐文明下的龟兹文化学术研讨会论文,2010年版。

兹。汉代中原通西域有南、北两道,龟兹居北道中部;魏晋时增为南、北、中三道,其中北道、中道皆经由龟兹。

及至唐代,龟兹地区的社会经济获得前所未有的大发展。唐朝经营龟兹虽曾有过曲折的历程,但自显庆三年(658年)安西都护府移治龟兹、设置四镇后,特别是长寿元年(692年)王孝杰破吐蕃复四镇之地后,大大促进了西域地区的稳定,唐王室遂在龟兹地区进行了大规模的军事布防,这片土地上也因而遗留下了上述大量的古代城址、成堡、烽台等遗迹;同时利用渭干河流域丰沛的水利、土地等资源,展开了大规模的以军屯为主体的农业开发,这于正史及库车出土文书中都有着真切的反映。

《资治通鉴》卷223"代宗广德元年(763年)"条载:"唐自武德以来,开拓边境,地连西域,皆置都督、府、州、县。开元中置朔方、陇右、河西、安西、北庭诸节度使以统之,岁发山东丁壮为戍卒,缯帛为军资,开屯田,供糗粮,设监牧,畜马牛,军城戍逻,万里相望。"《唐六典》卷7"屯田郎中"条记载西域屯田:"安西二十屯,疏勒七屯,焉耆七屯,北庭二十屯,伊吾一屯,天山一屯。"唐制"州镇诸军每屯五十顷",则安西二十屯计有10万亩,其规模不可谓不大。库车文书中可见到"伊利屯"(D.A.1V)、"益国屯"(D.A.3)等名称,恐均系安西二十屯之属,或许上考一些较小的城堡即为这些屯驻守的"屯城"。《旧唐书》卷98《杜暹传》载,开元四年(716年)杜暹"迁监察御史,仍往碛西覆屯"。碛西即指安西一带。《通典》卷24《监察侍御史》:"开元五年,监察御史往碛西覆屯仓"。监察御史不远万里,亲赴碛西检查屯田仓储事宜,可见对于本区屯田的重视。

库车都勒杜尔·阿胡儿(即夏合土尔,唐柘厥关遗址)出土的D.A. 80号汉文文书记:"东界移伐离支庄界田苗,今见干燋,不得水……石啜祛录上户,差科不曾有闲□,□件庄田苗干渴,其水频至拓厥,所由相推,其麦在场内,伏望……"①可见当时龟兹地区灌溉农业兴盛,建有农庄,不仅军事屯田勃兴,而且民间的土地开发亦颇有声势,经营农业的民众有石啜祛录等少数民族,引灌"频至柘厥"的渭干河的水源,生产小麦等作物,并被征发差科。库车出土的其他汉文文书中还可见到"渠下"、"□□堰"(D.A.M507)、"春堰"(大谷8066),以及屯田劳作者领取屯米、面、油等物的记载。

夏合土尔出土的《唐掏拓所文书》(大谷8066A)记:"掏拓所,大母渠堰。右件堰十二日毕□。为诸屯须掏末已,遂请取十五日下水。昨夜三更,把(?)花水汛涨,高三尺,牢得春堰,推破南□马头一丈已下。恐更腾(?)涨,推破北边马头及春堰。伏□□□□检河槽之堰功积,便下水。十四日,然[后缺]"。掏拓所,无疑为当时龟兹地区专门负责维修渠堰、管理引水灌溉的机构,"掏拓"的本意即指清除淤沙,疏浚渠道,此为多风沙的西北干旱地区从事灌溉农业的经常性劳作。"大母渠"即主干渠,类同于敦煌文书P.3560等中的"大河母"。"下水"即放水、行水,渠道"掏拓"完毕后,即可放水浇田。掏拓所的头目称作掏拓使。夏合土尔出土《检校掏拓使牒》(大谷8062):"检校掏拓使,牒东、西王子村税丁,东王子村苏大地宁,右奉开府,状上请等[后缺]②。《行客刘怀义等状》(D.A.86)记载当地行客营的成员也要参与掏拓。可见唐代龟兹地区的农田水利建设颇为兴盛,设有专门的机构,有专人负责经管,有众多人员参与,有相应的清淤、灌溉制度。

①转引自陈国灿:《库车出土汉文文书与唐安西都护府史事》,汉唐文明下的龟兹文化学术研讨会论文,2010年版,库车。

②本文所引大谷文书,均见于日本龙谷大学佛教文化研究所编(小田义久责任编集)《大谷文书集成》第三卷,日本京都法藏馆2003年版。以下不再一一出注。

克孜尔出土的《唐建中五年(784年)安西大都护府孔目司帖》,提到"莲花渠"、"配织"春装、"准例放掏拓、助屯"等事项,可见即使在当时吐蕃大军步步紧逼、安西与朝廷阻隔的危急情势下,龟兹地区军民仍然"泣血相守,慎固封略,奉遵朝法"[①],屯田和水利建设仍在继续。

陈国灿先生通过对库车一带出土文书的研究得出,唐代安西都护府属下的屯田,既有唐朝军士的参与,也有当地老百姓,包括龟兹人、汉人的参与,呈现出一种军民共屯、共建的特色。诚如斯言,笔者检得《安西(龟兹)差科簿》(大谷8074),文书中登载了"六人锄苜蓿""三人花林园役""廿人单贫老小不济""百七十□人"诸事项及其人员名单,观其姓名,既有"吴兵马使""张游艺""窦常清""王子芝""田书良""李庭俊"等汉族兵民,又有"白支陁羡宁""姐渠元裕""拔勿烂""阿师奴""安拂延"等龟兹民众。

四、古绿洲沙漠化过程考

由上考众多古城址及其出土文书、文物年代判断,渭干河下游绿洲的废弃及沙漠化的发生当在唐代后期,唐代后期是本区环境变化的一个重大转折时期。考其荒弃沙漠化的原因,笔者认为主要在于两个方面。一是由于大规模的土地开发,造成绿洲原有旱生、沙生植被的大量破坏,招致风沙患起;二是与唐代后期西域政治军事形势的剧烈动荡以及由此而造成的社会生产的巨大破坏、农业的急剧衰退等因素密切相关。

渭干河流域尽管水量较丰,但其下游地区位处绿洲尾闾,易受水

---

① 《旧唐书》卷120《郭昕传》。

量变化的影响，且下游靠近塔克拉玛干沙漠，地当风沙危害的前冲，一些地段又与流沙、盐碱地、戈壁等相间分布，甚或被沙漠切割包围，其生态环境的不稳定性强，因而沙漠化过程易于被激发、活化，若加以人类不合理的开发利用方式的作用，易于向荒漠演替。随着本区唐代军事屯田及民间土地开发的大规模展开和深入，大片的绿洲原野被逐渐辟为农田，绿洲天然水资源被大量纳入人工农田灌溉系统中，从而大大改变了原有绿洲水资源的自然分布格局和平衡状态，绿洲自然生态系统在很大程度上被人类的活动所影响和控制。原来流注绿洲边缘一些地段的水量，可能因之而有所不济，甚或断流，这些边缘地段有可能首先遭受沙漠化之害。大规模农田的开辟，又必然伴随着绿洲上原有的自然生长的旱生、沙生植被等的大面积铲除和破坏，而代之以人工栽培作物；又加之大量兵民所需的燃料、建房材料、构筑大批军防设施和修渠造堰等方面需材，冶铁和烧制陶器需材，以及农田肥料，军马、耕畜等的饲料所需等，同样需要刘伐大量天然林草植被，从而使本区原本就脆弱的生态平衡渐趋破坏，这就很容易诱发沙漠化的发生和塔克拉玛干沙漠流沙的入侵。

唐代龟兹地区大规模土地开发破坏林草植被的具体情况，虽于现有库车文书等史料中尚难查到直接记载，但于吐鲁番出土文书中却有着唐代西州此方面的不少反映，每年仅刈割、征纳的大量军马草料一项就多有所见。略举几例：《武周请车牛人运载马草踏文书》(64TAM29:91)、《武周(？)宁戎驿马及马草踏文书》(64TAM29:97)等。[1]《唐西州某县事目》(73TAM518:3/3)中专门列有"兵曹牒为承函

___
[1]国家文物局古文献研究室等编：《吐鲁番出土文书》第七册，文物出版社1986年版，第95页、第97页。

马减料所管镇戍□牒知事";"仓曹牒为石舍承函马五匹踏料速支送事";"□□牒为长行马减料等别仓贮纳讫申事"等事目多件。①《武周某馆驿给乘长行马驴及粟草帐》残件(64TAM35:38(2)),记载某年四月某日,一天之内该馆驿供给长行马、驴的草合计就达58束,②不可谓不多。束为草的计量单位,唐代每束草重约10斤。唐人元稹《弹奏山南西道两税外草状》:"严励又于管内诸州元和二年(807年)两税钱外,加配百姓草,共四十一万四千八百六十七束,每束重十一斤。"束之法定重量为10斤,因严励苛刻百姓而加征1斤。《唐上元二年(761年)西州柳中县界长行小作具元收破用粟草束数请处分状》(73TAM506:4/38)记"合当作据元收数粟总陆阡伍佰伍拾伍束,每粟壹束准草壹束",则该长行小作此次收草即达6555束之多。《唐上元二年(761年)柳中县城具禾草领数请处分状》(73TAM506:4/39)记"长行小作禾草叁阡玖佰伍拾捌束";《唐上元二年(761年)蒲昌县界长行小作具收支饲草数请处分状》(73TAM506:4/40)记"以前都计当草叁阡贰佰肆拾壹束具破用"③。所记草束均为数不少。

《唐车牛运苇书牍》(73TAM518:2/9)载:"……时寒未委,平安已不!……其牵牛见运苇未足,当三日,□计一日得一车。今日到两园谷中,两日始得一车。一人专刈,一人𦊀,并却叶。乞知之……"④芦苇在

①国家文物局古文献研究室等编:《吐鲁番出土文书》第七册,文物出版社1986年版,第340—341页。

②国家文物局古文献研究室等编:《吐鲁番出土文书》第七册,文物出版社1986年版,第465—466页。

③以上三件文书见国家文物局古文献研究室等编:《吐鲁番出土文书》第十册,文物出版社1990年版,第248—254页。

④国家文物局古文献研究室等编:《吐鲁番出土文书》第七册,文物出版社1986年版,第360页。

西北地区不仅可"作席"及"苇器",用作手工业原料,而且还是一种较重要的饲料植物,马、牛皆喜食其青草。据敦煌文书唐《朋友书仪》(P.2505、S.5660等),"时寒"为农历十一月,已处仲冬,大多植被已经凋萎,但此时仍派遣专人刈苇、运苇,并且定有必须完成的数额,可见其需要量之大,由此对天然植被造成的影响可想而知。西州如此,作为西域统治重心的龟兹更当不会例外,因而伴随着大规模土地开发而引发的大规模天然植被的破坏在所难免,成为诱发沙漠化的重要因素之一。

史载,天宝十四载(755年)安史之乱爆发,河西、陇右及安西四镇驻防的精兵大部东调平叛,早已垂涎这里的吐蕃自青藏高原乘虚而入,河西、西域等地相继沦丧。《新唐书·地理志》:"吐蕃既侵河、陇,惟李元忠守北庭,郭昕守安西,与沙陀、回纥相依,吐蕃攻之久不下。建中二年(781年),元忠、昕遣使间道入奏,诏各以为大都护,并为节度。贞元三年(787年),吐蕃攻沙陀、回纥,北庭、安西无援,遂陷。"安西都护府及四镇失守的年代目前学术界有三说:公元791年、795年、808年。随着安西诸地的失陷及吐蕃奴隶主军事集团的到来,原有的社会生产受到极大破坏,原有人口或殒于兵燹,或逃亡流逸,农业人口当大幅度减少。更加以吐蕃奴隶主实施残酷的民族和阶级压迫,对其治下的民众非其同族者强行蕃化,驱之为奴(吐蕃占领敦煌后即如此),并以其落后的奴隶制的以游牧为主的土地利用方式取代原来较先进的封建制的以农业为主的土地利用方式,由此对渭干河下游一带农业经济的破坏可谓创巨痛深,龟兹大片良田沃野自必弃耕抛荒,沦为荒壤。正如元代马端临《文献通考·舆地八》所说,河西、西域"自唐中叶以后一沦异域,顿化为龙荒沙漠之区,无复昔之殷富繁华矣"。

风沙物理活动的规律告诉我们,干旱地区大面积农田弃耕后,疏

松地表直接裸露,在失去原有植被(自然植被、人工栽培作物)保护的
情况下,风沙活动迅速加强,就地起沙、流沙入侵、地表粗化等过程接
踵而至,进而出现灌丛沙堆或形成流动沙丘,绿洲遂向荒漠演替。这
种过程尤以位处盛行风向前沿的河流下游地区首当其冲,来得迅速
而剧烈,且难以逆转。如据笔者的实地考察和研究,河西走廊的石羊
河下游西沙窝绿洲如此,黑河下游的居延绿洲、北大河下游的东沙窝
绿洲、马营河摆浪河下游的骆驼城绿洲等亦如之[1],渭干河下游绿洲
亦当与之类似。

　　正是在上述两方面主要原因的作用下,渭干河下游绿洲自唐代后
期以来逐渐演变成了今天这样的荒漠化景观,去今已约 1200 年时日。

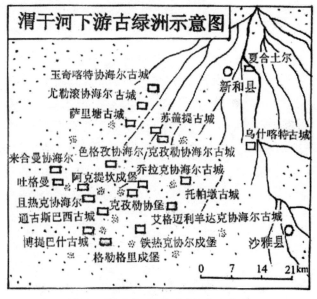

图 1　渭干河下游古绿洲示意图

---

　　[1]李并成:《河西走廊历史时期沙漠化研究》,科学出版社 2003 年版,第
239—261 页。

研究历史时期的沙漠化过程,总结、汲取历史的经验教训,对于今天绿洲地区的开发建设、沙漠化的防治及可持续发展具有重要的借鉴意义。

(原载《西域研究》2012 年第 2 期)

塔里木盆地克里雅河下游古绿洲沙漠化考

一、古绿洲概况

克里雅河,发源于昆仑山脉中部的乌斯腾塔格山西侧,流经新疆于田县境,最后没于塔克拉玛干沙漠腹地,其下游部分古河道伸入策勒县境内,古河道尾闾还可一直向北延伸到塔里木河河谷。该河总趋向为南北流向,今河流全长 689 千米,流域总面积约 39500 平方千米,年径流量 7.272 亿立方米。

《新唐书》称克里雅河为建德力河,《大唐西域记》称其为媲摩川(详后),清代始称克里雅河,为于田绿洲的主要滋育水源之一。对于该河流域的考古调查,曾有瑞典斯文赫定、英国斯坦因、我国学者黄文弼、王炳华、李吟屏以及新疆的一批考古工作者等;特别是 20 世纪 90 年代新疆文物考古研究所与法国科学研究中心 315 所联合组成的克里雅河考古队,对该河流域的人类活动遗址做了较全面的考察,摸清了其基本面貌。①

克里雅河下游一带分布着成片废弃的沙漠化的古代绿洲,古绿洲

---

①斯文赫定著:《亚洲腹地旅行记》,李述礼译,上海书店印行 1984 年版,第 194—218 页;斯坦因著:《沙埋和田废墟记》,殷晴等译,新疆美术摄影出版社 1994 年版;黄文弼:《塔里木盆地考古记》,科学出版社 1958 年版,第 174—216 页;王炳华:《新疆访古散记》,中华书局 2007 年版,第 147—160 页;李吟屏:《和田考古记》,新疆人民出版社 2006 年版,第 15—27 页。

呈多点分散式沿河分布,它们分别以喀拉墩遗址群、玛坚勒克遗址、圆沙古城遗址群、圆沙北古城、丹丹乌里克遗址群为中心,形成5块小绿洲,散落在已干涸的河道近旁。每块小绿洲互不相连,中间被沙丘隔断。这些小绿洲依其位置又可分作两组,以圆沙古城遗址群、圆沙北古城、喀拉墩遗址群、玛坚勒克遗址为中心的4块小绿洲列为一组,沿河流故道南北延伸约55千米,东西宽4—15千米,总面积约500平方千米,它们彼此相距不远,原本应是连为一体的,后被流沙分隔。以丹丹乌里克遗址群为中心的小绿洲单列一组,分布于克里雅河下游西支古河道西侧,南北延伸约2.4千米,东西宽1.5千米,面积约4平方千米。

以上这些小绿洲的地表景观大体类似,均呈现为连片的风蚀弃耕地与侵入其间的裸露新月形沙梁、片状流沙地和吹扬灌丛沙堆相间分布。沙梁高约2.5—5米,沙堆高2—6.5米,甚或有高达10米者,柽柳、白刺覆盖度20%—40%。风蚀弃耕地呈现为光板硬地面,风蚀垄槽比高0.8—1.2米。古耕地遗迹呈较齐整的块状、条状排布,土层残厚0.6—1.2米。许多地段阡陌、渠道遗迹仍清晰可辨,克里雅河下游数条干涸的古河道贯穿其间,于卫星影像和航空照片上亦可显见。这一带还随处散见遗落的灰陶片、红陶片、粗缸瓷片、碎砖块、碎木块、动物骨骸、石磨残块等物,甚至有些地段俯拾即是。

二、古绿洲上留存的古代遗址

(一)喀拉墩遗址群

喀拉墩遗址群位于于田县城以北190千米。1896年瑞典探险家斯文赫定一行考察了加拉·东(Kara dung)古城,即喀拉墩古城。[①]其

---

①斯文赫定著:《亚洲腹地旅行记》,李述礼译,上海书店印行1984年版,第194—201页。

后斯坦因、我国考古工作者、中法合作考古队先后对该城及其周围遗迹进行了调查和发掘。整个遗址呈不规则条带状,呈 NE–SW 方向分布在克里雅河岸阶地上,长 6—7 千米,最宽处 4 千米,面积约 26 平方千米。遗址群内发现各类遗存 60 多处,主要有以喀拉墩古城堡为代表的中心建筑、民居、寺庙、灌溉渠道等。由于这些遗址经学者们多次考察,基本面貌业已查清,因而本文不拟对其详细阐述,主要结合古绿洲环境状况予以扼要分析。

遗址中部存一座夯土夹木结构城堡式建筑,即喀拉墩古城,位置 38°32′33″N,81°50′02″E,南距于田县达里雅博依乡政府 23 千米。古城平面呈方形,每边长约 75 米,面积 5625 平方米。墙垣最高处 8 米,顶宽 8 米许,用泥土、树枝混筑而成。东墙偏北处开一城门,门道长 20 余米。城内及四周大部分地面已为沙丘覆盖,许多木结构残件露出沙面或横倒在沙地上,多处可见被火烧过的痕迹,灰烬、木炭和红烧土混杂。城堡西南约 1 千米,有一组走廊式左右基本对称的建筑遗址,从残存壁画看应为佛寺遗迹。城堡东南约 1.5 千米有一处作坊遗址。经 14C 测定,喀拉墩城堡木板年代距今 2684±108 年,房屋内芦苇距今 2133±94 年,木炭距今 2135±75 年。[①]由此说明该城堡在公元前 2 世纪时即已存在,相当于西汉时期。

地表散落许多夹砂陶片、木器残件、玻璃器残块,以及较完整的石磨盘、木门框架、残铁器、小件饰品等,斯坦因 1901 年在城堡内还发掘出大米、小麦、燕麦、青稞等籽粒,以及五铢钱等物,发现了种植的已枯死的白杨和果树林。1929 年黄文弼考察时,认定古城为守望

---

①胡智育:《14C 测定年代报告(一)》,《中国沙漠》1989 年第 3 期,第 72—75 页。

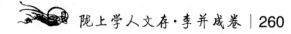

之所,并拣到五铢钱和无字小铜钱,说明迟至4、5世纪此处尚有人居住,"显为当时政治及军事重要区域"①。20世纪90年代中法合作考古队曾在这里清理出壁画、钱币、陶器、木器等物。喀拉墩古城规模较小,周长仅300米许,与汉唐时期河西地区戍所、守捉的规模大体类似,②确应为当时扜弥城之南的守望之所。

民居遗址主要存两处,分别位于城堡南侧(N42)和东北(N60),均被流沙掩埋,仅露出一些圆木立柱。建筑形制为塔里木盆地南缘广为流行的"木骨泥墙"式,与邻近的尼雅及楼兰遗址所见类似。从建筑构件和房屋特征可以看到中原风格的影响。③斯文赫定当年所见,埋在沙里的房屋"最大的长达八十五公尺,宽七十六公尺"。④房屋中还存有喀拉墩人当年使用过的炉灶、烟道、土炕、陶器、木器等生活用具及谷物、葡萄籽等,另有用以饲养牲畜的配房。

佛寺遗址残存两座,一座在古城堡东南(N61),另一座在古城堡南侧(N62)。两座佛寺所处地带均已沙漠化,地面暴露横七竖八的木质建筑构件等物。两座佛寺平面均呈"回"字形。N61佛寺中心的正方形建筑,应为中心塔,其外侧有两道回廊,中心塔外壁及回廊墙壁皆绘有壁画,有些壁画仍很清晰。

灌溉渠道主要分布在城堡南北两侧。1901年斯坦因"在沙堆中找到了两条灌溉水渠的痕迹,而且每条水渠在不同的点均有发现,是

---

①黄文弼:《塔里木盆地考古记》,科学出版社1958年版,第51页。

②李并成:《唐代河西戍所城址考》,《敦煌学辑刊》1992年第1—2期,第6—11页。

③伊弟利斯·阿不都热苏勒、张玉忠:《1993年以来新疆克里雅河流域考古述略》,《西域研究》1997年第3期,第39—42页。

④斯文赫定著:《亚洲腹地旅行记》,李述礼译,上海书店印行1984年版,第201页。

由南向北流淌的,它的底部宽约 1.5 英尺。"①1991 年王炳华一行"在喀拉墩遗址以南 1 公里多的沙地上,亦发现了断续相续的古代灌溉渠,由南向北,延续差不多有 1 公里。渠宽约 50 厘米,淤泥厚积,深不过 15 厘米上下。当年引水时,将清淤的沙土堆在渠堤上,所以渠堤也是显出灰白色的细泥沙。一些地段这类引水渠数条并列。"②渠道的布局顺自然地势大致呈南北向延伸,它们似构成了一个网状结构,即并行的若干主渠道与分流的密集的支渠相连,这应是灌溉农业在当时经济生活中占有重要地位的一个突出标志。

遗址中还大量散布着各种动物的碎骨,包括有羊、马、牛、骆驼、野猪、黄羊和一些飞禽,证明当时这里的生态环境良好,曾有相当规模的养畜业,同时还进行狩猎活动。

(二)玛坚勒克遗址

玛坚勒克遗址,位于克里雅河下游西侧一条古河床西岸河湾,38°29′52″N,81°51′20″E,西南距于田县达里雅博依乡政府约 16 千米,西北距喀拉墩遗址 6 千米许。这是一片沙垄间的洼地,面积约3500 多平方米,其间未发现建筑遗迹,地面暴露大量古代遗物,有陶罐、瓮、碗、缸、钵、锅、木器残件、铁片、铜器残片、炼渣、料珠、箭镞、小刀、匕首、烧过的和未烧过的牛羊骨头,还有钱币、石磨、陶纺轮等。这应是一处与喀拉墩遗址同时期的人类活动地点。

(三)圆沙古城遗址群

据克里雅河流域卫星照片,今克里雅河床以西有两条较大的古河道,在其尾闾有一处较大的三角洲,圆沙古城遗址群分布于这里。

---

①斯坦因著,巫新华、新华、张良仁、赵静译:《穿越塔克拉玛干》,广西师范大学出版社 2001 年版,第 221 页。

②王炳华:《新疆访古散记》,中华书局 2007 年版,第 154 页

以前中外考古学家均未曾涉足此地。中法考古队 1996 年首次对圆沙古城进行了详细勘察，同时选择一个城门和三处城内建筑遗迹进行了清理发掘。

圆沙古城位于策勒县达玛沟乡喀克夏勒克村东北约 213 千米、喀拉墩遗址群西北 41 千米处的克里雅河一条老河床的东岸，因维吾尔语称这一地区为"尤木拉克库木"，意为"圆沙"，故将这座新发现的城址命名为圆沙古城。地理位置 38°52′2″N，81°34′9″E。依直线距离计，古城南距于田县城 230 千米，处在塔克拉玛干沙漠中心。古城所在地沙丘几乎覆盖了整个地表，少量干枯的胡杨、柽柳等分布其间，城西是宽大的克里雅河古河床。该城平面呈不规则四边形，墙体大多不直，周长 995 米，南北最长处 330 米，东西最宽处 270 米。因风沙侵蚀、水冲等原因，部分墙垣无存，现存残墙 473 米，顶部残宽 3—4 米，残高大多 3—4 米，最高处可达 11 米。城垣结构以两排竖植的胡杨棍夹以纵向层层铺设的柽柳枝为墙体骨架，墙外用泥土块垒砌或胡杨枝、芦苇夹淤泥堆积成护坡，亦为新疆地区常见的早期城址的"木骨泥墙"式构筑方式。南墙中部和东墙北段各设一座城门，城门两侧均有两排木柱构成的门道通向城内。

城内地面遍及沙丘，暴露 6 处建筑遗迹，残存木柱排列有序，高不足 50 厘米。表层堆积大量畜粪，散落西汉或更早时期的夹砂红陶罐、夹砂灰陶罐、木器残件、石器、铜铁小饰件及料珠等，还有为数不少的动物骨骸，以羊、牛、骆驼的骨骸为多，其次为马、驴、狗骨，以及猪、鹿、兔、鼠、鱼、鸟骨等，说明畜牧、渔猎在当时经济生活中的重要地位。通过西墙中的木炭标本 ^{14}C 测定，古城年代距今 2135±50 年。[1]

---

[1] 伊弟利斯·阿不都热苏勒、张玉忠：《1993 年以来新疆克里雅河流域考古述略》，《西域研究》1997 年第 3 期，第 39—42 页。

据此分析古城的时代上限应不晚于西汉。结合文献记载,西汉时期这里应是扜弥国之扜弥城(详后)。[1]其荒弃沙漠化应在东汉时期。

圆沙古城周围的古墓群有 6 处,可分别编号为 A、B、C、D、G、H 墓地,中法考古队共清理了其中 20 座墓葬。其中 A、B 墓地位于古城西北 700 米处,C 墓地位于古城东北 1 千米,D 墓地在古城西南 400 米处,G、H 墓地距圆沙古城较远,分别位于古城西北 5.4 千米和古城以北 12 千米。这批墓葬除个别保存完好外,绝大多数都因风蚀后久经曝晒,葬具、尸骨和随葬品均已移位或风化朽坏。墓葬形制有胡杨棺木葬、竖穴土坑树棺葬、竖穴土坑墓、木椁墓。一些死者深目高鼻、棕色长发,多辫,内着粗、细毛布衣,外着皮衣,显示了当时民族构成的特点。随葬品主要有陶罐、陶壶、陶钵、木纺轮、石纺轮、木碗、小件铜铁饰件、料珠等。

圆沙古城内窖穴中出土麦、粟等谷物,城内外散布数量较多的规格不同的马鞍形石磨盘,表明其地农业经济的存在。古城周围分布较多的灌溉渠道,主要集中在城西,这与古城坐落在克里雅河老河床东岸是相适应的。渠道亦呈南北向,有的还有迭压痕迹,它们交织成网,排布有序。由于古城及周围古墓的时代上限可能早于西汉,而不见东汉以后遗物,因而这些渠道为新疆发现的较早的灌溉农业遗存之一。表明远在两千多年前克里雅河下游就已从事着农牧业并举的经济活动。

中法考古队还深入圆沙古城西北、东北方向进行调查,直线距离到达古城以北 14 千米,G、H 墓地都是在这次调查中发现的,从墓葬形制和出土文物分析,其时代上限均应早于西汉。调查沿途均发现文

---

[1]《中国文物地图册新疆维吾尔自治区分册(下册)》,测绘出版社 2012 年版,第 603 页。

化遗存，主要是陶片和马鞍形石磨盘等，其中一个明显规律是在西北方向陶片以夹砂红陶为主，纹饰主要是印刻纹，并见半月形石镰等具有早期文化特征的文物，灰褐陶少见；而逾向东北，夹砂红陶数量减少，灰褐陶比重增大（圆沙古城及其周围墓葬即以灰褐陶为主），这与人类活动是随着克里雅河的摆动由西向东迁移是一致的。调查所获进一步证实了克里雅河西北尾闾三角洲是人类早期活动之地。王炳华认为，三角洲地带曾是西汉扜弥国人的活动中心，他们在这里建立了城市；到南北朝阶段，即公元4、5世纪，他们的活动中心迁徙到了克里雅河新道的中段，选择河道一个河湾处，修建了新的喀拉墩古城堡。①

（四）圆沙北古城

圆沙北古城位于策勒县达玛沟乡喀克夏勒克村东北约 226 千米、圆沙古城北约 13 千米处，为 2005 年考古调查时的新发现。②城址位于一条古河道南岸阶地上，墙垣十分残破，大段缺失，与周围的沙堆、残丘地表混为一体，不易辨认。城址范围南北约 100 米，东西 30 米许，残高大多不足 1 米，最高者可达 2 米以上。墙体大多用土坯和垛泥构成，其中一段残余 7 层土坯。东面还有一截红柳夹垛泥垒砌的墙体。

城内及四周地表散落大量陶器碎片等物，满地铺撒。陶片上见双线弦纹、圆圈纹、三角形刻画划纹等，可辨识的器物有大型炊具类陶器等，还有铜铁器残片、石磨盘、石锥、砺石、琉璃珠、玉石残件等，以

---

①王炳华：《新疆访古散记》，中华书局 2007 年版，第 159 页
②新疆维吾尔自治区文物局：《新疆维吾尔自治区第三次全国文物普查成果集成新疆古城遗址（上）》，科学出版社 2011 年版，第 14 页。

及羊、马、骆驼等动物骨骼。地面尚存成片红烧土、灰烬,以及焚烧过的窖藏粮食的粮窖,直径在 30 至 60 厘米之间。据古城形制、位置及遗物判断,其年代约与圆沙古城相当。该城规模较小,应为 2000 多年前接近克里雅河尾闾的一处较小的人类活动聚落,亦或类似喀拉墩古城那样,为扜弥国北部的一处守望之所。

(五)丹丹乌里克遗址群

丹丹乌里克遗址群,位于克里雅河故道西岸,南距于田县城 130 千米,位置 37°46′8″N, 81°04′6″E。遗址南北沿河流故道延伸约 2.4 千米,东西宽 1.5 千米,面积约 3.8 平方千米。1896 年斯文赫定在这里掘出纸质文书、石膏塑像、木雕等物,同时还测定了这一带沙丘流动的速度,并据此数据以及当时的风向计算出,沙漠古城所在地扩展到现在的南缘,曾用了两千年的时间。[1]此后斯坦因于 1900 年进入该遗址,发掘了大量建筑遗迹,获文物 150 件,其中有汉文文书 17 件,以及波罗迷文、于阗文、吐蕃文、梵文文书,还有古钱币、木板画、石膏贴壁佛像等。[2]

所出汉文文书内容涉及兵器修整、借贷契约、百姓诉状等,纪年为唐德宗建中二年(781 年)至贞元七年(791 年)。由文书知该地为唐代一个名叫"杰榭镇"的地方(该镇名称依张广达、荣新江的考释而定),知镇将军名杨晋卿,学者认为该镇应为当时安西四镇于阗镇下辖的一镇。当地所出 M9《唐大历三年(768 年)三月廿三日典成铣牒》为"杰谢百姓状诉杂差科等"事由并使判。M9(b)为杰榭镇《某年十二

---

①李吟屏:《和田考古记》,新疆人民出版社 2006 年版,第 17 页。

②斯坦因:《沙埋和阗废墟记》,殷晴等译,新疆美术摄影出版社 1994 年版,第 196—206 页。

月二十三日知镇官杨晋卿帖》。M9(c)《建中七年(786年)七月二十日苏门梯举钱契》提到,"建中七年十月五日杰谢萨波斯略"。D.V.6《大历十六年(781年)二月杰谢百姓思略牒》,记杰谢百姓请求官府代为追索驴帐事。M9文书还提到"镇守军",杰谢镇无疑亦为驻军之所。张广达、荣新江即认为此件文书应是根据驻扎在于阗的四镇节度副使判案的文牒,签署下发给杰谢百姓并告镇守军的牒文,牒文还表明当地存在着一种胡汉结合的军政体制。①由文书记载知,直到8世纪末这里并未废弃,依然人烟稠密、香火旺盛。所出木板画中著名的有"鼠神传说""东国公主引入桑蚕""龙女求婚""四臂天王""伊朗史诗的罗斯坦"等。

遗址群所在原为一片绿洲,有古河床由东南向西北延伸。斯坦因在这里看到,"古代灌溉渠道的遗迹延伸在不高的土堤之间,很容易被认出来。其修建方式仍然明显地展现在我们眼前这块土地上,但是由于沙包和其他的侵蚀,已不可能追踪它们至远处"②。遗址群中部为南北走向的洼地,建筑群落如星辰般散布在洼地两侧高地上。绝大多数建筑被沙土掩埋,只露出上部的断柱、残墙,少数建筑仅剩地基与残柱。主要废墟有佛寺、民居、城堡等,尤以遗址南部集中连片。斯坦因写道:"在分散的废墟之间的许多地方,地面上铺着一厚层粗陶碎片、生锈的小金属片和其他类似的碎片。"③由此可见这片绿洲上人类活动的兴盛状况。

---

①张广达、荣新江:《〈唐大历三年三月典成铣牒〉跋》,《于阗史丛考》,上海书店1993年版,第140—154页。

②斯坦因著:《沙埋和阗废墟记》,殷晴等译,新疆美术摄影出版社1994年版,第205页。

③斯坦因著:《沙埋和阗废墟记》,殷晴等译,新疆美术摄影出版社1994年版,第205页。

民居残址达上百排之多,有的附有畜圈、果园等。房址地面可见"开元通宝"钱、"乾元重宝"钱、龟兹小钱、丝织品、铜铁器残件、木碗、料珠、手推磨盘等。遗址中有枯死的桑树、杨树和多种果树,南部有渠道、农田遗迹。佛寺废址大多半掩半露在沙丘中,遍地可见被打碎的或大致完好的佛像,在一些残壁上还保留着精美的壁画。当年这里佛寺林立、香火旺盛的景象可以想见。斯坦因掘得的几件汉文文书(D.Ⅶ.2、Ⅶ.4.a、Ⅶ.7 等)中就提到这里的护国寺。

丹丹乌里克遗址以南约 10 千米,发现一大片枯死的胡杨林带,顺干河床延伸约 10 千米多,东西宽约 1000 米。地面暴露众多倒伏的胡杨树干、裂开的胡杨树根等。枯死的胡杨有大的,也有幼小的,推断可能是同一时间河水突然断绝后枯死的。很可能是由于河道迁移,原地表径流断绝,而地下水位又下降到不足以供胡杨汲水(8 米以下),而发生的生态灾难。同时也发现人工砍伐胡杨的痕迹。这里已处于达玛沟水系以北,达玛沟由于河流短小,流量有限,水流无法到达这里,这片枯死胡杨林带因其东距克里雅河较近,原来可能靠克里雅河地下水滋育,更有可能靠克里雅河向西分出的一条支流供水。

三、克里雅河下游绿洲历史考索

据文献记载,克里雅河流域当属古扜弥国之域。汉武帝建元二年(前 139 年)张骞第一次出使西域时,归途经过昆仑山北麓,向汉武帝报告时第一次提到"大宛……东则扜罙(罙同弥)、于阗"[1]。公元前 119 年张骞第二次前往西域时,曾遣副使携带大量丝绸杂缯等礼物到扜弥、于阗等地活动。随后扜弥也派人随汉使前往长安,汉代扜弥始终和中央朝廷保持着密切的友好关系。

---

[1]《史记》卷 123《大宛列传》。

武帝太初四年(前101年),贰师将军李广利伐大宛凯旋,途经扜弥。扜弥太子赖丹当时质于龟兹。依靠匈奴支持的龟兹王受到李广利的强烈谴责,放归赖丹,使其得以随李广利去长安学习。昭帝时任命赖丹为校尉将军,代表中央朝廷管理轮台、渠犁屯田事宜。赖丹率领士卒屯田积谷,为西汉开发西域、维护东西交通做出了贡献。[①]赖丹时期也是扜弥国在西域最兴盛的时期。《汉书·西域传》记载:

> 扜弥国,王治扜弥城,去长安九千二百八十里。户三千三百四十,口二万四十,胜兵三千五百四十人。辅国侯、左右将、左右都尉、左右骑君各一人,译长二人。东北至都护治所三千五百五十三里,南与渠勒、东北与龟兹、西北与姑墨接,西通于阗三百九十里。今名宁弥。

学界一般认为,西汉龟兹即今库车一带,姑墨即今阿克苏一带,渠勒约在今克里雅河上游一带,于阗国即今和田市一带。龟兹西南、姑墨东南、渠勒以北,且于阗东390汉里(约合今165千米)的扜弥国正是今克里雅河下游一带,其王所治的扜弥城应即圆沙古城。《汉书·西域传》"精绝国"条记,精绝"西通扜弥四百六十里"。精绝国,学界一般认为即在今民丰县北尼雅遗址。[②]由精绝所在的尼雅遗址向西(略偏北)460汉里(约合今193千米)的扜弥国扜弥城也正是圆沙古城。前已论及,圆沙古城的年代上限不晚于西汉时期,且该城为克里雅河下游面积最大的古城遗址,城址周长近千米,远较喀拉墩城、圆沙北古城等城址为大。笔者曾通过考察研究河西走廊地区汉代古城遗址

①《汉书》卷96下《西域传》。

②王炳华:《新疆访古散记》,中华书局2007年版,第73—97页;李并成:《塔里木盆地尼雅古绿洲沙漠化考》,《中国边疆史地研究》2015年第2期,第158—167页。

得出,城址规模是确定城邑等第、判定城址性质的重要依据,规模较大的城址必然是等级较高的军、政机构的驻所。[①]圆沙古城的规模与汉代河西四郡所辖一般县城的规模相当。因而该城无疑为汉代克里雅河流域最高等第机构的驻所——扜弥国之扜弥城。

由上引《汉书·西域传》等史料知,西汉时期扜弥人口、兵力在地广人稀的塔里木盆地南缘可谓首屈一指,是为数不多的人口过万之国。而此时其西邻于阗有"户三千三百,口万九千三百,胜兵二千四百人"[②],略逊于扜弥势力。但扜弥与于阗相比有个致命弱点,就是水资源远不及于阗丰富,如按现在流量计算仅为后者的1/4左右。在塔里木南缘这样极端干旱地区发展农业唯灌溉是赖,水资源是这些绿洲城国赖以生存的物质基础。正是凭借这一优势,随着农业生产的发展、人口的增长,于阗王广德在击败称霸西域的莎车王贤之后,势力逐渐壮大,"从精绝西北至疏勒十三国皆服从"[③]。而扜弥则在自然条件先天不足的情况下日益削弱。据《后汉书·西域传》记载,当时于阗有户32000,有口83000,胜兵30000余人;而扜弥的户数则下降到2173,人口仅有7251,胜兵1760,其人口、兵力已不及于阗十分之一,所以公元73年班超经营西域时,扜弥虽曾派兵参与,但由于国力有限已不居重要地位。故而东汉时期发生了多次于阗王率兵攻破扜弥国,并立新王的事件。灵帝熹平四年(175年)"于阗王安国攻拘弥,大破之,杀其王,死者甚众"[④]。虽然后来扜弥在东汉朝廷帮助下"辅立拘弥侍子定兴为王"[⑤],但经过几次战争后国力大减,已无法与于阗抗

①李并成:《河西走廊历史地理》,甘肃人民出版社1995年版,第150页。
②《汉书》卷96《西域传》。
③《后汉书》卷88《西域传》。
④《后汉书》卷88《西域传》。
⑤《后汉书》卷88《西域传》。

衡,加上此时东汉朝廷本身政治腐朽,已无力有效经营西域,故扞弥也就渐呈不支之势。三国魏晋之际这个曾为西域三十六国中首屈一指的大国终被于阗吞并。

魏晋北朝至唐初,扞弥作为于阗国的附属,与中央王朝一直保持着一定的联系。《新唐书·西域传·于阗》记载,于阗地域"并有汉戎卢、杆弥、渠勒、皮山五国故地"。杆弥即扞弥。据《旧唐书·西域传·龟兹》《新唐书·西域传·龟兹》《册府元龟》卷964《外臣部·封册》等文献,贞观二十二年(648年)唐朝在龟兹(今库车)设安西都护府并置龟兹、疏勒、碎叶、于阗四镇,于阗镇即置于今和田市。高宗上元二年(675年)又在于阗设立毗沙都督府,分其境为十州。《旧唐书》卷40《地理志》:"毗沙都督府,本于阗国,在葱岭北二百里。胜兵数千,俗多机巧,其王伏阇信。开元二十二年入朝,上元二年正月置毗沙都督府。初管蕃州五,上元元年分为十。在安西都护府西南二千里。"《新唐书·地理志》亦记:"毗沙都督府,本于阗国,贞观二十二年内附,初置州五,高宗上元二年置府,析州为十。"《新唐书·西域传·于阗》亦记:"上元初,身率子弟、酋领七十人来朝,击吐蕃有功,帝以其地为毗沙都督府,析十州,授伏阇雄都督。"毗沙都督府十州中扞弥故地应为其重要的一州。

《新唐书》卷43下《地理志》录《贾耽四道记》中"安西入西域道"记:"有宁弥故城,一曰达德力城,曰汗弥国,曰拘弥城,于阗东三百九十里,有建德力河,东七百里有精绝国……又于阗东三百里有坎城镇。"又记:"又一路自沙州寿昌县西十里至阳关故城,又西至蒲昌海南岸千里……五百里于阗东兰城守捉,又西经移杜堡、彭怀堡、坎城守捉,三百里至于阗。"建德力河显然指今克里雅河,坎城镇、坎城守捉即应在该河流域。于阗东三百里的坎城,其位置应在丹丹乌里克遗址的南部,也即应是当年玄奘取经东归时所经的媲摩。斯坦因认为,玄奘的媲摩、马可波罗的培因,即是丹丹乌里克南部的乌宗塔提遗址。①乌宗塔提，又作乌曾塔提(Uzuntat)。《马可波罗游记》第 37 章记，培因省(Pein)位于和田省的"东部和东北部之间，它属于大汗的版图。"②其位置也正是在丹丹乌里克南部一带。

迨及五代，坎城仍未废弃。据《高居诲使于阗记》，后晋天福三年(938 年)张匡邺、高居诲来于阗，他们一路向西，出敦煌进入西域后，沿昆仑山脉北麓西行，渡过陷河(今车尔臣河)后，"又西，至绀州。绀州，于阗所置也，在沙州西南，云去京师九千五百里矣。又行二日至安军州，遂至于阗"③。安军州，不见于其他史书记载，恐为毗沙都督府于阗十州之一，其位置应在今策勒县境内。所记坎州位处于阗以东两天多行程的地方，即应在克里雅河流域的扞弥故地，绀、坎同音，可能唐时这一地区即称为绀州或坎州，也即坎城镇、坎城守捉的所在。学界一般认同，坎城亦即《大唐西域记》卷 12 等史籍中所记、当年玄奘取经归来时途经的媲摩城④。

随着斯文赫定、斯坦因等人掘走的于阗文书和吐蕃文书重见于世，大大添补了正史资料的不足，使我们对这一地区历史情况有了进一步的了解。绀州地处交通要道，物产丰富，经济发达。在绀州六城的重要城镇里，都设有知镇官，主管军务并民事，如杰榭镇当时知镇官将军名杨晋卿。六城的官职设置明显模仿内地行政机构，如刺史、长

---

①斯坦因著:《沙埋和阗废墟记》，殷晴等译，新疆美术摄影出版社 1994 年版，第 206 页。

②陈开俊、戴树英、刘贞琼、林键译:《马可波罗游记》，福建科学技术出版社 1981 年版，第 45 页。

③《新五代史》卷 74《四夷附录三》。

④〔唐〕玄奘、辩机著，季羡林等校注:《大唐西域记校注》，中华书局 1985 年版，第 1026—1029 页。

史、判官、典史等,职权范围也大体相似①。

绀州各地蚕桑比较发达,百姓需缴纳丝绸以为贡赋。据 H.W. Bailey《于阗语文书集》中一些文书记载,六城各地都要向于阗王庭贡赋丝绸,有时数量相当大,如南牟没纳某年二十六日一天就纳十二丈八尺②。这不仅说明其课税繁重,也从一个侧面反映了当地丝织手工业的发展达到一定规模。而丝绸等手工业产品的大量交换,必然导致贸易兴盛,加之这里地处丝绸之路南道要地,促进了商业繁荣市场活跃。

公元 755 年安史之乱后,唐朝在西域的力量大为削弱,虽然公元 788 年佛僧悟空东归经过于阗时当地还有唐朝驻军,镇守使名郑据③,但自吐蕃势力占据河西、陇右大片土地后,这些西域驻军和中央政府的联系都被切断,处于极端困难的境地。丹丹乌里克遗址发现的杰榭知镇官将军杨晋卿给当地行政官员的一份函件就具体反映了这支军队当时的困境。公元 790 年不断扩展的吐蕃势力终于占据了包括绀州在内的昆仑山北麓于阗诸地。处于绿洲边缘的杰榭,经战乱破坏终被废弃,沦入荒漠。

四、克里雅河下游绿洲的演变与沙漠化

克里雅河下游人类居住聚落的废弃、绿洲的沙漠化及其原因,一直为学者们所关注。1901 年斯坦因考察喀拉墩遗址时就注意到:"在

---

①张广达、荣新江:《〈唐大历三年三月典成铣牒〉跋》,《于阗史丛考》,上海书店 1993 年版,第 140—154 页。

②H.W.Bailey:《于阗语文书集》,转引自殷晴《湮埋在沙漠中的扜弥古国》,收入《和田绿洲研究》,新疆人民出版社 1988 年版。

③杨建新主编:《古西行记选注》,宁夏人民出版社 1987 年版,第 125 页。

沙漠深处一定存在过一个小型农耕居住区遗址……但不知什么原因促使人们放弃了该居住区"。①笔者以下拟从在人类活动干预和影响下流域植被的破坏与变迁、河道的变迁以及战乱的破坏等方面探讨克里雅河下游绿洲的演变与沙漠化过程。

(一)克里雅河下游绿洲植被的破坏与变迁

1895 年 12 月,斯文赫定在克里雅河下游探险时记载:"愈往下走,在河流的宽度愈是增加的地方,加以它那古木参天的两岸,时常使人得到一种庄严的印象。""树林还是那样茂盛,芦苇田稠密得使我们不得不绕路走,或者用斧头劈开一条路,间或碰见野猪的行径,却构成穿行乱杂的苇丛中一条真正的隧道。"②从他的记述中可以看出,当时克里雅河下游荒漠河岸植被发育状况良好,两岸古木参天,高大茂密的芦苇丛难以穿行,时有野猪等动物出没。1901 年 1 月,斯坦因等在克里雅河沿岸所见,"我们越往南走,植被带越宽广,可是树木的密度却逐渐稀少,大部分地面上只长着红柳丛和芦苇,只有这些植物能生长在得不到丰富水分的松散沙土中"③。20 世纪 40 年代黄文弼考察记载,该河下游上段依然是"胡桐密织如林",下游下段自通古孜巴斯特往北,则只是"红柳丛生,沿岸胡桐排列成行"④,下游上、下段植被景观已有明显不同。实地所见喀拉墩、圆沙、丹丹乌里克等遗址的城垣、民居等皆使用胡杨木等作为材料,可见当时胡杨等林木繁茂

①斯坦因著,巫新华、新华、张良仁、赵静译:《穿越塔克拉玛干》,广西师范大学出版社 2001 年版,第 224—225 页。

②斯文·赫定:《亚洲腹地旅行记》,上海书店 1984 年版,第 200 页、201 页。

③斯坦因著:《沙埋和阗废墟记》,殷晴等译,新疆美术摄影出版社 1994 年版,第 212 页。

④黄文弼:《塔里木盆地考古记》,科学出版社 1958 年版,第 50 页。

和人们对林木消耗程度之大。王炳华实地所见："在喀拉墩遗址区内，基本不见成材的林木；而在遗址东、西，差不多10千米外，都发现过森森的胡杨林。遗址区内人类的过分砍伐，植被破坏，难以阻止流沙的侵入，在当年肯定构成了对人类生存活动的严重威胁。"①

由大量出土遗物可以推知，当年克里雅河下游绿洲居民的建筑材料、日常燃料、饲料、农具家具等的制作用料，以及部分食料，均严重依赖河流两岸生长的胡杨、白杨、柽柳、骆驼刺、桑树、各种果树等乔、灌林木。在沙漠地区砍伐林木对绿洲的威胁是十分严重的，正是由于克里雅河下游古绿洲居民过分砍伐胡杨等树木，使这里的林草植被经年累月地遭到破坏，招致流沙活动活跃，无疑成为导致绿洲沙漠化的一个重要原因。

克里雅河下游野生动物资源丰富。斯文赫定当年考察时描述，这里是"野骆驼的天堂"，一次"在我们的航线左边看见六只一群的野骆驼"；"以后几天我们看见许多成群的和单个的野骆驼，最后因为见得太多了的缘故，我们简直不大注意它们了。"而且这里还有老虎的踪迹。斯文赫定访得："这带地方三年来就没看见过老虎了，最后来的一个吃了他一只牛，就向北走脱，但不久还要回头，最后是向东到沙漠里去了。"②2001年中法合作考古队对该河下游地区进行的第二次大规模考察中，马鸣等对考察区域内的动物标本做了分类研究③。证明距今两千多年前，这里河网密布，植被茂盛，有许多动物出没，如塔里

①王炳华：《新疆访古散记》，中华书局2007年版，第160页。

②斯文·赫定：《亚洲腹地旅行记》，上海书店1984年版，第200页、第202—206页。

③马鸣等：《克里雅河下游及圆沙古城脊椎动物考察记录》，《干旱区地理》2005年第5期，第638—641页。

木兔、野猪、马鹿、印度地鼠、柽柳沙鼠、鹌鹑、鸢、斑鸠等。印度地鼠和柽柳沙鼠遗骸的发现，更证明当时环境比较湿润，植被茂密。目前新疆南部柽柳沙鼠已经绝迹。

(二)克里雅河下游河道的变迁

众所周知，干旱地区绿洲的发育和演变与水源密切相关。由《汉书·西域传》等史料知，早在西汉时期位于今塔里木盆地南缘克里雅河流域的扜弥国与盆地北缘今库车绿洲上的龟兹就有过密切往来，其交往的通道就是克里雅河绿色走廊，推知当时该河下游不仅水流丰盈，植被良好，而且河道较今大大向北延伸。斯文赫定考察队一行，1895 年 12 月至翌年 2 月，利用 41 天时间沿克里雅河纵穿塔克拉玛干沙漠，他的记述表明当时克里雅河末端已经没有湖泊，河水可以流到喀拉墩以北 100 千米以外，按地下水和胡杨指示的古河道可以延伸到北纬 40 度以北。通过前面的分析可以得知，历史时期克里雅河曾到达塔里木河是可能的。周兴佳 1990 年通过对克里雅河下游的考察得出结论："克里雅河最长的一条老河道曾由南往北贯通塔克拉玛干沙漠，最后注入老塔里木河地段。干河床不是 79 公里，而是 200 公里。因而历史上的克里雅河全长应为 860 公里。"[①]可见，昔日的克里雅河实为沟通塔里木盆地南北的一条河流，沿该河河谷地带是连接丝绸之路沿天山南麓穿行的西域中道，与沿昆仑山麓北麓穿行的西域南道两条丝路干线的连接线和重要通道，由此所产生的重要的政治、军事、经济、文化方面的影响，无疑是一个十分值得关注、探究的

---

①周兴佳：《克里雅河注入塔里木河的历史考证与克里雅河老河道沙漠化过程研究》，载《西北干旱地区全新世环境变迁与人类文明兴衰》，地质出版社 1992 年版，第 149—157 页。

重要问题。

据卫星影像和实地所见,圆沙古城、圆沙北古城、喀拉墩古城、玛坚勒克等遗址,均位于克里雅河古道西侧,它们都曾得益于克里雅河的养育。在这些古绿洲上干涸的古渠道分布成网,遗迹显然,它们曾给古绿洲带来了繁荣,造就了扜弥国昔日的辉煌。

通过对克里雅河下游众多古遗址分布格局的研究,我们还注意到一个不容忽视的现象,就是这些古遗址基本上都分布在古河道西侧,丹丹乌里克遗址甚至远离今天的克里雅河干流以西约 14 千米之遥,为重重流动沙丘包围,这是为什么?显然当初人们选择居住地时绝不可能远离河流,决不会在干涸无水的重重沙丘中去营建家园。那么合理的解释只能是,当年的克里雅河应流入这些古绿洲,而今天该河已经向东迁移了,离开了昔日的古道。

笔者从当地访问得知,"克里雅"一名系维吾尔语,为"漂移不定"的意思,可见人们对该河河道的变迁早就有了一定的认识。1991 年王炳华先生与法国同行考察时,"通过卫星图片,可以清楚看到,克里雅河曾经三次改道。每次改道都在沙漠深处留下了明显痕迹……既往考古调查中已经了解的玛坚勒克遗址、喀拉墩古城堡,经过分析、定位,实际都坐落在西边的古河床旁。……通过卫星图片分析,在喀拉墩更西北,还存在一条更为古老的克里雅河床。古河道三角洲,应是早期克里雅河居民生存活动的舞台。由于西近帕米尔高原,西高东低地势,克里雅河几次改道都是由西向东摆移。逻辑推论,在喀拉墩遗址更西北的三角洲,年代自然应该是更为古老。喀拉墩是公元 4 世纪左右的遗存,更早的汉代扜弥国文明遗迹,必须到更为古老的三角洲上去寻觅。"[①]该河河道之所以在并不太长的历史时期内就发生显

①王炳华:《新疆访古散记》,中华书局 2007 年版,第 152—154 页。

著的东移变迁，自然应与其流经地区的地质构造特征及其活动情况有关。地理学家杨逸畴论道："长期以来，沿克里雅河纵向断裂分割的塔里木地块，它们差异的活动性质，表现在西侧的相对上升和东侧的缓慢沉降，导致克里雅河下游从历史到今天，都在不断的（地）由西向东的迁徙变化过程中。"[①]

笔者认为，正是由于该河河道这种由西向东的不断迁徙变化，使其不断偏离古绿洲之地，才使得这些绿洲因离开水源而逐步荒废；又加之其地风沙侵袭，流沙堆积活跃，下游河床本身就浅，每每造成河道壅塞，更加速了河流改道的进程，致使古绿洲水源萎缩、枯竭，环境恶化，生产凋敝，人民被迫迁徙，最终被迫废弃。由前述丹丹乌里克遗址已远离今天河流 14 千米度之，从该遗址被迫废弃的公元 8 世纪直到今天，1200 多年间此段河道已向东迁移了 14 千米，年均东移量超过 1 米。

除上述原因外笔者还注意到，地球自转产生的科里奥利力的作用，亦应为克里雅河下游东迁改道的原因之一。这种惯性力使得北半球由南向北运动的物体向右偏，即向东偏，加之上述杨逸畴论及的原因，更促使了河道的东移。可见克里雅河改道东迁应是该河下游古绿洲废弃沙漠化的重要原因之一。

《大唐西域记》卷 12 载："媲摩川东入沙碛，行二百余里，至尼壤城。"[②]媲摩川显然指今克里雅河。《新唐书》卷 221《西域传·于阗》："于

---

①杨逸畴：《克里雅河地貌的形成与演化》，《干旱区地理》1990 年第 1 期，第 37—45 页。

②〔唐〕玄奘，辩机著：《大唐西域记》，季羡林等校注，中华书局 2000 年版，第 1030 页。

阗东三百里有建德力河，七百里有精绝国，河之东有汗弥，居达德力城，亦曰拘弥城，即宁弥故城。"汗弥、拘弥、宁弥均指汉代的扜弥国，距于阗东300里的建德力河无疑即今克里雅河。古扜弥国依靠克里雅河的恩泽成为西汉塔里木盆地南缘的大国之一。但好景不长，克里雅河逐渐东移，下游河道的不稳定性使得扜弥绿洲的繁荣难以持久。

有学者研究得出，古时克里雅河从奴尔买买提兰干出山后曾有一支向西北方向流，途经达乌提托格曼、希吾勒直抵丹丹乌里克遗址。这条河上段在达乌提托格曼古河道遗迹还十分清楚，下段即现在的希吾勒河，流至沙漠边缘而止。1929年黄文弼对丹丹乌里克遗址考察时虽未找到遗址，却在其附近发现一条大干河。"干河北偏西行，宽约二里许，河中有螺壳，河岸为流沙所掩，时隐时现。引导人称，此即锡五里干河北段，且当遗址当在此干河西岸。"①锡五里河即希吾勒河，且当即丹丹乌里克，该遗址很可能位于希吾勒河下游干三角洲上。公元8世纪以后克里雅河西支东移，希吾勒河水量大减，丹丹乌里克才因得不到灌溉而放弃。克里雅河在巴斯坎艾勒克北，还分出与现河床相平行的支流，称阿尔喀达利亚，两河床之间距离3—5千米不等。干河道已断续被沙掩埋，河宽约百米，两岸多是已枯胡杨树木，从残留的腐殖质层及密集的枯死苇根看，这里过去植被是相当茂密的。著名的喀拉墩遗址就在这条干河的散流三角洲中部，其南则为玛坚勒克遗址。从遗址出土文物及对建筑材料的¹⁴C测定来看，从公元1世纪到8世纪这里有过人类活动。由此可以推断公元8世纪之前阿尔喀达利亚是有水之河，其改道东移当在公元8世纪以后。在克里雅河下游干三角洲上散布着不少干河道，西部的干河道两侧胡杨树大

---

①黄文弼：《塔里木盆地考古记》，科学出版社1958年版，第50页。

都死亡,而东部干河道两侧胡杨虽生长不良却大部分活着。胡杨生长情况的这种东西差异,也反映了克里雅河是从西向东摆动的。

（三）克里雅河下游古绿洲的沙漠化过程

通过前面对克里雅河流域遗址的论述可以看出,古代绿洲的空间分布,从位于现绿洲中的伯什托乎拉克到深入沙漠腹地的圆沙北古城,总体上以分散的小绿洲为主,分散而不集中。从时间尺度上看最北的圆沙北古城与圆沙古城废弃沙漠化的时间最早,约在东汉时期,沙漠化的程度也相应最深。依次向南递推,喀拉墩遗址废弃于 4 至 5 世纪,丹丹乌里克废弃于 8 世纪末。从遗址附近残存的枯树和有暗色的腐殖质土层看,过去水草茂密,自然条件相对较好,使生活在这些古代绿洲上的居民能够从事灌溉农业,除种植粮食、瓜果、植桑养蚕外,还兼营畜牧业。如今这些古绿洲多为密集的新月形流动沙丘和吹扬灌丛沙堆占据,遗址附近树木除少量耐旱红柳等外,其余的全部枯死。

因河流改道而导致的环境恶化以及于阗对扜弥不断发动的战争,使扜弥城即圆沙古城及圆沙北古城在东汉前后废弃,从而靠南的喀拉墩成为下游绿洲的中心。但在干旱和风沙的紧逼下,喀拉墩最终也在 5 世纪遭到废弃。虽然历史文献中对此并无具体记载,但我们通过《大唐西域记》中所载"媲摩城雕檀佛像"的故事,还是可以看出克里雅河流域绿洲不断被沙漠淹埋、居民不断迁徙的事实。根据周兴佳等先生的分析,喀拉墩古城附近的沙漠化共经过有河流及湖泊存在时期、河流改道过程中导致旧河流湖泊水量减少和逐渐干涸阶段、风蚀风积作用加强并代替流水作用阶段、严重沙漠化环境阶段等 4 个阶段。[①]

---

① 周兴佳、朱峰、李世全:《克里雅河绿洲的形成与演变》,《第四纪研究》1993年第 3 期,第 249—255 页。

另需引起注意的是，克里雅河因长距离穿越沙漠，泥沙含量很大，目前河流含沙量为 4.51kg/m³，年输沙量高达 361 万吨，下游因淤积大量泥沙而使河床日渐升高，易于迁徙改道。喀拉墩等遗址所在绿洲的衰退就是因河流的改道所引起水量减少造成的。由于水源的断绝影响植物生长，天然植被失去了其防风固沙的作用，又未能采取有效的人为防护措施，在风力作用下原绿洲边缘的流动沙丘便开始入侵，干涸的河床也就地起沙，造成了今日流动沙丘和吹扬灌丛沙堆同时并存的景象。

克里雅河下游古绿洲的废弃除河流改道、植被破坏等原因外，战乱的破坏也是一个不容忽视的因素。历史上发生在这一带的战乱前面已作过一些论述，以下再举几例。北魏太延二年(436 年)高凉王那讨吐谷浑首领慕利延，延率军西逃，经精绝、扞弥之于阗，沿路烧杀抢掠，这无疑使本区社会经济遭到严重破坏。其后于阗又受到了柔然、嚈哒等族的骚扰和掠夺。唐安史之乱以后这里又受到吐蕃人的侵扰。丹丹乌里克所出《唐大历三年(768 年)三月廿三日典成铣牒》云：“镇守军牒称：得杰谢百姓胡书，翻称……苍生频年被贼损，莫知其计。”[1]“贼”即指当时大举进扰于阗的吐蕃军队。战乱迫使人们逃离家园，而原住地经开垦的土地在失去有效的灌溉、渠道丧失管理后，疏松地表直接裸露，风沙活动迅速加强，其生态环境潜在的不稳定性迅速激化，在风力的强劲吹蚀下地表下覆物质被翻动扬起，以至出现吹扬灌丛沙堆或形成片状流沙地，绿洲逐渐向荒漠演替。8 世纪下半叶塔里木盆地南缘进入动乱时期，日益强大的吐蕃侵入昆仑山以北，受战乱

---

①转引自张广达、荣新江：《〈唐大历三年三月典成铣牒〉跋》，《于阗史丛考》，上海书店 1993 年版，第 141 页。

的影响,杰榭镇所在的丹丹乌里克遗址及其南部的坎城一带,即在这个时期逐步废弃了。

随着克里雅河下游西部古绿洲因河流东迁逐渐沙漠化,该河下游东部由于水流的到来又逐渐形成了新绿洲,为人类提供了新的生存条件,这即是今天于田县达里雅博依乡所在的绿洲。然而今天的达里雅博依绿洲,也同样面临着逐渐萎缩衰退的状况。笔者访之当地,1958年以前克里雅河常年河水还能流到达里雅博依以下,可现在河水只能流到米萨来;1949年前克里雅河洪水期河水可流到达里雅博依以下70千米的尤勒滚萨特玛的地方,目前只能流到达里雅博依绿洲附近的依来克,而且洪水到达停留期只有15—20天。据于田县记录,目前只有20年一遇的特大洪水,河水才能抵达尤勒滚萨特玛地方。由于河流来水补给量逐年减少,使克里雅河下游天然河道的绿色长廊和绿洲环境向着沙漠化发展,下游河道上段沙漠化从轻度到中度,中段则轻度、中度到严重都有出现,而下游下段已经进入严重风沙入侵河道的进程。20世纪以来的人为活动,加速了本区环境退变的进程。人们对荒漠河岸林的不断索取,使得从巴格吉格代向下游过叶音5千米到东木切克,全长70多千米除芦苇外,怪柳、罗布麻和甘草等几乎荡然无存;叶音以下至尤勒滚萨特玛的河岸胡杨林成熟林、过熟林占到52%,衰退林占20%;叶音向下到伊来克,胡杨枯死率达30—40%;到尤勒滚萨特玛附近,枯死率达70%[1];尤勒滚萨特玛以下干河床沿岸都是枯死林,只有极个别的活株。

在历史长河中,克里雅河下游古绿洲在河流的改道和人类活动

①周兴佳、李保生、朱峰、王跃:《南疆克里雅河绿洲发育和演化过程研究》,《云南地理环境研究》1996年第2期,第44—57页。

的共同影响下,一块块地废弃发生沙漠化,没于茫茫沙海之中,丝路南道上曾昌盛一时的扜弥古国以及后来的媲摩城,都只能在沙丘中见其断壁残垣。在面对沙漠侵袭的严峻形势下,历史上这些古绿洲的消亡为我们今天的环境保护和绿色发展敲响了警钟。

(原载《中国边疆史地研究》2020年第4期)

今天的绿洲较古代绿洲大大缩小了吗？

——对于历史时期绿洲沙漠化过程的一些新认识

近些年来,学术界有一种颇为流行的说法,认为在干旱地区随着人类利用改造自然活动的加剧,沙漠化过程亦不断强化,沙漠化土地不断扩大,绿洲范围则日趋缩小,今天的绿洲较之古代绿洲已经大大蹙缩了。按照这一观点似乎沙漠化的发展是一种势所必然的历史趋向,似乎自古至今绿洲面积越来越小,沙区则越来越大。

果真如此吗? 笔者颇有疑惑,果如那样的话那么总有一天地球上的绿洲将不复存在,终将被沙漠悉数吞噬。这将是一幅多么令人可怕的图景! 如何科学地认识这一问题, 对其作出一种科学的估计和考测,这不仅是沙漠历史地理学的重大理论课题,而且对于今天的绿洲开发和防沙治沙亦有着重要的实践意义。

笔者姑以我国河西走廊的敦煌绿洲和石羊河下游绿洲为例,对此予以考论:

一、敦煌绿洲

敦煌绿洲历史时期的沙漠化问题,曾有学者作过一些论述。《甘肃古代史》云:"在两千多年来人类活动的影响下,疏勒河和党河下游现已变成一片沙漠……敦煌、安西周围的绿洲经历两千多年后,已大为缩小。"并认为张掖、民乐盆地经两千多年的开发经营,绿洲边缘地

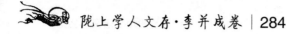

区的沙漠、戈壁亦日益扩大①。《中国历史地理论丛》1988 年第 4 期 61 页载文："现在敦煌县城党河以西虽还有些绿洲，但戈壁却已是一望无垠了。汉代的龙勒县亦即唐代的寿昌县，也都成了戈壁。其间固然还有若干小块绿洲，由于范围太小了，起不到若何巨大的作用，象这些地方的戈壁，其形成的时期是不会太久的，可能是当地居民离开以后才有的。"②

今天的敦煌绿洲果真较古代大为缩小了吗？众所周知，绿洲的形成和存在与水资源状况有着极为密切的关系，河流乃是干旱荒漠地区营造绿洲的最主要的因素。敦煌绿洲即是在党河和其他一些较小河流的洪积、冲积、湖积作用下形成发育的，党河是哺育敦煌绿洲文明，维系绿洲发展繁荣的命脉。古代敦煌人民即认识到水流与绿洲的这种关系，敦煌文书唐人《渠规残卷》(S.5894)开宗明义："本地，水是人血脉。"绿洲是否缩小应直接取决于今古河流的水量是否有大的变化。敦煌地区的来水主要源自祁连山区的冰川雪田融水和降雨补给，绿洲水量的变化主要受大气降水的影响。笔者曾研究得出，河西地区近两千年来气候的干湿状况虽屡有波动，但波动的幅度不大，波动所引起的河流水量增减的幅度也是不大的③。既然如此今天的敦煌绿洲就不可能比古代大为缩小。

笔者曾依据敦煌 P.2005、S.0367、P.3354、S.0514 等百余卷文书，并经多次实地踏勘，考出有唐一代敦煌地区曾进行了大规模的水利

---

①郭厚安等：《甘肃古代史》，兰州大学出版社 1989 年版，第 15 页。

②史念海：《河西与敦煌(上篇)》，《中国历史地理论丛》1988 年第 4 期，第 61 页。

③李并成：《河西走廊历史时期气候干湿状况变迁考略》，《西北师范大学学报》(自然科学版)1996 年第 4 期，第 56—61 页。

建设,开有大小干支渠道百余条,它们有机地构成完整的灌溉网系,流贯敦煌县城周围东西南北四大片绿洲和敦煌城西南 140 里的寿昌绿洲①。笔者还就此做出《唐代敦煌绿洲渠系图》。从这些渠道的分布格局来看,唐代敦煌绿洲的范围不仅没能超出今天的绿洲,而且还较今稍小。唐代敦煌城周绿洲的四至为:最西端起自沙州城西 25 里的马圈口堰(P.2005、P.2555、P.4640 等),即今黑山咀附近,与今绿洲西端相吻;最南端抵达沙州城南 10 里鸣沙山麓的神农渠(P.2005、P.3354、P.3560、S.2103、S.4491、Ф.0366、Дх.3946),亦与今绿洲南端相吻;最北端远至沙州城北 45 里的北府渠尾间(P.2005、P.2222v、P.3560、P.3935、P.4635、P.4706、Ф.0366、Дх.3946 等),即今黄渠乡马圈滩村北部一带,尚未达到今黄墩子国有农场一带,较今绿洲北端蹙缩 8 公里许;最东端延至沙州城东 40 里以外的官渠、三支渠尾间(P.3396、P.3560、P.3898、P.4989、S.6452、S.0541、P.T.163 等),即今五墩乡新店台村及城湾农场一带,亦与今绿洲东端大体相吻。可见唐代敦煌城周绿洲的范围除北部延伸不及今日外,余皆与今相吻,这怎么能说今天的绿洲比古代大为缩小呢?

我们再来看一下寿昌绿洲的情况。唐代寿昌县开有大渠(长 15 里)、长支渠、令狐渠等多条灌溉渠道(P.2691、P.5034、S.0367、Ф.0366、散 1700 等),其分布范围亦大体和今绿洲相似。又据《唐天宝年代敦煌寿昌乡退田簿》(Ф.0366)载,当时寿昌绿洲的四至以寿昌城为中心,南 10 里,东 5 里,北 10 里,西 30 里,面积约 120 平方千米。而今天南湖绿洲则东西 12 千米许,较唐约缩短 5 千米,绿洲西部的阳关一带(今古董滩)和寿昌古城及其以东、东北部分地区在唐代以后逐

①李并成:《唐代敦煌绿洲水系考》,《中国史研究》1986 年第 1 期,第 159—168 页。

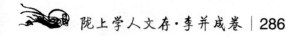

渐沙化荒弃,因而绿洲东西蹙缩;但今天绿洲则南北长达16千米,较唐向北推进约6千米,唐代灌渠尚未到达的南湖国有林场以至二墩一带在中华人民共和国成立以来已被开辟利用。今天南湖绿洲总面积约130平方千米,较唐亦有所扩大。

由此可见,在千余年来人类活动的影响下,敦煌绿洲(含城周绿洲和南湖绿洲)不是大大缩小了,恰恰相反,而是有所扩大。随着今天科学技术的进步,对绿洲地表、地下水资源较充分的开采,古代人们不能利用的湖沼滩地乃至盐渍碱卤之地已部分被开发利用,绿洲的范围遂有所延展,而并非缩小。今日绿洲所创造的财富更是古代根本无法比拟的。当然话还得说回来,尽管今天的科技进步可使绿洲得以扩大,但由于受水资源的制约,绿洲范围的扩大又是很有限的,切不可不顾及绿洲可资利用的地表、地下水量,盲目开垦,盲目扩大灌溉,否则必然给绿洲自身的生态环境带来严重危害,植被退化、水源劣化,乃至土地沙漠化过程即会接踵而至。

另需说明,本文论及敦煌绿洲未比古代缩小,但并不意味着古今地理环境就没有变化。由于历史上的滥垦滥牧,过度樵采,对水资源的不合理利用等活动,曾造成某些方面的恶果,绿洲东部甜水井汉代军屯遗址和南湖阳关地区以及寿昌城的荒弃沙化即是例证。业师侯仁之先生曾著文对此有精辟论述①。然而我们还应看到,这种沙漠化过程仅限于局部地段,并未对整个敦煌绿洲的格局造成多大改观,此处发生沙漠化,彼处又有新的土地开辟。由于总的大气环流状况以及由此所决定的河流总水量古今差异不大,则绿洲总面积古今自然亦不至相去过远。在干旱地区地理环境下,一定的河流水量总是大体滋

①侯仁之:《敦煌县南湖绿洲沙漠化蠡测》,《中国沙漠》1981年第1期,第13—19页。

养、维持一定规模的绿洲,古今中外概莫能外。当然对于尽管是局部地区的沙漠化也决不可掉以轻心。

二、石羊河下游绿洲

石羊河下游绿洲位处河西走廊东部,今属甘肃省民勤县所辖,其绿洲范围沿今石羊河下游两大支流–内河和外河沿岸分布。即在今天绿洲的西侧,还分布着一块南北斜长 75 千米、东西宽 10—18 千米、总面积约 1000 平方千米的废弃的古绿洲。这块古绿洲地表景观为:在遭受严重风蚀的古耕地上散布着成片的半固定白刺灌丛沙堆,沙堆高约 2—3 米,堆间距 8—25 米,白刺覆盖度一般 30—40%,其间亦见少许裸露的新月形沙垄;当接近沙窝西北部边缘则白刺覆盖度渐趋稀疏,以致出现大片流动沙丘;当靠近其东南部边缘毗近现代绿洲之处,因地下水状况稍好,则绵延着一条宽约 1km 的柽柳灌丛沙堆带,沙堆高约 3—5 米,柽柳覆盖度 60%—70%,柽柳株高 1.5—2.5 米。古绿洲上废弃的渠堤、阡陌遗迹断续可辨,并不时可见散落的陶片、砖块、钱币等汉唐时期遗物;同时这里还残存着沙井柳湖墩、黄蒿井、黄土槽、端字号等沙井文化聚落遗址和三角城、连城、古城、文一古城、端字号柴湾城等多座古城废墟。这片古绿洲的东部即为今天的民勤绿洲,其东北 10 千米许为石羊河古终端湖–猪野泽的遗迹[①]。

笔者通过实地反复踏查和依据有关文献考得,今天这片沙丘连绵的西沙窝,昔日曾是水流丰盈、宜耕宜牧的繁荣绿洲[②]。汉武帝元狩

---

①李并成:《猪野泽及其历史变迁考》,《地理学报》1993 年第 1 期,第 55—60 页。

②李并成:《残存在民勤县西沙窝中的古代遗址》,《中国沙漠》1990 年第 2 期,第 34—42 页。

二年(前 121 年)河西归汉后,曾在西沙窝北部、南部分别设置武威、宣威二县;武威县城即连城遗址(今民勤县泉山镇西北约 10 千米处),宣威县城即今文一古城(民勤县大坝乡文一农科队南)。在连城北部 9 千米,即西沙窝古绿洲北端,还筑有一座长、宽各约百米许、高约 8.5 米的汉代城障烽燧遗址,即三角城;连城与文一古城中间又筑有一座正方形城池,即古城,其每边长 120 米,残高 1.5—2 米,为汉唐军事城堡。

既然如此,这块面积 1000 平方千米许的已沙漠化了的汉唐古绿洲,不是正好可以用来证明今天的绿洲确比古代缩小了吗? 史实并非如此。前已提及,在这块已废弃的汉唐古绿洲东部即为现代民勤绿洲,而现代绿洲恰是在汉唐绿洲废弃后自元代以来渐次发展起来的,其面积比汉唐绿洲还要大出约 1/4。汉唐绿洲的沙漠化并未造成石羊河绿洲总面积的缩小。就此略作考探如下:

西沙窝古绿洲的废弃和沙漠化的发生约在盛唐或其稍后。笔者曾考得,早在汉代河西走廊第一次大规模农业开发不久,由于绿洲天然水资源被大量纳入人工农田灌溉系统,改变了绿洲自然状态下水量分布格局,使得远离水源地的绿洲最北部西沙窝三角城一带即因水源不及以及绿洲边缘固沙植被的破坏而出现沙漠化过程[①]。但其沙漠化范围较小,仅局限于最北部一隅,未能对整个西沙窝绿洲构成多大威胁。

迨至唐代前期,河西地区进入了更大规模的开发、发展时期。唐王朝在河西推行足兵足食的政策,实施屯防、屯粮、屯牧之举,绿洲的土地开发遂在前代的基础上获得空前发展。笔者考得唐代前期(初、盛唐)石羊河流域的耕地面积合今约有 110 万市亩余,较西汉末年增

---

①李并成:《古代甘肃沙漠化过程及其危害》,见《甘肃抗旱治沙史研究》,甘肃人民出版社 1995 年版,第 81—83 页。

加了 73.2%,已相当于今日本区耕地面积的 1/3 强;粮食亩产量折合今量为 153 市斤/市亩,较西汉时增长了 1/3,已接近中华人民共和国成立前的水平了;粮食总产量合今 7.57 万吨,较西汉增长了 134.37%[①]。该时期石羊河流域开发的地域主要集中在中游平原,唐代凉州辖六县,其中姑臧(州治)、神乌、嘉麟、昌松、天宝等五县即置于中游平原,而下游平原仅置武威一县,且该县仅仅存在了 27 年(总章元年至证圣元年)即形废弃。

下游平原何至于如此状况? 考其原因盖在于这一时期下游绿洲地区强烈沙漠化过程的恶果。当时中游一带大兴垦耕,封建经济高度发展,凉州囤积的军粮可支十数年,河陇 33 州中,"凉州最大,土沃物繁,而人富乐"[②];凉州城则发展成了国际性的大都会,唐诗人岑参诗云"凉州七城十万家,胡人半解弹琵琶";诗人元稹《西凉伎》吟道:"吾闻昔日西凉州,人烟扑地桑柘稠。"然而正是伴随着中游平原的这种大规模开发、发展以及大量引水灌溉,致使流入下游绿洲的水量越来越少,绿洲中、下游的土地开发和生产发展出现了此消彼长相互制约的严重环境后果,加之下游绿洲位处风沙前沿,固沙植被大量破坏,其沙漠化过程遂接踵而至。可以说这一时期中游地区土地大规模开发所带来的经济繁荣在一定程度上是以下游地区的土地荒芜作为代价的。从这一点说,中游开垦愈烈,注入下游的水量愈少,则下游荒芜愈甚。同时,从气候上看唐代前期河西处于相应的干旱期[③],因而水源

①李并成:《河西地区历史上粮食亩产量的研究》,《西北师大学报》(社会科学版)1992 年第 2 期,第 16—21 页。

②〔宋〕欧阳修:《新五代史》卷 72《四夷附录三》。

③李并成:《河西走廊历史时期气候干湿状况变迁考略》,《西北师范大学学报》(自然科学版)1996 年第 4 期,第 56—61 页。

总量相对较少,易于诱发沙漠化发生。下游平原的武威县仅设了27年就被迫废弃,其结果使得中游平原的凉州城直接暴露在游牧民族的铁蹄面前,以至于他们一度可以"频岁奄至城下,百姓苦之"①。为抵御侵扰,公元701年郭元振任凉州都督后遂于州北300里的"北碛置白亭军②,可见绿洲的北部防线不容弃置不顾。

值得注意的是,武威县的荒弃与白亭军的新建其间虽不过数载,但白亭军并未置于武威县原址,而是于武威县以东另辟新地,即今西渠镇建立村端字号柴湾古城③。因知当时武威县一带的沙漠化情形已十分严重,那里已不适于人们建立城堡驻军屯防,同时该地也无继续屯防的必要。既然武威县的废弃是迫于沙漠化,白亭军当然也无法于原址重建。从连城、端字号柴湾古城一带以及整个西沙窝中散落的遗物来看,无唐代以后的东西,可见下游西沙窝古绿洲的沙漠化过程即发生在唐代大规模开发之际或其稍后。

下游绿洲盛唐以来的沙漠化过程,实际上是一种绿洲向中游地区的转移过程,流域有限的水资源只能养育维系一定规模的绿洲面积,中游地区"近水楼台",不顾及下游平原来水的多寡而盲目扩大垦殖,扩大绿洲农田规模,那只能以牺牲下游绿洲为代价。

唐安史之乱以后,河西各地相继沦陷于吐蕃,原有人口或殒于兵燹,或流亡逃逸,或倾城而徙,急剧锐减。凉州城即是在吐蕃同意其境内居民皆可东徙的前提下丢弃的④,则区内居民当东徙殆尽,绿洲大

---

①〔后晋〕刘昫等:《旧唐书》卷97《郭元振传》。

②〔宋〕欧阳修等:《新唐书》卷122《郭元振传》。

③李并成:《白亭军考》,《西北师大学报》(社会科学版)1994年第1期,第104页。

④〔唐〕沈亚子:《西边患对》,见《全唐文》卷77。

片良田沃壤自必弃耕抛荒。延至五代宋初,这里又成了一些游牧部族活动的地域,凉州"自置牧守,或请命于中朝"①,凉州城内外仅有汉民300户耕作。西夏以降,凉州一带的农业生产虽有一定的恢复,但恢复的程度有限,远非汉唐盛世可比②。

元代以后,石羊河绿洲农业开发再兴。元于今民勤县城置小河滩城③,标志着重新向下游绿洲垦辟。然而值得注意的是,这一垦区已偏处下游汉唐古绿洲(西沙窝)之东,位于今民勤县坝区绿洲,而西沙窝汉唐绿洲则早已成为沙漠,不能被重新开垦利用,后代的垦区只能另辟他处。明代,本区又有较大规模的屯田兵民移徙之举,坝区绿洲(今下游绿洲南部)获得进一步开垦,至万历年间镇番(今民勤)县耕地面积已达40余万亩④。清代进行了更大规模的水利建设,开垦范围继续向下游绿洲北部推进,利用石羊河冬春农闲水,新辟25万余亩(今湖区绿洲)⑤。元代以后向下游绿洲的重新开垦,是在基于唐代后期以来整个流域绿洲农田大范围荒弃的基础上进行的,因而下游地区又可获得一定数量的水源而重得恢复。

史实再一次表明,总面积达1000km²的西沙窝汉唐古绿洲虽在盛唐以后沦为荒漠,但就整个石羊河流域而言,却并不能认为其总的绿洲农田范围的缩小,正是在下游绿洲水源不及荒芜沙化的基础上,盛唐时期中游平原得到空前规模的开发,农田得以大量引灌垦辟,且

①〔元〕脱脱等:《宋史》卷492《吐蕃传》。
②李并成:《西夏时期河西走廊的开发》,《甘肃民族研究》1989年第2—3期,第17—22页。
③〔清〕张绍美等:《镇番县志》,乾隆十四年(1749)刊。
④〔清〕张绍美等:《镇番县志》,乾隆十四年(1749)刊。
⑤〔清〕张绍美等:《镇番县志》,乾隆十四年(1749)刊。

创造的成就足以夸富于天下。这种状况实质上是随着中、下游水资源的重新分配绿洲农田从下游平原向中游地区的一次转移。当然这种转移是以牺牲整个下游绿洲为惨痛代价的。元代以来石羊河流域的重新开发,绿洲中、下游的水资源重新得以分配,随之在西沙窝汉唐古绿洲的东侧又出现了新的下游绿洲,这即是今天仍在利用的现代民勤绿洲。

由西沙窝汉唐古绿洲沙漠化情形还可看出,干旱地区沙漠化过程与半干旱地区沙漠化过程有着显著的不同。干旱地区的沙漠化土地一旦形成就很难逆转,西沙窝古绿洲沙漠化以来就从未逆转,当元代以后重新向下游地区垦辟时只能另择他处,已形成的沙漠景观在盛唐以后千余年来的气候状况下从未有过若许改观,至今亦然。而半干旱地区的沙漠化过程则较易逆转,当降水条件较好时,已形成的沙漠化土地可以向沙质草原或草原转化,从而又可得以重新利用,如科尔沁沙地所表现出的那样①。由此,保护绿洲土地资源,防治沙漠化过程的发生,对于干旱地区尤为至关紧要。

三、简短的结论

以上以敦煌绿洲和石羊河下游绿洲为例展开论述,事实上河西走廊其他一些古绿洲沙漠化过程亦呈现出此种状况。如位于北大河(黑河支流,上游名讨赖河)下游总面 650Km² 的金塔县东沙窝汉唐古绿洲,在废弃沙漠化的同时其西侧形成了直到现今仍在利用的新金塔绿洲;位于石油河、北石河下游面积约 480Km² 的玉门市花海比家滩古绿洲沙漠化以来其东部则又发育了新的花海绿洲;位于古昌马

---

①武弘麟:《科尔沁沙地沙漠化过程初探》,北京大学硕士学位论文,1985年。

河下游面积约 500Km² 的锁阳城古绿洲沙漠化以来其东北部该河大转弯处遂形成了新的安西河东绿洲和玉门镇绿洲;位于马营河、摆浪河(均属黑河支流)下游面积约 450Km² 的高台、酒泉接界处的骆驼城古绿洲荒废之际则在其上游出现了屯升-新坝新绿洲;等等①。这些古绿洲的废弃同样并未引起流域总的绿洲面积的减少。

不独河西地区如此,笔者还注意到,塔里木盆地边缘的一些古绿洲亦皆如此。如位于孔雀河下游的楼兰绿洲、位于尼雅河下游的精绝绿洲、位于克里雅河下游的喀拉屯古绿洲、位于安的尔河下游的安的尔古绿洲等,均是由于中、上游地区的大量开垦引灌盲目扩大垦殖而导致其下游水源不及荒芜沙化的。

综上所论可以认为,沙漠化过程并不一定意味着流域绿洲总面积的缩小,而在很大程度上则表现为一种绿洲的转移,其实质是一种因人类不合理的开发经营活动引发的,由于绿洲水资源的移动和重新分布而导致的绿洲的转移过程,转移的基本方向之一是由下游向中上游的迁移,而并非绿洲的不断缩小或消失。伴随着这种迁移,造成原有绿洲的荒废和新的绿洲的出现。此处发生沙漠化,彼处可能又有新的绿洲的形成。因为绿洲乃水资源作用的产物,只要大的气候环流形势和河流总水量无大变化,则其所发育形成的绿洲总面积就不致发生大的改观。因而所谓今天的绿洲较古代已大大缩小了的论调是没有理论依据和历史根据的,是无法站得住脚的。随着今天的科技进步和人们对水资源利用能力的提高,绿洲的面积不是比古代缩小,恰恰相反而是还有所扩大。当然,尽管沙漠化过程并不会导致总的绿

---

①李并成:《河西走廊汉唐古绿洲沙漠化的调查研究》,《地理学报》1998 年第 2 期,第 106—115 页。

洲面积的缩小,然而伴随着这种绿洲的转移过程,则势必造成原有绿洲部分或全部毁灭性的破坏和巨量的经济损失,新绿洲的出现和建立同样又需要投入巨量的人力、物力、财力资源,因而防治沙漠化的发生发展确是摆在我们面前须臾不容忽视的重要任务。即使今天人们的科技进步可以使绿洲耕地有所扩大,但在此问题上仍应十分谨慎,切不可不顾及绿洲水资源量而盲目扩大垦殖,否则同样会造成严重的环境后果,历史的经验教训永远不应忘记。

（原载《资源科学》23 卷 2 期,科学出版社 2001 年）

附录

李并成先生论著要目
（1983—2021）

一、著　作

《丝绸路上》（第二作者，与王宗元合著），地质出版社，1989 年。

《河西走廊历史地理》，甘肃人民出版社，1995 年。

《瓜沙史地研究》（第一作者，与李春元合著），甘肃文化出版社，1996 年。

《中国学术界》（合著），中国科学技术出版社，1991 年。

《甘肃抗旱治沙史研究》（副主编，合著），甘肃人民出版社，1995 年。

《丝绸之路文化大辞典》（副主编，合著），红旗出版社，1995。

《临夏县志》（顾问及作者，合著），兰州大学出版社，1995 年。

《敦煌学大辞典》（合著），上海辞书出版社，1998 年。

《甘肃历史名人画传》（合著），甘肃人民出版社，1998 年。

《中国敦煌学百年文库·地理卷》（一）（二）（主编），甘肃文化出版社，1999 年。

《中国都城辞典》（合著），江西教育出版社，1999 年。

《大漠中的历史丰碑——敦煌境内的长城和古城遗址》，甘肃人民出版社,2000年。

《河西走廊历史时期沙漠化研究》,科学出版社,2003年。

《西北开发史研究》(合著),中国社会科学出版社,2007年。

《全唐文补遗》(第九辑,敦煌文献卷)(合著),三秦出版社,2007年。

《敦煌学教程》(主编及第一作者),商务印书馆,2007年。

《西北边疆历史地理概论》(合著),甘肃人民出版社,2007年。

《甘肃省旅游业发展规划》(合著),中国旅游出版社,2009年。

《西北边疆社会研究》(合著),中国社会科学出版社,2009年。

《河西走廊人地关系演变研究》(主编及作者),三秦出版社,2011年。

《丝绸之路交通线路(中国段)历史地理研究》(合著),江苏人民出版社,2012年。

《华夏文明在甘肃》(合著),人民出版社,2013年。

《中国历史自然地理》(合著),科学出版社,2013年。

《中国地域文化通览·甘肃卷》(合著),中华书局,2013年。

《西北水利史研究:开发与环境》(合著),甘肃文化出版社,2015年。

《西北出土文献中的民众生态环境意识研究》(第二作者,与赵海莉合著),科学出版社,2018年。

二、论　文

1983—1988

《武威绿洲城镇的形成与变迁》(第二作者，与王宗元合著),《西北师院学报》(社会科学版)1983年第4期,第103—111页;《中国人民大学复印报刊资料·中国地理》1983 年第 11 期全文转载，第 71—79 页。

《对河西一些古地名的历史地理研究》，《西北师院学报》(社会科学版)1984 年增刊《敦煌学研究》，第 82—89 页。

《敦煌吐鲁番学工具书目》，《敦煌学辑刊》1985 年第 1 期，第 158—166 页。

《反映历史时期河西地区屯田的古地名》，《地名知识》1985 年第 4 期，第 17—18 页。

《唐代敦煌绿洲水系考》，《中国史研究》1986 年第 1 期，第 159—168 页；《中国人民大学复印报刊资料·中国地理》1986 年第 7 期全文转载，第 119—128 页。

《唐代图经蠡测——对〈沙州都督府图经〉的研究》，《西北师院学报》(社会科学版)1986 年专刊《敦煌学研究》，第 34—38 页。

《吐蕃统治下的凉州》，《红柳》1988 年第 6 期，第 52—53 页。

《张议潮收复后的凉州》，《红柳》1988 年第 6 期，第 53、47 页。

1989

《石羊河流域汉代边城军屯遗址考》，《西北师大学报》(社会科学版)1989 年第 2 期，第 86—90 页。

《盛唐时期河西走廊农业开发的成就》，《开发研究》1989 年第 2 期，第 63—65 页。

《唐宋时期敦煌文书档案中所见的灌溉渠系》，《档案》1989 年第 3 期，第 41—42 页。

《西夏时期河西走廊的开发》，《甘肃民族研究》1989 年第 2—3 期，第 17—22 页。

《石羊河下游明清时期荒漠植被的破坏与沙漠化》，《干旱区研究》第 6 卷,1989 年第 3 期,第 25—31 页。

《从敦煌文牒档案看盛唐时期河西农户对国家的粮食贡献》,《档案》1989 年第 4 期,第 42—44 页。

《西夏对凉州的经营》,《红柳》1989 年第 3 期,第 62—64 页。

《"敦煌"一名溯源》,《地名知识》1989 年第 5 期,第 33 页转第 28 页。

《石羊河下游绿洲明清时期的土地开发及其沙漠化过程》,《西北师范大学学报》(自然科学版)1989 年第 4 期，第 56—61 页转第 67 页。

《唐代前期河西走廊农田开垦面积估算》,《档案》1989 年第 6 期,第 38—40 页。

1990

《敦煌石室所出〈沙州都督府图经〉》,《阳关》1990 年第 2 期,第 63—64 页。

《唐代凉州(武威郡)诸县城址的调查与考证》,《敦煌研究》1990 年第 1 期,第 60—65 页转第 124 页。

《唐代前期河西走廊的农业开发》,《中国农史》1990 年第 1 期,第 12—19 页。

《酒泉地名考源》,《地理知识》1990 年第 3 期,第 14 页。

《民勤县近 300 余年来的人口增长与沙漠化过程——人口因素在沙漠化的作用个案考察之一》,《西北人口》1990 年第 2 期,第 29—33 页。

《三国时期河西走廊的开发》,《开发研究》1990 年第 2 期,第 63—65 页。

《古文牒简牍档案史料中所见河西走廊的桑蚕业》,《档案》1990

年第 2 期, 第 40—41 页。

《凉州士民喜爱文物》,《中国文物报》1990 年 3 月 29 日。

《元代河西走廊的农业开发》,《西北师大学报》(社会科学版) 1990 年第 3 期, 第 52—56 页。

《残存在民勤县西沙窝中的古代遗址》,《中国沙漠》第 10 卷, 1990 年第 2 期, 第 34—42 页。

《唐代瓜州(晋昌郡)治所及其有关城址的调查与考证——与孙修身先生商榷》,《敦煌研究》1990 年第 3 期, 第 24—31 页。

《〈沙州城土镜〉之地理调查与考释》,《敦煌学辑刊》1990 年第 2 期, 第 84—93 页。

《武威——民勤绿洲历史时期的土地开发及其沙漠化过程（摘要）》,《地理研究》第 9 卷, 1990 年第 3 期, 第 111 页。

《我省现存最早的方志档案——敦煌遗书地志书卷》,《档案》 1990 年第 5 期, 第 41—43 页。

《"张掖"释名》,《张掖师专学报》(综合版)1990 年第 2 期, 第 29—30 页。

1991

《汉唐时期河西走廊的水利建设》,《西北师大学报》(社会科学版)1991 年第 2 期, 第 59—62 页。

《从敦煌算经看我国唐宋时代的初级数学教育》,《数学教学研究》1991 年第 1 期, 第 39—42 页。

《谈刷牙的历史》,《中国文物报》1991 年 6 月 9 日。

《汉敦煌郡冥安、渊泉二县城址考》,《社科纵横》1991 年第 2 期, 第 50—53 页转第 31 页。

《锁阳城遗址及其古垦区沙漠化过程考证》,《中国沙漠》第 11

卷,1991 年第 2 期,第 20—26 页。

《汉敦煌郡效谷县城考》,《敦煌学辑刊》1991 年第 1 期, 第 57—62 页。

《敦煌历史地理研究中若干重要问题辨正(一)》,《西北师大学报》(社会科学版)1991 年第 5 期,第 45—51 页转第 77 页。

《敦煌遗书在古地名研究方面的价值》,《地名知识》1991 年第 5 期,第 42—43 页转第 47 页。

《汉令居城及其附近汉长城遗迹的调查与考证》,《长城学刊》1991 年第 1 期,第 23—30 页转第 6 页。

《西汉酒泉郡若干县城的调查与考证》,《西北史地》1991 年第 3 期,第 71—76 页转第 114 页。

《一批珍贵的历史人物档案——敦煌遗书中的邈真赞》,《档案》1991 年第 5 期,第 33—35 页。

《古民族与汉代河西四郡郡名》,《中国地名》1991 年第 6 期,第 24—25 页。

《汉敦煌郡广至县城及其有关问题考》,《敦煌研究》1991 年第 4 期,第 81—88 页。

《姑臧故城考辨》,《红柳》1991 年第 5 期,第 37—38 页。

1992

《河西地区历史上粮食亩产量的研究》,《西北师大学报》(社会科学版)1992 年第 2 期,第 16—21 页。

《五代宋初的玉门关及其相关问题考》,《敦煌研究》1992 年第 2 期,第 89—93 页转第 116 页。

《敦煌遗书与古地名研究》,《社科纵横》1992 年第 4 期,28—30 页。

《河西走廊马营河、摆浪河下游的古城遗址与沙漠化过程初探》，《北京大学学报》(历史地理专刊)，1992 年，第 95—101 页；《高台县志》(兰州大学出版社，1993 年)全文收录，第 635—640 页 。

《西汉武威郡诸县城址的调查与考证》，《历史地理》第 10 辑，上海人民出版社，1992 年，第 303—309 页。

《敦煌遗书中地理书卷的学术价值》，《地理研究》第 11 卷，1992 年第 3 期，科学出版社，第 41—49 页。

《瓜沙曹氏时期的玉门关小考》，《史学论丛》，兰州大学出版社，1992 年，第 70—73 页。

《敦煌遗书数量的新统计》，《古籍整理研究学刊》1992 年第 5 期，第 45—47 页；《中国人民大学复印报刊资料·魏晋南北朝隋唐史》1992 年第 12 期全文转载，第 61—63 页。

《唐代河西戍所城址考》，《敦煌学辑刊》1992 年第 1、2 期，第 6—11 页。

《汉鸾鸟县与唐神鸟县》，《甘肃文史》1992 年第 8 期，第 26—28 页。

《一批珍贵的古代地理文书——敦煌遗书中的地理书卷》，《中国科技史料》第 13 卷，1992 第 4 期，中国科学技术出版社，第 88—95 页。

1993

《汉张掖郡昭武、骊靬二县城址考》，《丝绸之路》1993 年第 1 期，第 63—65 页。

《猪野泽及其历史变迁考》，《地理学报》第 48 卷，1993 年第 1 期，科学出版社，第 55—60 页。

《居延汉简里程简地理调查与考释(一)》，《西北史地》1993 年第

1 期,第 15—21 页。

《西北师范大学敦煌学研究所藏敦煌经卷录》,《敦煌研究》1993 年第 1 期,第 83 页。

《河州古道》,《丝绸之路》1993 年第 3 期,第 36—38 页。

《汉敦煌郡的乡、里、南境塞墙和烽燧系统考》,《敦煌研究》1993 年第 2 期,第 65—73 页。

《〈魏书·食货志〉"河西"地望考辨》,《西北师大学报》(社会科学版)1993 年第 4 期,第 45—50 页;《中国人民大学复印报刊资料·中国地理》1993 年第 9 期全文复印,第 135—140 页。

《我省丝路沿线的古城遗址》,《甘肃旅游》1993 年第 3 期,第 20—22 页。

《"龙头"如何带动"龙身"》,《甘肃旅游》1993 年第 3 期,第 13 页。

1994

《白亭军考》,《西北师大学报》(社会科学版)1994 年第 1 期,第 104 页。

《历史上的三处玉门关》,《丝绸之路》1994 年第 2 期,第 54—55 页。

《玉门雄关何处寻》,《地理知识》1994 年第 7 期,第 28—29 页。

《瓜沙二州间一块消失了的绿洲》,《敦煌研究》1994 年第 3 期,第 71—78 页;《中国人民大学复印报刊资料中国古代史(一)》1994 年第 12 期全文转载,第 97—104 页。

《甘肃民勤县境内汉长城发现记》,《丝绸之路》1994 年第 5 期,第 14—15 页。

《大力发展休闲度假旅游》,《甘肃旅游》1994 年第 3 期,第 15—

16 页。

《河西走廊中部汉长城遗迹考》，《敦煌学辑刊》1994 年第 1 期，第 49—52 页。

《河西走廊东部汉长城遗迹考》，《西北史地》1994 年第 3 期，第 14—20 页。

《"借景"与"补缺"》，《甘肃旅游》1995 年第 1 期，第 21—22 页。

1995

《汉敦煌郡宜禾、中部都尉有关问题考》，《西北师大学报》（社会科学版）1995 年第 2 期，第 93—96 页；《中国人民大学复印报刊资料·中国古代史（一）》1995 年第 8 期全文转载，第 57—60 页。

《敦煌文献与瓜沙、河西史地研究》，《敦煌研究》1995 年特刊（总第 42 期），第 60—62 页。

《北魏瓜州敦煌郡鸣沙、平康、东乡三县城址考》，《社科纵横》1995 年第 2 期，第 29—32 页。

《河西走廊西部汉长城遗迹及其相关问题考》，《敦煌研究》1995 年第 2 期，第 135—145 页。

《应高度重视河西地区的土地沙漠化问题》，《凝聚》1995 年第 3 期，第 21—22 页。

《瓜沙史地研究——敦煌学的重要领域》，《丝绸之路》1995 年第 4 期，第 34—36 页。

《汉张掖郡日勒县与日勒都尉考》，《文史与鉴赏》1995 年第 2 期，第 23—26 页。

《西汉酒泉郡池头、绥弥、乾齐三县城址考》，《西北史地》1995 年第 3 期，第 7—11 页。

《论丝路沿线古城遗址旅游资源的开发》，《旅游学刊》1995 年第

5 期,第 55—56 页。

《汉张掖属国考》,《西北民族研究》1995 年第 2 期,第 60—64 页转第 77 页。

《北朝时期瓜州建置及其所属郡县考》,《敦煌学辑刊》1995 年第 2 期,第 119—124 页。

1996

《唐代瓜沙二州间驿站考》,《历史地理》第 13 辑,1996 年,第 93—101 页。

《甘肃古代的名人图赞》,《文史与鉴赏》1996 年第 1 辑, 第 32—34 页。

《河西走廊遗存的两座月氏故城》,《丝绸之路》1996 年第 3 期,第 28—29 页。

《敦煌遗书的概念刍议》,《社科纵横》1996 年第 4 期, 第 45—48 页。

《河西走廊历史时期气候干湿状况变迁考略》,《西北师范大学学报》(自然科学版)第 32 卷,1996 年第 4 期,第 56—61 页。

《河西走廊东部新发现的一条汉长城——汉揟次县至媼围县段长城勘察》,《敦煌研究》1996 年第 4 期,第 129—131 页转第 112 页。

《东汉酒泉郡延寿县城考》,《西北史地》1996 年第 4 期, 第 30—32 页。

《汉敦煌郡宜禾都尉府与曹魏敦煌郡宜禾县城考辨》,《敦煌学辑刊》1996 年第 2 期,第 94—98 页。

1997

《汉敦煌郡冥安县城再考》,《敦煌研究》1997 年第 2 期, 第 41—

44 页。

《积极开拓老年保健旅游市场》,《甘肃旅游》1997 年第 1 期,第 18—19 页。

《河西走廊南境汉代塞垣的调查与考证》,《周绍良先生欣开九秩庆寿文集》,中华书局,1997 年,第 110—114 页。

《西北民族历史地理研究刍议》,《甘肃民族研究》1997 年第 1 期,第 21—24 页。

《文史馆在精神文明建设中如何发挥作用》,《民主协商报》1997 年 2 月 21 日。

《敦煌遗书〈太公家教〉中的历史借鉴意义》,《文史与鉴赏》1997 年第 2 期,第 34—36 页。

《统一,是我国历史发展的主流》,《文史与鉴赏》1997 年第 2 期,第 7—8 页。

《甘肃境内遗存的古城址》,《文史知识》1997 年第 6 期,第 60—64 页。

《归义军新城镇考》,《北京图书馆馆刊》1997 年第 4 期,第 80—82 页转第 79 页。

《古代河西走廊桑蚕丝织业考》,《敦煌学辑刊》1997 年第 2 期,第 59—66 页。

1998

《河西走廊汉唐古绿洲沙漠化的调查研究》,《地理学报》第 53 卷,1998 年第 2 期,科学出版社,第 106—115 页。

《心中永远的敦煌》,《敦煌报》1998 年 2 月 27 日。

《甘肃历史文化在中国文化史上的地位》,《时代学刊》1998 年第 1 期,第 20—22 页。

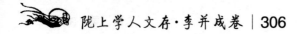

《积极开拓兰州科技旅游项目》,《甘肃旅游》1998年第1期,第18—19页。

《"西桐"地望考——附论明安定卫城》,《西北民族研究》1998年第1期,第45—50页。

《亦说鍮石》,《中国文物报》1998年4月15日。

《神秘的悬索关》,《丝绸之路》1998年第3期,第18页。

《"再造河西"应以生态工程建设为主》,《甘肃经济日报》1998年5月22日。

《历史时期敦煌绿洲沙漠化论略》,《中国西部发展报》1998年6月11日。

《羊马城考》,《敦煌研究》1998年第2期,第148—149页。

《丝路喉襟 华戎都会》,《中国西部发展报》1998年6月25日。

《汉居延县城新考》,《考古》1998年第5期,第82—85页。

《归义军会稽镇考》,《敦煌吐鲁番研究》第3卷,1998年,第223—228页。

《晋金昌城考》,《西北师大学报》(社会科学版)1998年第4期,第27—31页。

《敦煌遗书史料价值论略》,《文史与鉴赏》1998年第3期,第8—10页。

《论丝绸之路沿线古城遗址旅游资源的开发》,《地理学与国土研究》第14卷,1998年第4期,第52—54页。

为李正宇著《古本敦煌乡土志八种笺证》作序,(台)新文丰出版公司,1998年,第13—18页。

1999

《"再造河西"应十分重视绿洲生态环境建设》,《凝聚》1999年4

期,第 15 页。

《"镜"类文献识略》,《敦煌研究》1999 年第 1 期,第 52—62 页转第 186 页。

《沙漠历史地理学的几个理论问题——以我国河西走廊历史上的沙漠化研究为例》,《地理科学》19 卷,1999 年第 3 期,科学出版社,第 211—215 页。

《晋河会城、缠缩城、清塞城考》,《中国历史地理论丛》1999 年第 2 期,第 171—178 页。

《我国新兴的沙漠历史地理学》,《人民政协报》1999 年 11 月 3 日。

为本所主持翻译,袁席箴、陈华平译《俄藏敦煌汉文写卷叙录》撰写《译者前言》,上海古籍出版社,1999 年,第 1—3 页。

《古阳关下又一处"古董滩"》,《敦煌研究》1999 年 4 期,第 91—94 页。

2000

《生态环境的保护和建设是西部大开发的根本》,《民主协商报》2000 年 2 月 11 日。

《古丝绸路上的大海道》,《光明日报》2000 年 2 月 18 日 C4 版"历史周刊"。

《汉玉门关新考》,《九州》第 2 辑,商务印书馆,1999 年,第 130—139 页。

《敦煌酒文化摭珍》,《丝绸之路》2000 年 3 期,第 28—30 页。

《历史上祁连山区森林的破坏与变迁考》,《中国历史地理论丛》2000 年第 1 期,第 1—16 页。

为邵如林著《中国河西走廊——历史·文化·艺术》一书《序言》,

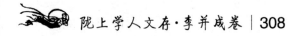

甘肃人民美术出版社,2000年,第3—10页。

《曹魏苦意经营　河西重兴农耕》,《甘肃日报》2000年8月23日。

《追忆恩师王北辰教授》,《历史地理》16辑,上海人民出版社,2000年,第225—228页。

《武威王杖简与汉代尊老扶弱制度》,《人民政协报》2000年10月13日,第4版,"学术家园"版。

《古绿洲的毁灭》,《甘肃日报》2000年11月8日,第6版。

2001

《今天的绿洲较古代绿洲大大缩小了吗——对于历史时期绿洲沙漠化过程的一些新认识》,《资源科学》第23卷,2001年第2期,科学出版社,第17—21页。

《汉唐冥水(籍端水)冥泽及其变迁考》,《敦煌研究》2001年第2期,第60—67页转第187页。

《西部大开发中甘肃生态环境保护和建设方向的若干思考》,《社科纵横》2001年第3期,第14—15页。

《唐玉门关究竟在哪里》,《西北师大学报》(社会科学版)2001年第4期,第20—25页。

《西夏时期河西走廊的农牧业开发》,《中国经济史研究》2001年第4期,第132—139页。

2002

《新世纪敦煌学发展的若干断想》,《敦煌研究》2002年第1期,第15—17页。

《绿洲变荒漠,教训何惨痛》,《甘肃文史》2002年第1期,第96—99页转第90页。

《元代河西走廊的开发》,《历史地理》第 18 辑,第 199—207 页。

《古代城防设施——羊马城考》,《考古与文物》2002 年第 4 期,第 79—81 页。

《A preliminary study on the history of desert regions in the Heihe Basin,Project Report on an Oasis-region》(《绿洲区域研究会报》)Vol.2,No.1,25—38 页,August 2002。

《我国历史上的沙漠化问题及其警示》,《求是》2002 年第 15 期,第 54—55 页。

《甘肃省实施旅游扶贫开发战略的若干思考》,《海南师范学院学报》(自然科学版)第 15 卷,2002 年第 3—4 期,第 6—8 页。

《甘肃省生态环境重建和经济社会可持续发展的若干战略思考》,《中国历史地理论丛》2002 年第 3 期,第 138—141 页。

《明清时期河西地区“水案”史料的梳理研究》,《西北师大学报》(社会科学版)2002 年第 6 期,第 69—73 页。

《陇右历史文化在中国文化史上的地位检视》,《天水师范学院学报》2002 年第 6 期,第 32—34 页。

2003

《实现经济发展与生态建设双赢》,《甘肃日报》2003 年 1 月 15 日,第 1 版。

《河西走廊古绿洲的沙漠化》,《地理教学》2003 年第 2 期,第 1—4 页。

《曹魏时期河西地区的开发研究》,《侯仁之师九十寿辰纪念文集》,学苑出版社,2003 年,第 125—224 页。

《甘肃玉门花海比家滩古绿洲沙漠化的调查研究》,《中国边疆史地研究》2003 年第 2 期,第 109—114 页。

《张掖"黑水国"古绿洲沙漠化之调查研究》,《中国历史地理论丛》2003年第2期,第17—22页转第40页。

《有关王玄策事迹的一条新史料》,《敦煌研究》2003年第2期,第59页。

《魏晋时期寄理敦煌郡北界之伊吾县城考》,《敦煌研究》2003年第3期,第39—42页转第109页。

《敦煌文献与西北生态环境变迁研究》,《汉语史学报专辑》(总第三辑)《姜亮夫蒋礼鸿郭在贻先生纪念文集》,上海教育出版社,2003年,第390—394页。

《甘肃省金塔县东沙窝古绿洲沙漠化的调查研究》,《历史地理》第19辑,上海人民出版社,2003年,第402—407页。

《东汉中期至宋初新旧玉门关并用考》,《西北师大学报》(社会科学版)2003年第4期,第103—106页。

《营造全民学习氛围 努力创建学习型社会》,《社科纵横》2003年第4期,第4页转第33页。

《盛唐时期河西走廊的区位特点与开发》,《唐代地域结构与运作空间》,上海辞书出版社,2003年,第60—96页。

《〈沙州都督府图经〉纂修年代及其相关问题考》(与朱悦梅合写),《敦煌研究》2003年第5期,第61—65页。

《敦煌学与沙漠历史地理研究》,《2000年敦煌学国际学术讨论会文集·历史文化卷》上,甘肃民族出版社,2003年,第483—491页。

《吐鲁番出土唐前期给粮帐初探》(与吴超合著),《天水师范学院学报》2003年第6期,第64—68页。

《河西走廊历史时期绿洲边缘荒漠植被破坏考》,《中国历史地理论丛》2003年第4期,第124—133页。

《炳灵寺若干重要史实钩沉》,《炳灵寺石窟学术研讨会论文集》,

甘肃人民出版社,2003 年,第 109—119 页。

2004

《敦煌藏经洞封闭之谜诸说》(与吴超合写),《民主协商报》2004 年 4 月 30 日,第 3 版。

《敦煌遗书中的民法文卷考》,《社科纵横》2004 年第 3 期,第 90—92 页。

《夏州与敦煌——晚唐五代宋初夏州与敦煌交通考略》,《统万城遗址综合研究》,三秦出版社,2004 年,第 34—38 页。

《汉悬索关考》,《敦煌研究》2004 年第 4 期, 第 85—87 页转第 112 页。

《西凉敦煌户籍残卷(S.0113)若干问题新探》,(台)《敦煌学》第 25 辑,2004 年,第 195—203 页。

《居延古オアシス沙漠化考》,(日)《オアシス地域研究会报》4 卷 2 号,2004 年,第 147—156 页。

为李璘《文苑拾英》作序,甘肃人民出版社,2004 年,第 1—3 页。

2005

《建设节水型社会》,《甘肃日报》2005 年 1 月 24 日,第 3 版。

《河西走廊汉唐时期水利开发考》,《陇右文化论丛》第一辑,甘肃人民出版社,2004 年,第 85—97 页。

《石关峡:最早的玉门关与最晚的玉门关》,《中国历史地理论丛》2005 年第 2 期,第 120—125 页。

《清代甘肃书院的时空分布特征》 (与吴超合著),《青岛科技大学学报》2005 年第 2 期,第 61—66 页。

《发挥历史文化资源优势　促进甘肃旅游业腾飞》,《甘肃政协》

2005 年第 2 期,第 117—119 页。

《一批珍贵的太原历史资料—敦煌遗书中的太原史料综理》,《中国古都研究》第 20 辑,山西人民出版社,2005 年,第 222—232 页。

《人口因素在沙漠化历史过程中作用的考察——以甘肃省民勤县为例》,《人文地理》2005 年第 5 期,第 118—121 页转第 55 页。

唐〈平县图经〉残卷(S.6014)研究》,《敦煌研究》2005 年第 5 期,第 51—53 页。

《〈河西节度使判集〉(P.2942)有关问题考》,《敦煌学辑刊》2005 年第 3 期,第 71—75 页。

《发掘亮点 打造精品 促进甘肃旅游业腾飞——以安西县为例》,《甘肃外事旅游文化资源》,敦煌文艺出版社,2005 年,第 259—271 页。

《谋和谐之策 进和谐之言 做和谐之事—充分发挥委员主体作用 为构建社会主义和谐社会贡献力量》,《甘肃政协》2005 年第 3 期,第 104—106 页。

2006

《关于加强甘肃口头与非物质文化遗产保护的若干建议》,《甘肃日报》2006 年 1 月 18 日,第 8 版。

《甘肃省高台县骆驼城遗址新考》,《中国历史地理论丛》2006 年第 1 期,第 108—112 页。

《居延古绿洲沙漠化考》,《历史环境与文明演进——2004 年历史地理国际学术研讨会论文集》,商务印书馆,2005 年,第 137—144 页。

《甘肃历史文化在中国文化史上的地位》,《陕西社会主义学院学报》2006 年第 2 期,第 10—17 页。

《甘肃中东部地区旅游扶贫开发研究》,《陇右文化论丛》第二辑,甘肃人民出版社,2005 年,第 49—58 页。

《"昆仑"地望考》,《敦煌学辑刊》2006 年第 3 期,第 141—144 页。

《对加强甘肃非物质文化遗产保护的思考》,《社科纵横》2006 年第 8 期,第 29—30 页。

《发挥文化资源优势　繁荣甘肃社会科学——关于我省社会科学创新发展的若干思考》,《甘肃政协》2006 年第 2 期,第 54—55 页。

为李宏伟著《中国之最话瓜州》作序,2006 年 3 月印行。

《敦煌归义军曹氏统治者果为粟特后裔吗——与荣新江、冯培红先生商榷》(与解梅合写),《敦煌研究》2006 年第 6 期,第 109—115 页。

《中晚唐五代宋初敦煌佛教的生命关怀考论》(与王祥伟合写),《周绍良先生纪念文集》,北京图书馆出版社,2006 年,第 254—261 页。

《有关皇甫谧历史文化的保护开发及皇甫谧祖籍的一些思考》,《永远的纪念》,中共灵台县委宣传部等印,2006 年,第 25—26 页。

2007

《发展乡村旅游在新农村建设中的重要作用——以甘肃省为例》,《甘肃社会科学》2007 年第 2 期,第 31—33 页。

《河西绿洲近 50 年来的农业开发对于自然环境的作用和影响略论》,《人类社会经济行为对环境的影响和作用》,三秦出版社,2007 年,第 270—278 页。

《"草圣"张芝事迹考》(与杨发鹏合著),《甘肃文史》2007 年第 2 期,第 20—29 页。

《关于促进我省绿色能源建设的几点建议》,《甘肃政协》2007 年第 2 期,第 54—55 页。

《西北干旱地区今天河流的水量较古代河流水量大大减少了吗? ——以敦煌地区为中心的探讨》,《陕西师范大学学报》(哲学社会科学版)2007 年第 5 期,第 8—11 页。

《关于修改我校校训和进行校训教育的若干建议》,《西北师大报》2007 年 11 月 15 日,第 2 版。

《石羊河下游绿洲早在唐代中期就已演变成了"第二个楼兰"》,《开发研究》2007 年第 2 期,第 153—157 页。

2008

《建设生态文明,构建和谐甘肃》,《甘肃日报》2008 年 1 月 22 日,第 6 版。

《清代石羊河流域生态环境演变的特点》,《历史地理》第 22 辑,上海人民出版社,2007 年,第 226—233 页。

《从敦煌资料看古代民众对于动植物资源的保护》(与许文芳合写),《敦煌研究》2007 年第 6 期,第 90—95 页。

《"三宝崇拜"与敦煌藏经洞——莫高窟藏经洞的性质再探》(与李玉林合写),《五邑大学学报》(社会科学版)2008 年第 1 期,第 47—50 页转第 74 页。

《关于预防和抗击地震灾害的建议》,《民主协商报》2008 年 6 月 13 日,第 2 版。

《"凉州会谈"的伟大意义论略》(与杨发鹏合写),《甘肃文史》2008 年第 2 期,第 21—23 页。

《发掘亮点 打造精品 促进景泰旅游业腾飞》,《景泰与丝绸之路历史文化》,甘肃人民出版社,2008 年,第 117—126 页。

《新玉门关位置再考》,《敦煌研究》2008 年第 4 期, 第 104—108

页转第 116 页。

《弘扬"草圣文化",打造书法名城》,《酒泉日报》2008 年 11 月 12 日,第 4 版。

《我国敦煌学的新成果——西北师大创建国家级精品课程"敦煌学"》,《2008 敦煌学国际联络委员会通讯》,上海古籍出版社,2008 年,第 185—187 页。

《解读唐五代经济史的又一力作——乜小红〈唐五代畜牧经济研究〉评介》（与于光建合写）,《中国社会经济史研究》2008 年第 3 期,第 111—113 页。

2009

《对扩大内需促进增长的建议》,《民主协商报》2009 年 1 月 14 日,第 3 版。

《世界文化遗产视野中的锁阳城遗址》,《丝绸之路》2009 年第 4 期,第 5—7 页。

《唐代河西走廊交通道路考》,《丝绸之路》2009 年第 6 期,第 36—38 页。

《加快农村中心镇建设　推动城乡一体化进程》,《甘肃政协》2009 年第 6 期,第 74 页。

《加快实现我省牧区城镇化建设进程》,《甘肃政协》2009 年第 3 期,第 33 页。

《唐代甘州"中府"钩沉》,《中国历史地理论丛》2009 年第 4 期,第 132—134 页。

《丝绸之路敦煌与夏州间的交通和文化交流考》（与解梅合写）,

《佛教艺术与文化国际学术研讨会文集》，三秦出版社，2009年，第392—400页。

2010

《优化投资环境　促进中小企业和民营经济发展》，《民主协商报》2010年1月28日，第2版。

《"草圣"张芝其人其书新考——兼论"草圣文化"的发掘与弘扬》（与杨发鹏合写），《转型期的敦煌语言文学》，甘肃人民出版社，2010年，第482—493页。

《关于深入发掘　保护和传承春节优秀文化内涵的建议》，《甘肃文史》2010年第1期，第96页。

《"山结""水结""路结"——对于兰州在丝绸路上重要地位的新认识》，《历史地理》第24辑，上海人民出版社，2010年，第255—262页。

《炳灵寺石窟与丝绸之路东段五条干道》，《敦煌研究》2010年第2期，第75—80页。

《敦煌文书中的端午节习俗》，《中国社会科学报》2010年6月17日，第7版。

《百年来敦煌地理文献及历史地理的研究》，《敦煌学辑刊》2010年第2期，第41—53页。

《国际胸怀　世界眼光——追忆季羡林先生》，《2010敦煌学国际联络委员会通讯》，上海古籍出版社，2010年，第188—190页。

2011

《加强领导　狠抓落实　进一步促进我省保障性住房建设》，《甘肃政协》2011年第1期，第36页。

《古丝绸路上留存的一笔丰厚的历史遗珍——河西走廊沿线的古城遗址论略》,《丝绸之路·图像与历史》(论文集),东华大学出版社,2011年,第74—81页。

《汉代河西走廊东段交通路线考》,《敦煌学辑刊》2011年第1期,第58—65页。

《仰望党旗——献给中国共产党90华诞》,《西北师大报》2011年5月15日,第4版。

《充分挖掘资源优势　促进武威旅游业腾飞》,《河西走廊人地关系演变研究》(论文集),三秦出版社,2011年,第234—237页。

《特色课程需要不断精心打造——以国家级精品课程西北师范大学"敦煌学"课程建设为例》,《当代教育与文化》2011年第3期,第93—96页。

《汉敦煌郡境内置、骑置、驿等位置考》,《敦煌研究》2011年第3期,第70—77页。

《敦煌文书中所见的乞巧节习俗》,《中国社会科学报》2011年8月4日,第8版。

《西夏与甘州回鹘》(与朱悦梅合写),《敦煌文化论集》,东亚文化出版社,2010年,第243—250页。

《敦煌写本吐蕃文雇工契 P.T.1297$_4$ 探析》(与侯文昌合写),《敦煌研究》2011年第5期,第100—105页。

《中华地域文化研究的扛鼎之作——〈中国珠江文化史〉评介》(与梁姗姗合写),《岭南文史》2011年第3期,第75—78页。

2012

《"海上敦煌"——"南海Ⅰ号"对于海上丝绸之路研究的意义论略》,《海上敦煌在阳江——首届南海Ⅰ号与海上丝绸之路论坛文集》,中国评论学术出版社,2011 年,第 93—109 页。

《甘肃历史文化的内涵与比较优势》,《甘肃日报》2012 年 2 月 17 日,第 4 版。

《浅论甘肃历史文化的特色》,《甘肃日报》2012 年 3 月 2 日,第 7 版。

《加强和创新社会管理 积极预防和妥善处置群体性突发事件》,《甘肃政协》2012 年第 1 期,第 39 页。

《新疆渭干河下游古绿洲沙漠化考》,《西域研究》2012 年第 2 期,第 46—53 页转第 143 页。

《高台绿洲历史变迁考》,《高台魏晋墓与河西历史文化研究》,甘肃教育出版社,2012 年,第 292—303 页。

《"西夏乾佑二年(1171)黑水城般驮、脚户运输文契"——汉文文书与西夏交通运输》(第二作者,与张多勇、戴晓刚合写),《敦煌研究》2012 年第 2 期,第 20—30 页。

《关于我省积极培育发展社区社会组织的几点建议》,《民主协商报》2012 年 9 月 14 日,第 10 版。

《使命——为西北师范大学建校 110 周年而歌》,《西北师大报》2012 年 9 月 14 日,第 3 版。

《有关西北历史地理研究中几个重要问题的讨论》,北京大学中国古代史研究中心编《舆地、考古与史学新说——李孝聪教授荣休纪念论文集》,中华书局,2012 年,第 109—113 页。

《汉代河西走廊交通道路考察》,载《丝绸之路交通线路(中国段)历史地理研究》,江苏人民出版社,2012 年,第 184—207 页。

《唐代河西走廊交通道路考察》,载《丝绸之路交通线路(中国段)历史地理研究》,江苏人民出版社,2012 年,第 208—219 页。

《实施"走出去"战略 促进甘肃对外文化宣传交流》,《甘肃文史》2012 年第 3 期,第 4—6 页。

2013

《沙漠历史地理研究中若干理论问题再议》(与侯文昌合写),《天津师范大学学报》(社会科学版)2013 年第 1 期,第 33—37 页。

《敦煌遗书中所见的寒食、清明节习俗》,《中国社会科学报》2013 年 4 月 3 日,第 A05 版。

《甘肃——丝绸之路的黄金路段》,《甘肃日报》2013 年 5 月 3 日,第 5 版。

《甘肃历史文化在华夏文明中的地位简论》,《西北师大报》2013 年 5 月 15 日,第 3 版。

《敦煌契约文书中的担保方式浅识》,中央文史馆、敦煌研究院、香港大学饶宗颐学术馆编《庆贺饶宗颐先生九十五华诞敦煌学国际学术研讨会论文集》,中华书局,2012 年,第 430—433 页。

《寻梦　追梦　圆梦——寄语 2013 级新生》,《西北师大报》2013 年 9 月 15 日,第 4 版。

《敦煌历史文化的内涵、比较优势和特色论略》,杨永生主编《酒泉文化遗产保护利用研究文集》,甘肃人民出版社,2013 年,第 495—504 页。

《精心打造"岐黄"精品文化　推动文化与旅游深度融合发展》(与张志宏合写),《甘肃文史》2013 年第 3 期,第 10—13 页。

2014

《敦煌:世界四大文化体系汇流之地》,《中国社会科学报》2014 年 2 月 28 日,第 A05 版。

《汉酒泉郡十一置考》,《敦煌研究》2014 年第 1 期, 第 115—120

页。

《历史地理学的重要领域——敦煌历史地理研究近 30 多年来的发展》,罗卫东、范今朝主编《庆贺陈桥驿先生九十华诞学术论文集》,浙江大学出版社,2014 年,第 75—87 页。

为杨发鹏著《两晋南北朝时期河陇佛教地理研究》作序,巴蜀出版社,2014 年,第 1—6 页。

《论敦煌写卷中的丑女形象及其审丑价值》(第二作者,与刘晓玲合写),《文艺研究》2014 年第 8 期,第 74—79 页。

《敦煌文献中蕴涵的生态哲学思想探析》,《甘肃社会科学》2014 年第 4 期,第 34—38 页。

《锁阳城:丝路沧桑的历史见证》,《甘肃日报》2014 年 6 月 10 日,第 5 版。

《甘肃堪称丝绸之路的"黄金路段"》,《中国社会科学报》2014 年 9 月 15 日,第 A08 版。

《古阳关绿洲沙漠化的调查研究》,敦煌书画院、阳关博物馆编《朝圣敦煌 寻梦阳关》,2014 年,第 110—123 页。

《深入挖掘大禹文化资源 促进我省文化建设》,马志勇、唐大乾主编《齐家文化与华夏文明》,甘肃民族出版社,2015 年,第 117—121 页。

《关于创建"内陆型"经济特区的构想》(第二作者,与张多勇、许尔忠合写),《丝绸之路》2014 年第 24 期,第 5—9 页。

《侯仁之先生与沙漠历史地理研究》(与贾富强合写),《地理学报》第 69 卷,2014 年第 11 期,第 1718—1724 页。

《深入探究地域文化的可喜成果》(与张梦娇合写),广州市雷州文化研究会编《雷州文化概论》,广东人民出版社,2014 年,第 100—105 页。

2015

《金塔绿洲历史变迁考》，中共金塔县委、金塔县人民政府、甘肃敦煌学学会等编《金塔居延遗址与丝绸之路历史文化研究》，甘肃教育出版社，2014 年，第 513—519 页。

《塔里木盆地尼雅古绿洲沙漠化考》，《中国边疆史地研究》2015 年第 2 期，第 158—167 页转第 183 页。

《玉门关历史变迁考》，《石河子大学学报》（哲学社会科学版）2015 年第 3 期，第 9—16 页；《新华文摘》2015 年 18 期“论点摘编”摘编，第 163—164 页。

《台湾的地名》，《甘肃文史》2015 年第 1 期，第 55、59 页。

《敦煌饮食文化的若干特点论略》，樊锦诗等主编《丝绸之路民族文献与文化研究》，甘肃教育出版社，2015 年，第 260—266 页。

《做强牛肉面品牌　弘扬牛肉面文化》，《甘肃文史》2015 年第 2 期，第 4—7 页。

《浸透着丰富哲理的敦煌蒙书——以〈百行章〉为中心》，杨利民、范鹏主编《敦煌哲学》第二辑，甘肃人民出版社，2015 年，第 223—234 页。

为侯文昌著《敦煌吐蕃文契约文书》作序，法律出版社，2015 年，第 1—2 页。

《玉门花海古绿洲历史变迁考》，杨永生、李玉林主编《火烧沟与玉门历史文化研究文集》，甘肃文化出版社，2015 年，第 493—497 页。

2016

《游移的长城最西端》，《中国国家地理》2016 年第 1 期，第 118 页。

《唐代西北地区沙尘天气发生特征》(与米小强合写),《干旱区研究》第33卷,2016年第2期,科学出版社,第313—319页。

《唐代会州故址及其相关问题考——兼谈对于古代城址考察研究的些许体会》,《中国历史地理论丛》2016年第3期,第46—53页。

《甘肃成为"黄金段"的十个理由》,《甘肃日报》2016年7月29日,第6版。

《义渠古国与义渠古都考察研究》(第二作者,与张多勇合写),《历史地理》第33辑,上海人民出版社,2016年,第280—303页。

《"学性"相通:敦煌学属于全世界》,《历史教学》(下半月刊)2016年第10期,第4—5页转第14页。

为孙占鳌《酒泉文化论稿》作序,兰州大学出版社,2016年,第1—4页。

《敦煌文化——丝绸之路文化最杰出的代表》,《敦煌文化研究》第一辑,甘肃人民出版社,2016年,第60—70页。

《唐宋时期敦煌节日饮食考略》,《甘肃文史》2016年第5期,第50—57页。

《敦煌本唐代图经再考》,《中国地方志》2016年第12期,第4—11页转第62页。

《放大航天品牌效应 助推甘肃旅游发展》,《甘肃日报》2016年9月12日,第10版。

2017

《安武县地望与南北石窟寺名称的由来》(第二作者,与张多勇、崔惠萍合写),《敦煌研究》2017年第1期,第120—126页。

《重视"敦煌外交" 服务"一带一路"》,《丝绸之路》2017年第4期,第5—7页。

《唐代会宁关及其相关问题考》,《历史地理》第 34 辑,上海人民出版社,2017 年,第 240—252 页。

《关于持续办好敦煌文博会的建议》,《甘肃日报》2017 年 8 月 14 日,第 9 版。

《汉晋简牍所见西北水利官员》(与高彦合写),《中国社会科学报》2017 年 8 月 14 日, 第 5 版;《新华文摘》2017 年第 22 期全文转载,第 68—69 页。

《精心策划　精准发力　持续办好敦煌文博盛会》,《丝绸之路》2017 年第 12 期,第 15—18 页。

《有关玉门、玉门关研究中几个重要问题的再探讨》,《丝绸之路》2017 年第 16 期,第 10—13 页。

《有关西北干旱区历史地理研究中几个重要问题的辨析》,韩宾娜主编《丙申舆地新论——2016 年中国历史地理学术研讨会文集》,东北师范大学出版社,2017 年,第 336—344 页。

《精心打造文化交流合作平台》,《甘肃日报》2017 年 9 月 29 日,第 5 版。

《敦煌文化谈》(二则),《甘肃文史》2017 年第 4 期, 第 16—21 页。

《丝绸之路——世界文化的大运河——兼论"一带一路"的伟大意义及成就》,《山东省社会主义学院学报》2017 年第 5 期,第 28—33 页转第 52 页。

《瓜州新发现的几座古城址的调查与考证》,《敦煌研究》2017 年第 5 期,第 103—106 页。

《也谈敦煌升格为地级市的可行性》,《开发研究》2017 年第 6 期,第 7—11 页。

《有感于台北市的街道名称》,国务院参事室、中央文史研究馆主办《工作通讯》2017年第12期,第40—41页。

《文化因交流而精彩　文明因互鉴而丰富——精心打造文博会平台促进文化交流互鉴》,《丝绸之路》2017年第22期,第5—8页。

《甘肃在"一带一路"倡议下的东西合作论略》,甘肃省参事室编《首届甘肃省人民政府参事室论文集》,甘肃民族出版社,2017年,第60—67页。

2018

《西夏地形图所绘交通道路的复原研究》(第二作者,与张多勇合写),《历史地理》第36辑,复旦大学出版社,2018年,第247—269页。

《大禹文化旅游资源亟待开发》,《甘肃日报》2018年6月15日,第9版。

《河西走廊历史上人地关系的演变》,《中国民族报》2018年6月15日,第8版。

《玉门应建成国家重要的石油储备基地》,《甘肃文史》2018年第1期,第7—8页。

《延续民族文化根脉　传承师范教育薪火——西北师范大学的"初心"论略》,《西北师大报》2018年9月15日,第4版。

《敦煌遗书中的重阳节》,《中国社会科学报》2018年10月18日,第8版。

《河西走廊:站在新的历史起点上》(与王建新等合著),《从河西走廊看中国》,社会科学文献出版社,2018年,第111—121页。

《将思想政治教育有机融入专业知识的教学中》,《西北师大报》2018年11月16日,第3版。

《关于开发与弘扬敦煌饮食文化的建议》,甘肃省人民政府参事室编《2017 甘肃参事工作报告》，甘肃民族出版社，2018 年，第 244—246 页。

《开发"银发人才"资源　发挥知识"余热"——为新时代甘肃省人才战略实施进一言》，甘肃省人民政府参事室编《2017 甘肃参事工作报告》，甘肃民族出版社，2018 年，第 265—269 页。

《改革开放以来敦煌历史地理研究概述》，《甘肃文史》2018 年第 4 期，第 29—36 页。

2019

《敦煌文献再现上元节场景》，《中国社会科学报》2019 年 3 月 4 日，第 5 版。

《蕃占时期对塔里木盆地东南部一带的经营——以米兰出土简牍为中心》，《石河子大学学报》（哲学社会科学版）2019 年第 1 期，第 85—90 页。

《索桥黄河渡口与汉代长安通西域"第一国道"》，《丝绸之路研究集刊》第三辑，商务印书馆，2019 年，第 17—28 页。

《敦煌吐鲁番契约文书中的担保方式再议》，乜小红、陈国灿主编《丝绸之路出土各族契约文献研究论集》，中华书局，2019 年，第 363—373 页。

《历史上的河西走廊》，《甘肃日报》2019 年 4 月 17 日，第 12 版。

《敦煌争奇文学作品中的哲理思辨》，《丝绸之路》2019 年第 1 期，第 51—54 页。

《论西北师范大学的"西进"精神》，《西北师大报》2019 年 6 月 15 日，第 3 版。

2020

《敦煌资料所见汉唐野生动物保护》,《中国社会科学报》2020 年 3 月 16 日,第 2 版。

《释 "平水"》,《西北师大学报》(社会科学版)2020 年第 3 期,第 90—94 页。

《敦煌资料中所见讲究卫生爱护环境的习俗》,《中国历史地理论丛》2020 年第 2 期, 第 30—37 页;《中国人民大学复印报刊资料·魏晋南北朝隋唐史》2020 年第 5 期全文转载,第 62—69 页。

《敦煌文献中所见唐五代时期的水利官吏》,《历史地理研究》2020 年第 1 期,第 109—119 页转第 156 页。

《清代甘肃发生的疫灾及其防治研究》,《甘肃文史》2020 年第 2 期,第 37—50 页。

《丝绸之路:东西方文明交流融汇的创新之路——以敦煌文化的创新发展为中心》,《石河子大学学报》(哲学社会科学版)2020 年第 4 期,第 82—88 页。

《敦煌文化——丝绸路上东西方文明交流融汇的结晶》,《甘肃文史》2020 年第 3 期,第 71—78 页。

《民国甘肃疫灾与畜疫灾研究》,《甘肃社会科学》2020 年第 5 期,第 214—221 页。

《塔里木盆地克里雅河下游古绿洲沙漠化考》,《中国边疆史地研究》2020 年第 4 期,第 106—118 页转第 215。

2021

《"敦煌"得名新考》,《敦煌学辑刊》2021 年第 1 期, 第 37—40 页。

《千年科技之光——敦煌科技史印迹》,《甘肃日报》2021 年 6 月 10 日,第 9 版。

《有关丝绸之路研究中若干学理问题的探究》,《石河子大学学报》(哲学社会科学版)2021 年第 3 期,第 81—87 页。

后 记

　　本书选入的是我自 20 世纪 80 年代以来迄今近 40 年所写的部分文章，可大致反映出本人的学路历程和所关注的一些问题。自觉水平不高，文中砂石甚多，供方家及读者批评指正。

　　我主要从事敦煌学、西北历史地理的研究和教学。回顾自己走过的学术道路，虽不乏跋涉之艰辛，但所获无多，不免惭愧。今虽年近古稀，但所幸思见未懵，只能抓紧时日，争取多做一些工作，以不辜负于党和祖国的培养。

　　本书的出版得到甘肃省社会科学院的资助，得到《甘肃社会科学》主编巨虹博士的精心编辑和倾力操办，得到甘肃人民出版社总编辑李树军同志、本卷责任编辑高茂林同志的悉心编审和热情支持，谨致谢忱！

李并成

2021 年 7 月 15 日

《陇上学人文存》已出版书目

第四辑

《刘天怡卷》赵　伟编选　　《韩学本卷》孔　敏编选
《吴小美卷》魏韶华编选　　《初世宾卷》李勇锋编选
《张鸿勋卷》伏俊琏编选　　《陈　涌卷》郭国昌编选
《柯　杨卷》马步升编选　　《赵荫棠卷》周玉秀编选
《多识·洛桑图丹琼排卷》杨士宏编选
《才旦夏茸卷》杨士宏编选

第五辑

《丁汉儒卷》虎有泽编选　　《王步贵卷》孔　敏编选
《杨子明卷》史玉成编选　　《尤炳圻卷》李晓卫编选
《张文熊卷》李敬国编选　　《李　恭卷》莫　超编选
《郑汝中卷》马　德编选　　《陶景侃卷》颜华东　闫晓勇编选
《张学军卷》李朝东编选　　《刘光华卷》郝树声　侯宗辉编选

第六辑

《胡大浚卷》王志鹏编选　　《李国香卷》艾买提编选
《孙克恒卷》孙　强编选　　《范汉森卷》李君才　刘银军编选
《唐　祈卷》郭国昌编选　　《林家英卷》杨许波　庆振轩编选
《霍旭东卷》丁宏武编选　　《张孟伦卷》汪受宽　赵梅春编选
《李定仁卷》李瑾瑜编选　　《赛仓·罗桑华丹卷》丹　曲编选

第七辑

《常书鸿卷》杜　琪编选　　　　《李焰平卷》杨光祖编选
《华　侃卷》看本加编选　　　　《刘延寿卷》郝　军编选
《南国农卷》俞树煜编选　　　　《王尚寿卷》杨小兰编选
《叶　萌卷》李敬国编选　　　　《侯丕勋卷》黄正林　周　松编选
《周述实卷》常红军编选　　　　《毕可生卷》沈冯娟　易　林编选

第八辑

《李正宇卷》张先堂编选　　　　《武文军卷》韩晓东编选
《汪受宽卷》屈直敏编选　　　　《吴福熙卷》周玉秀编选
《蹇长春卷》李天保编选　　　　《张崇琛卷》王俊莲编选
《林　立卷》曹陇华编选　　　　《刘　敏卷》焦若水编选
《白玉岱卷》王光辉编选　　　　《李清凌卷》何玉红编选

第九辑

《李　蔚卷》姚兆余编选　　　　《郗慧民卷》戚晓萍编选
《任先行卷》胡　凯编选　　　　《何士骥卷》刘再聪编选
《王希隆卷》杨代成编选　　　　《李并成卷》巨　虹编选
《范　鹏卷》成兆文编选　　　　《包国宪卷》何文盛　王学军编选
《郑炳林卷》赵青山编选　　　　《马　德卷》买小英编选